BIBLIOTHÈQUE
DE PHILOSOPHIE CONTEMPORAINE

ESSAI SUR LA CLASSIFICATION DES SCIENCES

PAR

EDMOND GOBLOT
Ancien élève de l'École normale supérieure
Professeur agrégé de philosophie au lycée de Toulouse
Docteur ès lettres

PARIS
ANCIENNE LIBRAIRIE GERMER BAILLIÈRE ET Cie
FÉLIX ALCAN, ÉDITEUR
108, BOULEVARD SAINT-GERMAIN, 108

1898

ESSAI

SUR LA

CLASSIFICATION DES SCIENCES

ESSAI

SUR LA

CLASSIFICATION

DES SCIENCES

PAR

EDMOND GOBLOT

Ancien élève de l'École normale supérieure,
Professeur agrégé de philosophie au lycée de Toulouse,
Docteur ès lettres.

« Les sciences sont tellement liées ensemble qu'il est plus facile de les apprendre toutes à la fois que d'en détacher une seule des autres. »

DESCARTES, *Regulæ*, I.

PARIS
ANCIENNE LIBRAIRIE GERMER BAILLIÈRE ET Cie
FÉLIX ALCAN, ÉDITEUR
108, BOULEVARD SAINT-GERMAIN, 108

1898

A M. VICTOR EGGER

Hommage d'affectueuse reconnaissance.

ESSAI

SUR

LA CLASSIFICATION DES SCIENCES

INTRODUCTION

Toute science est un *système de vérités générales*. Chaque science est un tout, qui a son unité. En quoi consiste, et sur quoi se fonde cette unité? La science totale est aussi un système cohérent. Quelle est la place de chaque science dans la science totale?

Aristote semble s'être avisé, le premier, que chaque science a son individualité; il s'est appliqué à les distinguer exactement les unes des autres et à écrire un traité spécial pour chacune d'elles. Bacon, d'Alembert n'ont pas songé à faire autre chose que des plans d'exposition, commodes pour le développement de leurs idées; leurs classifications échappent à la critique par cette raison qu'elles n'ont aucun caractère de doctrine. Le problème qu'il s'agit de résoudre dans ce livre ne paraît même pas s'être posé à leur esprit. C'est seulement en ce siècle que deux grands esprits, Ampère et Comte, ont envisagé le corps entier des sciences comme une sorte d'organisme et entrepris d'en décrire la structure.

Ampère a voulu transporter dans la logique la méthode de classification qui avait donné tant de clarté à la botanique et à la zoologie; mais il a laborieusement édifié un système très artificiel, dont il n'est resté que des vues de détail. C'est qu'il n'existe, dans les sciences, rien de comparable à l'espèce biologique, caractérisée par la génération, par la répétition indéfinie d'un type organique relativement fixe. La science a plutôt des parties que des espèces.

Bien qu'elle soit indiquée dans Descartes[1], c'est à Auguste Comte qu'appartient l'idée de la *hiérarchie* des sciences ; cette idée s'est imposée et nous est devenue familière à tous ;mais le travail est assez ancien déjà, et, à quelques égards, assez arbitraire, pour avoir besoin d'être revisé. Il y a lieu de revenir sur des obscurités, des inexactitudes, des omissions graves, et tel est l'objet du présent livre.

De telles recherches ne sont pas oiseuses. Il importe au progrès de chaque science que ses méthodes soient bien définies, ses problèmes nettement posés, et pour cela il faut se rendre compte de ses relations avec toutes les autres, et de ce qu'on peut appeler, par analogie, sa *position systématique*. Pour le montrer, je me bornerai à dire comment j'ai été amené moi-même à entreprendre ce travail. Je suis parti de l'économie politique, et en particulier du problème dit des *richesses immatérielles*. Je me suis convaincu que, si la science économique, fondée au siècle dernier, semble frappée d'immobilité, et n'a fait, depuis Ad. Smith et J.-B. Say, presque aucune acquisition vraiment importante, c'est qu'elle a fermé elle-même toutes les voies par où elle pouvait progresser, en se confinant dans l'étude des richesses matérielles. J'étais donc conduit à déterminer l'objet de la science économique, à la distinguer des autres branches de la sociologie ; j'arrivai ainsi à reconnaître une analogie frappante et nullement artificielle entre certaines lois économiques et certaines lois du langage. Bien plus, la logique elle-même m'apparut comme une branche de la sociologie. Il me fallait donc définir la sociologie, et je ne pouvais y réussir, cette science étant à peine née, qu'en tâchant de m'élever à une conception de l'ensemble de la science, et de fixer la nature, la signification et les limites de chacun des systèmes partiels dont se compose le système total.

Il est nécessaire de se spécialiser, il n'est pas raisonnable de le faire d'une manière trop exclusive ; cela est même tout-à-fait impossible quand il s'agit des sciences dites morales, sciences naissantes, dans lesquelles la difficulté de poser les problèmes est plus grande encore que celle de les résoudre. Il est alors indispensable de déterminer avec exactitude l'objet de sa recherche, sous peine de chercher tout à la fois, ce qui revient à ne rien chercher du tout. La réalité, étant indéfiniment complexe, peut être envisagée à des points de vue fort

(1) Préface des *Principes*.

différents : chacun de ces points de vue suggère un problème distinct, qui n'a ni les mêmes données ni les mêmes inconnues. Distinguer ces points de vue ou ces problèmes, c'est faire la classification des sciences.

Cette étude a, en outre, une portée plus générale. Considérer dans le système des connaissances humaines le plan d'ensemble et les grandes lignes architecturales, c'est s'acheminer vers la solution des problèmes les plus généraux, les plus inquiétants aussi, que l'esprit humain puisse aborder. Ce n'est pas, il est vrai, les résoudre ; c'est seulement les poser avec une précision qui ne peut être obtenue autrement. Le bénéfice, assurément, n'en est pas négligeable : *Prudens quæstio dimidum scientiæ est.*

En abordant les questions philosophiques de cette manière, on arrive à se convaincre qu'elles appartiennent toutes à quelqu'une des sciences positives. En dehors de la science, qui n'admet que l'évidence, il peut bien y avoir des croyances légitimes ; il est même pratiquement impossible de s'en tenir à ce qui est scientifiquement établi. La science n'est pas et ne sera sans doute jamais en état de se charger de la direction générale de la vie humaine. Qui n'a connu de ces hommes qui ont la manie de la science, et qui, pour vouloir appliquer, dans leur manière de vivre, des théories, justes d'ailleurs, introduire la chimie dans leur cuisine, marcher selon des principes de mécanique, respirer d'après les lois de la physiologie, tout calculer, tout raisonner, s'exposent à mille mécomptes, et se font, en somme, une existence inutilement compliquée et incommode ? C'est que les problèmes pratiques sont presque toujours des problèmes indéterminés ; les conditions de la solution sont trop complexes pour être toutes connues. Aussi, pour les choses de la vie commune, y a-t-il souvent plus de vérité « dans les simples raisonnements que peut faire naturellement un homme de bon sens touchant les choses qui se présentent [1] » que dans ceux qui sont fondés sur des connaissances théoriques. Il est et sera toujours légitime, parce qu'il est et sera toujours nécessaire, de se faire, comme on peut, des opinions et des maximes provisoires pour se conduire, en attendant qu'on ait découvert des vérités et des règles définitives, ou qu'on soit en état de les appliquer.

Mais, en dehors de la science, il n'y a point de proposition

(1) Descartes, *Méthode*, II.

générale qui ne renferme une part d'arbitraire. Après le vrai, il y a encore, et heureusement, le vraisemblable. Or il faut distinguer deux sortes de vraisemblance : l'une individuelle, qui tient au tempérament, au caractère ou à l'état présent du sujet; l'autre universelle, susceptible d'être reconnue par tout esprit sain et éclairé, qui juge sans passion ni préjugé. La première n'a aucun caractère scientifique ni philosophique. Il serait trop abusif de décorer du nom de philosophie ses préférences personnelles; nos opinions ne sont philosophiques que quand nous avons réussi à les détacher de nous-mêmes et à les rendre valables pour autrui. La seconde sorte de vraisemblance appartient véritablement à la science, non pas, il est vrai, à la science achevée, mais à la science qui se fait et qui se cherche encore. Nul savant ne se fait scrupule d'énoncer des probabilités à la suite des résultats acquis. Une conception peut s'accorder si exactement avec les faits, et avec des faits si nombreux et si divers, jeter une telle lumière sur un domaine qui, sans elle, était plein de ténèbres, que, sans se sentir absolument contraint, un esprit réfléchi et impartial puisse être légitimement entraîné. La science aspire à la pleine clarté, mais elle se garde bien, en attendant, de fermer les yeux sur les apparences qui s'esquissent déjà dans la pénombre; elle ne dédaigne aucune lueur. Il suffit de ne pas tenir pour assuré ce qui n'est que probable. Aussi le vrai savant s'efforce-t-il de distinguer entre ce qu'il affirme, ce qu'il croit et ce qu'il conjecture; il fait de son esprit un instrument de précision capable de saisir les nuances et de mesurer les degrés de la certitude.

Ainsi toute connaissance générale, dès qu'elle est certaine ou probable pour l'homme qui juge avec sa raison seule, appartient à la science. Prétendre connaître autrement que par elle, c'est prétendre connaître autrement que par l'intelligence; c'est dire qu'il est légitime d'affirmer ce qu'on ignore ; en un mot, c'est être mystique. Certes il est possible d'affirmer sans raison valable, parce que l'affirmation est un acte, et relève, par conséquent, du sentiment et de la volonté. Aussi y a-t-il deux sortes de mystiques, ceux qui aiment et ceux qui veulent; et l'on peut dire que le mysticisme consiste à franchir, soit par un élan d'amour, soit par un effort de volonté, les bornes où la raison spéculative est contrainte de s'enfermer. Or, pour la science, le mysticisme, c'est l'ennemi. Il ne faut ni aimer ni vouloir sa croyance, il faut la soumettre à la critique. Le doute, qui était pour Montaigne une arme de destruction, est devenu, entre les mains de Descartes, un instrument fécond : on ne doutera jamais trop ; car le vrai, c'est ce qui a subi l'épreuve du doute, et en a définitivement triomphé.

La philosophie est donc contenue tout entière dans la science, dans la mesure où la philosophie est rationnelle, c'est-à-dire raisonnable. Tout problème philosophique, s'il relève de l'intelligence humaine, a sa place marquée dans ce vaste système des connaissances. Cette place, il faut la déterminer pour poser chaque problème en termes convenables et savoir ce que l'on cherche.

Mais, en faisant rentrer la philosophie tout entière dans les sciences positives, je me sépare cependant d'A. Comte en deux points.

Je ne souscris pas à cette mutilation de la philosophie, à cet interdit jeté par les positivistes sur le domaine des métaphysiciens. Il n'est ni possible ni permis de faire le silence sur des questions si palpitantes, et, selon la belle expression de Mme Ackermann, de « fermer l'Inconnu ». Les conflits de la science et de la métaphysique doivent prendre fin, non par une trêve indéfinie, mais par des solutions véritables. Il ne s'agit que de dissiper les malentendus d'où ils sont nés. Les problèmes métaphysiques sont des problèmes mal posés, c'est-à-dire posés prématurément et en termes vagues. A les analyser, on découvre *qu'ils n'ont pas de sens*, et que la difficulté d'y répondre provient d'abord de ce qu'on ne sait pas exactement ce qui est demandé. Précisés, distingués et circonscrits, rendus enfin intelligibles, ils tombent sous la juridiction de quelqu'une des sciences positives. Nombre d'entre eux ont déjà perdu le caractère ontologique qu'ils avaient pour les anciens. La question des idées générales pour Platon, celle de la définition pour Aristote étaient des problèmes de métaphysique : nous avons rendu l'une à la psychologie, l'autre à la logique. M. Fouillée a péremptoirement démontré qu'il n'y a pas d'*Inconnaissable* [1]. Il y a des vérités très malaisées à découvrir, dont beaucoup, sans doute, échapperont à jamais à nos moyens d'investigation ; mais il n'y a pas de problèmes que la nature même de notre esprit nous oblige invinciblement à poser, tout en nous interdisant de les résoudre.

La métaphysique peut se définir la recherche de ce qui est

(1) *L'abus de l'Inconnaissable et la réaction contre la science*, Rev. phil., 1893, II, 337 ; 1894, t. I. — *L'abus de l'Inconnaissable en morale*, ibid., 1895, I, 457.

premier. Ce qui est premier, c'est ce qui est le commencement d'un ordre. Or, il ne peut être question de chercher ce qui est premier dans l'ordre de l'existence, supposé indépendant de l'ordre de la connaissance humaine; car tout ce que nous pouvons connaître est connaissance humaine. On ne peut même pas demander ce que c'est que la *chose en soi*. Ne dites pas que c'est un problème insoluble, dites plutôt que c'est un non-sens ; car c'est demander une connaissance qui ne soit pas une connaissance. Ce n'est pas la réponse qui est impossible ; l'interrogation elle-même n'est possible que par une sorte d'illusion, qui fait ériger en réalités des concepts, en choses en soi des extraits de l'expérience ou de la pensée, en Inconnaissables des éléments connus. Par exemple, peut-on chercher ce qu'est l'Espace *en soi*, indépendamment de notre représentation des choses étendues? Mais je ne connais l'Espace que comme une forme de mes perceptions et de mes images visuelles et tactiles, et si je parle d'un Espace absolu, existant en dehors de ma pensée, renfermant dans son sein les choses, non telles que je les perçois, mais telles qu'elles sont absolument, j'ai dépouillé le mot espace de tout ce qui faisait sa signification ; en sorte que c'est comme si je demandais : dites-moi ce que c'est qu'une certaine chose que je ne puis ni vous désigner, ni concevoir moi-même en aucune manière.

Ce qu'il s'agit de chercher, c'est donc ce qui est premier dans l'ordre de la connaissance. Il ressortira, j'espère, de l'ensemble de ce livre, que chaque science, c'est-à-dire chacun des systèmes de vérités générales dont se compose le système total, repose sur une notion fondamentale, au delà de laquelle elle ne peut rien chercher, qui est *son véritable commencement*. Non qu'on ne puisse poser aucune question au sujet d'elle, mais toute question de ce genre appartient à une autre science. Chercher ces notions, c'est chercher ce qui est premier dans chaque ordre de connaissances.

Car il n'y a pas un principe unique, qui soit universellement premier. C'est l'opinion de beaucoup de philosophes, surtout du côté des positivistes, que la science, réalisant par ses progrès une conception de plus en plus simple de l'univers, tend à l'unité absolue, à la loi unique et suprême. « Le progrès de la science, dit Taine, consiste à expliquer un ensemble de faits non par une cause prétendue hors de toute expérience, mais bien par un fait supérieur qui les engendre. En s'élevant ainsi d'un fait supérieur à un fait supérieur encore, on doit arriver, pour chaque genre d'objets, à un fait unique qui est la cause universelle. Ainsi se condensent les différentes sciences en autant de définitions d'où peuvent se déduire toutes les vérités dont elles se composent. Puis le moment vient où nous osons davantage. Considérant que ces définitions sont plusieurs, et qu'elles sont des faits comme les autres, nous y apercevons et nous en dégageons, par la même méthode que chez les autres, le fait primitif et unique, d'où elles se déduisent et qui les engendre. Nous découvrons l'unité de l'univers, et nous comprenons ce qui la produit. Elle ne vient pas d'une chose extérieure au monde, ni d'une chose mystérieuse cachée dans le monde. Elle vient d'un fait général, semblable aux autres, loi génératrice d'où les autres se déduisent, de même que de la loi de l'attraction dérivent tous les phénomènes de la pesanteur, de même que de la loi des ondulations dérivent tous les phénomènes de la lumière, de même que de l'existence du type dérivent toutes les fonctions de l'animal, de même que de la faculté maîtresse d'un peuple dérivent toutes ses institutions et tous les événements de son histoire. L'objet final de la science est cette loi suprême, et celui qui, d'un élan, pourrait se transporter dans son sein, y verrait, comme d'une source, se dérouler par des canaux distincts et ramifiés le torrent éternel des événements et la mer infinie des choses[1]. »

Non, il n'y a pas de loi unique qui contienne toutes les autres. Il n'est pas vrai que les lois générales contiennent les lois spéciales, car, si elles sont plus générales, leurs termes sont moins déterminés. Elles sont des points de vue plus abstraits, et, par conséquent, en s'appliquant à des cas plus nombreux, elles en sont des connaissances moins complètes. On peut considérer la pesanteur terrestre comme un cas de l'attraction newtonienne ; mais on élimine par là même ce qu'a de propre la pesanteur terrestre, qui est l'attraction des corps par une masse déterminée, la Terre. Il n'est pas vrai que les lois mathématiques, qui sont les plus générales de toutes, contiennent toutes les lois de l'univers, car, pour passer d'une loi de la quantité à une loi de l'espace, il faut introduire des notions telles que les longueurs, les angles, etc., auxquelles la quantité s'applique, mais qui ne sont pas des quantités. Pour passer d'une loi de l'espace à une loi du mouvement, d'une loi du

(1) *Le positivisme anglais.*

mouvement à une loi de la matière, d'une loi de la matière à une loi de la vie, il faut introduire des déterminations nouvelles de la pensée. En supposant que la science pût s'élever à une loi absolument générale dans laquelle toutes les autres seraient enveloppées, l'esprit ne pourrait les y apercevoir, car cette loi serait un rapport unique entre deux termes abstraits, tandis que « le torrent éternel des événements et la mer infinie des choses » sont entièrement déterminés.

Mais il y a dans chaque ordre de connaissances un concept unique, qui sert à former tous les autres concepts du même ordre. C'est ce concept unique qui est l'objet propre et le point de départ de chaque science. Il n'est pas vrai que tous les concepts de toutes les sciences dérivent d'un concept unique, qui serait le principe de tout ce que l'esprit humain peut concevoir. La Quantité, l'Espace, la Force sont des notions hétérogènes. Mais il y a un nombre défini de notions fondamentales et irréductibles qui représentent les éléments premiers de toute connaissance, ce au delà de quoi on ne peut remonter, ce qu'on n'a besoin de dériver de rien, ce au sujet de quoi chaque science ne peut même poser aucun problème sans sortir de son domaine.

Mais en sortant du domaine d'une science, — et c'est là le second point sur lequel je me sépare d'A. Comte, — on rentre immédiatement dans celui d'une autre. Les problèmes que les métaphysiciens agitent au sujet du Nombre, de l'Espace, de la Force, ne sont pas des problèmes d'algèbre, de géométrie ni de mécanique. Comment se forment dans notre esprit les notions de Quantité, d'Espace, de Force? Voilà des questions de psychologie? Quelle est la valeur de ces concepts? c'est-à-dire comment sont-ils, pour tous les esprits, identiques, et principes des mêmes vérités? Voilà une question de logique, c'est-à-dire, on le verra, de psychologie sociale. Et si on demande s'il y a un Espace réel, et s'il ressemble à l'Espace que nous concevons, on pose un problème insoluble, un problème ontologique, mais aussi un problème dénué de sens, car, *réalité*, *res* ne peut signifier pour nous que la possibilité d'une donnée expérimentale; le problème doit donc être, en quelque sorte, transposé ainsi : Comment notre expérience des choses étendues est-elle possible? ce qui est un problème de psychologie.

On sait qu'A. Comte, en un passage célèbre, après avoir réparti entre les savants spéciaux les divers domaines de la recherche positive, fait une nouvelle spécialité de la coordination des résultats les plus généraux; c'est, dit-il, « une section distincte du grand travail intellectuel ». Une classe nouvelle de savants, préparés par une éducation convenable, sans se livrer à la culture spéciale d'aucune branche particulière de la philosophie naturelle, s'occupera uniquement, en considérant les diverses sciences positives dans leur état actuel, à déterminer exactement l'esprit de chacune d'elles, à découvrir leurs relations et leur enchaînement, à résumer, s'il est possible, tous leurs principes propres en un moindre nombre de principes communs, en se conformant sans cesse aux maximes fondamentales de la méthode positive[1]. » Cette nouvelle spécialité, la spécialité de la généralisation, c'est la philosophie.

Non, il ne faut pas faire de la généralisation « une section distincte du grand travail intellectuel », une spécialité qui consiste à n'en pas avoir. Chaque science s'élève, dans le domaine qui lui est propre, aux plus hautes généralités possibles; mais elle ne peut sortir du concept fondamental qui est son objet, car elle tomberait dans l'indétermination absolue. Cette ascension dialectique vers le *summum genus* fait évanouir à la fin les choses et les idées. Quant à la coordination des vérités les plus générales, elle se fait d'elle-même, par la raison que toutes les vérités sont d'accord entre elles.

Mais les notions fondamentales de toutes les sciences suggèrent des problèmes qui n'appartiennent pas à ces sciences. Chacun d'eux appartient, comme on vient de le voir, comme on le verra mieux encore dans la suite de ce livre, à une science définie. Celui que nous allons traiter, par exemple, bien qu'il ait le caractère d'une vue très générale sur l'ensemble des sciences, appartient tout entier à l'une d'entre elles, la Logique. A. Comte fait ici une confusion, qui règne d'ailleurs d'un bout à l'autre de son œuvre, entre le problème théorique de la classification des sciences, c'est-à-dire de la détermination du concept abstrait qui est l'objet propre à chacune d'elles, et le problème pratique de la division du travail entre les savants. De même que, dans une usine, il y a des ouvriers spécialistes qui travaillent à leurs métiers respectifs, et des contremaîtres qui dirigent leurs travaux, répartissent les tâches et rassemblent les produits; de même il y a, dans la grande usine de la science, des ateliers distincts, où travaillent

(1) *Cours de philosophie positive*, 58e leçon.

des savants spécialisés, et des contremaîtres, qui reçoivent et rassemblent les résultats acquis; seulement ces contremaîtres ne dirigent rien et n'ont aucune autorité. Ils sont plutôt des polygraphes que des philosophes ; ils ont l'art d'exposer, dans leur harmonie, les vérités séparément découvertes par les autres. Cette harmonie, ils ne la font pas, ils la reconnaissent; ils n'ont rien à coordonner, car rien n'est en désaccord. Leur œuvre est purement littéraire. Ce sont gens habiles à présenter à l'esprit la majestueuse unité de la science.

Historiquement, la philosophie se montre sous un autre jour. D'abord, c'est la science elle-même, la science tout entière. Puis c'est encore la science, moins les systèmes partiels de connaissances qui se sont organisés à part. Son objet va ainsi s'appauvrissant, à mesure que celui de chaque science se détermine et s'en détache, en sorte qu'elle est toujours un résidu : c'est la partie du savoir humain qui n'est pas encore organisée; mais il est appelé à s'organiser tout entier, et la philosophie doit, un jour, par son propre progrès, se résoudre dans la science.

Dans la première partie de ce livre je montrerai que la science est une dans sa forme ; que les diverses méthodes, spécialement la méthode démonstrative et la méthode expérimentale, ne conviennent pas à deux sortes de sciences différentes, mais à des moments différents des progrès de toutes les sciences. Dans la seconde partie, je chercherai les divisions profondes, radicales qui séparent les branches principales du savoir humain.

Ainsi entendue, la classification des sciences n'est pas une construction artificielle et factice, qui puisse sortir toute faite du cerveau d'un philosophe, comme une manière d'œuvre d'art. Descartes semble parfois rêver d'achever seul la science, afin qu'étant l'œuvre d'un seul esprit elle soit parfaitement homogène : « Les bâtiments qu'un seul architecte a entrepris et achevés ont coutume d'être plus beaux et mieux ordonnés que ceux que plusieurs ont tâché de raccommoder en faisant servir de vieilles murailles qui avaient été bâties à d'autres fins; » de même les sciences des livres, « s'étant composées et grossies des opinions de plusieurs diverses personnes », sont embarrassées d'erreurs et de contradictions [1]. Ceci ne s'applique qu'aux

(1) *Méthode*, 2e partie.

« sciences des livres dont les raisons ne sont que probables, et qui n'ont aucunes démonstrations ». Une fois constituée, la science est une et cohérente, malgré la diversité des ouvriers qui l'ont construite. Ce n'est point, en effet, la pensée d'un esprit qui s'ajoute aux pensées des autres esprits ; c'est ce qu'il y a de vrai dans une conception qui s'ajoute à ce qu'il y a de vrai dans d'autres conceptions. Les personnalités s'effacent dans l'œuvre impersonnelle.

La science s'organise donc et se classe toute seule à mesure qu'elle se fait ; chaque vérité y prend sa place propre, par cela même qu'elle se démontre. Dans le présent travail, il convient seulement d'observer et de décrire : inventer serait une faute de logique. Gardons-nous donc bien de dresser un tableau symétrique comme celui d'Ampère, surtout, de faire, comme lui, une classification close, d'enfermer dans un cadre inextensible et rigide une chose vivante, qui se transforme et qui s'accroît [1]. Je constaterai d'abord la structure des sciences les plus parfaites, je présenterai des observations sur quelques points obscurs, je chercherai à déterminer quelques limites qu'il n'est pas indifférent de méconnaître ; puis, à mesure que j'arriverai à des sciences moins définies, je tracerai des lignes de démarcation d'une main plus hésitante, évitant soigneusement de donner une netteté arbitraire aux contours des sciences qui ont encore les traits indécis et les formes enveloppées de la première enfance.

(1) Ampère a voulu que les sciences noologiques eussent le même nombre de divisions que les sciences cosmologiques, et des divisions symétriques ; sauf la bipartition initiale de ces deux embranchements, la classification est uniformément *tétrachotomique ;* il a condensé tout le système en un tableau, où il formule en deux vers latins la double opposition dont se compose chaque groupe de quatre sciences élémentaires.

PREMIÈRE PARTIE

L'UNITÉ FORMELLE DE LA SCIENCE

CHAPITRE PREMIER

LE DUALISME LOGIQUE

Les savants semblent se répartir assez naturellement en trois groupes, selon qu'ils font leur spécialité des mathématiques, des sciences physiques et naturelles ou des sciences morales. Physiciens et naturalistes se rapprochent beaucoup moins des psychologues, historiens, économistes que des mathématiciens; ils ont avec ceux-ci plus d'idées communes; ils leur empruntent des méthodes; ils rivalisent avec eux pour la précision et la solidité de leur savoir; ils siègent dans les mêmes académies; surtout, ils ont reçu, pour la plupart, une culture générale semblable, tandis qu'on s'achemine vers l'étude des sciences morales, chez nous du moins, par une éducation presque exclusivement littéraire. Moralistes et naturalistes restent ainsi étrangers les uns aux autres, ayant peine à se comprendre et ne parlant pas la même langue. D'autre part, mathématiciens, physiciens et biologistes se considèrent volontiers comme les seuls vrais titulaires du domaine scientifique, se refusant à donner le nom de science à des inventaires de faits sans lois, comme l'histoire, à des spéculations éloignées des faits, comme la plupart des philosophies.

Tout cela tient visiblement à l'infériorité présente des sciences morales. Bien que leurs principaux problèmes aient préoccupé les esprits dès l'antiquité, elles sont pauvres de résultats acquis; elles n'ont encore fixé ni leurs objets, ni leurs principes, ni leurs méthodes. Mais toutes s'efforcent de devenir positives, de s'affranchir des métaphysiques et de prendre rang parmi les sciences de la nature. La psychologie est aujourd'hui à peu près dans la situation où étaient l'astronomie avec Tycho-Brahé, la physique avec Cardan, la chimie avec Stahl. Elle commence à se dégager des théories aventureuses, à se créer une méthode d'observation et même des instruments et une technique ; elle semble mûre pour l'avènement d'un Képler, d'un Galilée ou d'un Lavoisier. La différence entre les sciences naturelles et les sciences morales est que celles-ci sont moins avancées. Il serait aussi peu raisonnable de s'en tenir à cette division que si un zoologiste, ayant à classer les animaux du Jardin des Plantes, considérait, non leurs caractères spécifiques et génériques, mais leur taille, leur poids ou leur âge.

Les sciences « morales », plus complexes dans leurs objets, plus hésitantes dans leurs méthodes, plus indécises dans leurs résultats, prétendent néanmoins à devenir de vraies sciences. La psychologie veut être une *histoire naturelle de l'âme*, la sociologie une *histoire naturelle des sociétés humaines*. Le système total du savoir humain ne se divise pas en trois embranchements profondément distincts. Se divise-t-il même en deux : les mathématiques, sciences de raisonnement, déductives et abstraites, et les sciences d'observation et d'expérience, inductives et concrètes ?

Nous discuterons plus loin le vrai caractère et la position systématique de la logique et nous examinerons s'il y a lieu, comme le veut Herbert Spencer, de la réunir aux mathématiques sous la désignation commune de *Sciences « abstraites »*, les autres connaissances étant au contraire « concrètes ». Ce point réservé, on se trouve en présence d'une division de toutes nos connaissances en deux embranchements; les unes ont pour objet les faits ; les autres sont indépendantes des faits, et n'ont pas besoin, pour être *vraies*, que leurs objets soient *réels*.

L'hydrogène, brûlant dans une éprouvette, engendre de la vapeur d'eau qui se condense sur les parois du verre ; — le fémur de l'homme est maintenu dans la cavité cotyloïde par la pression atmosphérique. Nous savons qu'il en est ainsi parce que des expériences, toujours faciles à répéter, le prouvent. C'est vrai parce que c'est réel.

La somme des angles d'un triangle est égale à deux angles droits. Ceci n'a pas besoin d'être vérifié expérimentalement, et d'ailleurs, ne peut l'être, car l'expérience prouvera seulement que c'est vrai *sensiblement*, mais le mathématicien veut dire que c'est vrai absolument. Ce serait encore vrai quand même ce ne serait pas réel. Ce n'est peut-être pas réel, car je ne sais pas s'il existe des triangles ; je n'en connais pas, je n'en ai jamais vu. La figure tracée sur le tableau n'est pas une surface plane, et les traits de craie ne sont pas des lignes droites, ni des lignes. Mais il suffit qu'on puisse concevoir et définir le triangle pour que les propositions qu'on en démontre soient vraies.

Stuart Mill impose aux définitions mathématiques une condition à laquelle elles ne sont nullement assujetties. Dans ces définitions, dit-il, « il est sous-entendu que quelque chose telle que le défini existe réellement ou peut se trouver dans notre expérience ». Cela n'est pas exact ; on définit une asymptote, on définit des parallèles ; or notre expérience ne peut pas nous présenter des lignes indéfiniment prolongées. On définit des quantités négatives, imaginaires, infiniment grandes ou petites; or toute quantité donnée dans l'expérience est positive, réelle et finie. Les définitions purement verbales (un dragon est un serpent qui souffle des flammes) ne peuvent, selon Mill, servir de principe à aucun raisonnement. C'est une erreur ; on pourra tirer d'une telle définition un grand nombre de conséquences, par exemple qu'un dragon est dangereux, qu'il est bon de le détruire, etc. Mais comme l'objet défini n'est pas un objet réel, aucune des propriétés ainsi déduites n'est la propriété d'un objet réel. De même aucune définition mathématique n'est la définition d'une chose réelle. Ce qui est sous-entendu, ou plutôt, ce qui doit être démontré, si ce n'est pas évident immédiatement, c'est que la notion définie est possible, que l'esprit peut réellement la concevoir, que le mot dont on détermine la signification a vraiment une signification; ce qui s'entend assez, puisque la définition a pour but de déterminer justement cette signification.

Si je fais abstraction de la totalité des faits, à la place de cette nature que ma pensée supprime, je puis imaginer une infinité d'autres natures, inventer une infinité de faits et de combinaisons de faits. Ma fantaisie n'est cependant pas libre de toute loi. Il m'est impossible par exemple de concevoir un tout qui serait plus grand ou plus petit que la somme de ses parties, un cercle dont le diamètre et la circonférence auraient une commune mesure. Affranchi de la nécessité de me mettre d'accord avec l'expérience, je suis encore obligé d'être d'accord avec moi-même. Ces lois de la concevabilité seraient précisément l'objet des sciences abstraites ; les sciences de la nature ont pour objet les lois de l'existence.

Cette division semble embrasser la totalité du savoir positif. On ne voit pas qu'aucune vérité générale présentement établie, ni même qu'aucune acquisition future, puisse être autre chose qu'une loi de l'esprit ou une loi des choses, une connaissance « abstraite » ou une connaissance « concrète », une vérité de *droit* ou une vérité de *fait*. Il y a là, semble-t-il, plus qu'une différence profonde : c'est une opposition radicale.

Mais comment se fait-il que l'astronomie dont l'objet est réel, qui est une science de la nature, soit rangée par A. Comte parmi les diverses branches des mathématiques; qu'il y ait une *optique géométrique*, une *physique mathématique*, que la mécanique semble à quelques-uns avoir un caractère mixte ou intermédiaire ?

L'opposition n'est donc pas aussi radicale qu'on pourrait le croire. Quand une classification est suffisamment étudiée, toutes les lignes de démarcation doivent être parfaitement nettes, et il ne doit pas rester de genres indécis comme les sciences « abstraites-concrètes » d'H. Spencer.

Les mathématiques sont purement idéales et indépendantes de la réalité de leurs objets. Pour démontrer les propriétés du triangle, le géomètre ne se demande pas s'il existe quelque triangle. Il est même fort raisonnable de penser que les objets de la géométrie ne sont réalisés nulle part. Toutes les figures que la nature présente sont irrégulières et complexes ; le savant ne les détermine et ne les calcule qu'à la condition de les rectifier et de les simplifier.

L'orbite d'une planète n'est pas une ellipse véritable, car l'astre subit d'autres attractions que celle du soleil ; ce n'est même pas une courbe plane, car ses axes ont ordinairement des mouvements comme la nutation ou la précession des équinoxes. Puis la planète n'est pas un point; le point qui décrit une orbite à peu près elliptique, le centre de gravité, ne peut être déterminé que grossièrement, car il ne coïncide avec le centre de figure que dans un corps homogène. Si l'on veut pousser les choses à la dernière rigueur, — et il le faut bien, — le centre de gravité est tout à fait indéterminable, car il varie, et ses variations sont impossibles à suivre : en général, quand un corps change de forme, il change de centre de gravité ; tout homme qui marche déplace le centre de gravité de la terre.

Mais il importe peu que les objets des mathématiques soient ou non réalisés, il suffit qu'on les conçoive et qu'on les définisse. Si le monde cessait d'exister, la valeur des démonstrations subsisterait tout entière.

Il s'en faut que le caractère idéal des mathématiques soit universellement reconnu. Ampère les définit « les sciences qui ne considèrent *dans les phénomènes naturels* que les rapports de quantité ». Il s'élève contre « l'idée absolument dénuée de fondement, que les vérités dont se composent les mathématiques n'ont aucune réalité extérieure et se rapportent uniquement à des vues de l'esprit, comme si les lois mathématiques du mouvement des astres ne réglaient pas ce mouvement depuis que le monde existe, et bien avant que Képler les eût découvertes [1] ».

L'exemple, au moins, est mal choisi. Quand les lois naturelles découvertes par l'expérience ont assez de précision pour qu'on puisse y appliquer le calcul, elles ne sont pas pour cela des vérités mathématiques. Il y a loin des conditions de la mesure en général aux rapports mesurables que l'observation a pu saisir dans les faits. Une science n'est pas mathématique parce qu'elle fait des calculs; autant vaudrait faire des mathématiques elles-mêmes une branche de la Logique ou de la Linguistique par ce motif que les géomètres raisonnent ou qu'ils s'expriment.

Ampère veut établir que les mathématiques ne sont pas « noologiques » mais « cosmologiques » ; et après lui beaucoup de mathématiciens se sont attachés à soutenir qu'elles expriment non des lois de l'esprit, mais des lois des choses. « Ce qu'on croit ou ce qu'on nie par les lois des mathématiques, dit M. G. Mouret, ce sont *des relations entre des objets du monde extérieur*, et, pour arriver à une connaissance positive de ces lois, il convient de les examiner dans leurs termes *concrets*, qui sont les corps ou les phénomènes [2] ».

Je ne sais si, en les examinant dans leurs termes concrets, on en aura une connaissance plus « positive », mais je vois bien qu'avant de les examiner dans leurs termes concrets, c'est-à-dire avant d'effectuer des mesures, de calculer des effets naturels, par exemple les mouvements des astres, il faut démontrer les lois du calcul et de la mesure, et que ces lois, sous leur forme abstraite, ne supposent la considération d'aucune chose effectivement mesurée. Ampère dit, avec plus de raison, qu'elles s'appliquent à *tous les mondes possibles* :

(1) *Philosophie des sciences*, t. I, p. 195.

(2) *L'Égalité mathématique*, Rev. philosophique, août 1891.

« Quant à ceux qui ont fait de l'arithmologie et de la géométrie un groupe de sciences distinctes pour placer la mécanique et l'uranologie dans les sciences physiques, il me paraît qu'ils ne prenaient pas le mot *mécanique* dans le sens que lui donnent les mathématiciens. La mécanique n'est pas une science qui s'occupe seulement des mouvements que présentent les corps que nous pouvons, sur notre globe, soumettre à l'expérience, ou des machines dont nous aidons notre faiblesse. Telle que l'ont conçue les Euler, les Lagrange, les Laplace, etc., la mécanique donne des lois, comme l'arithmologie et la géométrie, à *tous les mondes possibles...* » L'uranologie elle-même « s'applique à tous les mondes qui peuvent exister dans l'espace, tandis que rien ne s'oppose à ce que, dans les globes différents du nôtre, les propriétés des corps, soit inorganiques, soit organisés, fussent toutes différentes de celles que les autres sciences cosmologiques étudient dans les corps qui nous entourent[1] ».

C'est le caractère mathématique de l'uranologie qui a égaré Ampère. A. Comte aussi, tout en la considérant comme une branche de la *physique abstraite*, — ce qui n'est pas tout à fait exact — ne peut s'empêcher de lui donner une place à part, à cause du *grand fait de la gravitation*. Les transformations si rapides et si complètes de la science des astres étaient bien faites pour frapper l'esprit des savants. Encore empirique et superstitieuse au XVIe siècle, elle devient expérimentale[2] avec Galilée, et presque aussitôt le génie de Newton la transforme en mécanique céleste. A ce moment, la mécanique générale ne s'est point entièrement dégagée de l'expérience ; ce n'est qu'avec d'Alembert et Lazare Carnot qu'elle achève d'éclaircir ses notions fondamentales et de formuler ses principes. Aussi les progrès de la mécanique rationnelle et ceux de la mécânique céleste sont-ils étroitement connexes, leurs problèmes fréquemment confondus. Même les problèmes de géométrie et d'analyse, dans les travaux des Bernouilli, d'Euler, de d'Alembert, se posent souvent, à l'occasion des mouvements des astres, et sous la forme concrète d'orbites ou de vitesses à déterminer. L'astronomie est en avance ; elle est obligée d'attendre, pour interpréter ses propres observations, les progrès de la mathématique pure. Il en résulte que le problème

(1) *Phil. des Sc.*, t. I, p. 198.
(2) Preuve du mouvement de la Terre.

abstrait s'unit et se fond avec le problème concret et qu'on ne distingue clairement ni le caractère idéal des mathématiques, ni le caractère expérimental de l'astronomie.

Sans doute, la loi des aires était vraie bien avant que Képler l'eût découverte. On peut en dire autant de toutes les lois naturelles. Les lois astronomiques expriment l'ordre réel des faits et sont prouvées par les faits. Si Képler a découvert la figure elliptique des orbites et la variation de vitesse des astres, c'est qu'il avait entre les mains les observations excellentes auxquelles son maître Tycho-Brahé avait consacré sa vie; c'est qu'il observa lui-même et construisit par points l'orbite de Mars. Il ne prouva pas *a priori* que tout astre possible et imaginable *devait* obéir à la loi des aires ; mais il fit voir qu'*en fait* ainsi se comportent les planètes du système solaire.

Newton a donné la raison de cette loi empirique ; il en a fait la conséquence mathématique d'une loi plus générale. Mais la méthode qu'il a suivie peut être citée comme un modèle de raisonnement expérimental. Il a fait cette hypothèse de génie que la composante invariable qui retient un astre dans son orbite est de même nature que la pesanteur terrestre. Or, les lois de la pesanteur avaient été déterminées expérimentalement par Galilée ; en les appliquant à son hypothèse, Newton retrouva la loi des aires, que l'on savait conforme aux faits. Ainsi, la grande loi de la gravitation, bien que le raisonnement contienne de longs calculs, bien que le résultat soit une formule (il en est de même de toutes les lois précises), n'est pas une loi mathématique, mais une loi expérimentale. Elle ne s'applique pas « à tous les mondes qui peuvent exister dans l'espace », car je conçois très bien un monde où tous les corps s'attireraient selon une loi différente, ou même ne s'attireraient pas du tout. La notion d'*attraction* a paru longtemps inadmissible. Huyghens et tous les cartésiens la repoussèrent ; on voit par les écrits de Fontenelle dans quelle perplexité les jetait cette puissance occulte, cette influence inintelligible, et pourtant conforme aux faits. Et ce n'est pas l'évidence rationnelle, seule admise en mathématiques, c'est l'évidence expérimentale qui désarma les derniers adversaires.

On ne saurait trop répéter combien est inexacte cette idée d'Ampère et de tant d'autres, qu'une science est mathématique parce qu'elle emploie les mathématiques, et l'idée de A. Comte, qui en est le corollaire, ou l'exagération, que toutes les sciences doivent se ramener aux mathématiques, de sorte que le progrès de la science, au lieu d'être l'extension du savoir, en serait en quelque sorte la résorption.

Dans l'état actuel de nos connaissances, rien ne s'oppose à ce que, dans un monde différent du nôtre, les propriétés physiques, chimiques, organiques des corps, y compris la gravitation, soient autres que celles que nous connaissons. Mais il ne peut être faux, dans aucun monde réel ou imaginable, que 2 et 2 font 4, parce que tout autre total contredirait la définition de 2, celle de 4, ou celle de l'addition. Cette proposition serait donc encore vraie, quand même aucune expérience ne présenterait un groupe de deux objets qu'on puisse joindre à un autre groupe de deux objets, quand même il serait impossible de considérer « dans leurs termes concrets » ni deux, ni quatre, ni l'addition.

Pour bien comprendre le caractère idéal de la mathématique, il faut soigneusement distinguer deux questions : 1° le problème psychologique de la formation des notions et vérités fondamentales ; 2° le problème logique de la nature des connaissances et des raisons de leur certitude.

La première question ne se rapporte pas au débat. Les notions mathématiques élémentaires sont-elles d'origine empirique? Les vérités fondamentales, les axiomes dérivent-ils par généralisation de notre commune expérience ? Ou bien, au contraire, existe-t-il des notions et des vérités antérieures à toute expérience ? On peut disputer sur l'origine des idées d'espace et de temps ; la genèse de l'idée de nombre est sans doute une opération fort compliquée. *Compter* est au-dessus de l'intelligence de tous les animaux et même de quelques hommes, s'il est vrai que certains sauvages ne peuvent dépasser trois. Mais l'arithmétique et la géométrie s'adressent à des esprits pour qui ces idées sont parfaitement claires, pour qui les axiomes ne sauraient faire l'ombre d'un doute. C'est l'affaire des psychologues de rechercher comment ces notions nous sont venues, pourquoi nous sommes persuadés de ces vérités ; les mathématiques n'en peuvent recevoir aucun supplément de clarté ni de certitude. On ne peut ni tout définir ni tout démontrer : il y a des notions immédiatement claires qui servent à définir les autres, des propositions immédiatement évidentes qui servent à démontrer tout le reste. Quand la science a trouvé ces notions et ces propositions, elle a trouvé *son véritable commencement*.

La deuxième question est donc seule en cause : les vérités mathématiques sont-elles des lois de la nature ?

Oui, en ce sens qu'aucun fait ne sera jamais donné qui les contredise. Elles sont des conditions de possibilité de toute notre expérience sensible ; elles régissent ainsi tout le possible, ou mieux, tout le concevable. En quoi elles semblent se distinguer profondément des lois expérimentales. Celles-ci ont pour objet le réel ; elles consistent à exprimer les faits dont se compose l'univers et à en rendre compte. Le mathématicien peut, à l'occasion, demander à l'expérience une vérification et un contrôle, mais jamais une démonstration ; et si quelque loi, ainsi qu'il arrive souvent, lui est suggérée par une généralisation des faits, et il ne la considère jamais comme définitivement acquise, tant qu'elle a le caractère d'une connaissance empirique. Il procède *à priori ;* sa méthode est la définition abstraite et la démonstration déductive. Elle a d'ailleurs une rigueur que l'expérience ne comporte pas, et qui justifie la qualification usuelle de sciences *exactes.* — Au contraire, l'expérience est le seul terrain solide sur lequel s'édifient les sciences de la nature. Elles se défient des théories et des systèmes, et n'admettent que des généralisations établies sur les faits, et confirmées par les faits. Leur méthode est l'observation, la classification et l'induction. Il en résulte qu'elles ne peuvent prétendre qu'à une exactitude relative, subordonnée au degré de précision dont nos sens et nos instruments sont capables, et ne sont que sensiblement vraies[1].

Ainsi, les mathématiques expriment *à priori* les conditions de l'intelligibilité en général, et sont elles-mêmes le type de la science parfaitement intelligible et certaine ; mais elles ne sont la connaissance d'aucune partie de la nature. Les sciences expérimentales ne sauraient donner à l'esprit une satisfaction aussi complète — du moins il le semble — mais en revanche elles seules nous révèlent le monde où nous sommes.

Enfin notre division en deux embranchements trouve une sorte de confirmation dans les habitudes d'esprit et les tendances toutes contraires de savants trop exclusivement adonnés à leurs études spéciales. La pratique ordinaire du mathématicien est de prendre pour point de départ un petit nombre de données précises, et, sans s'embarrasser d'aucune considération étrangère, d'en tirer un système cohérent de conséquences. Dans la vie pratique, ou dans les autres sciences dont il s'oc-

(1) Voir V. Egger, art. *Induction*, dans le *Dict. encycl. des sc. méd.* de Dechambre.

cupe accidentellement, il lui arrive de procéder d'une manière analogue. Il cherche à éliminer tout ce qui n'est pas totalement intelligible. Au lieu de considérer les faits tels qu'ils sont, avec leur complexité indéfinie, leurs nuances inexprimables, leurs dessous mystérieux, leurs perspectives perdues, il en extrait un nombre limité de données entièrement saisissables, entièrement claires, et il en fait la base de ses théories. Les conséquences, si elles sont bien déduites, sont vraies abstraitement. Elles pourront néanmoins être démenties par les faits, à cause des circonstances cachées ou obscures systématiquement écartées. Le savant a bien résolu le problème qu'il avait posé ; seulement ce n'est pas tout à fait celui que posait la réalité.

Tout autre est ordinairement l'esprit du naturaliste. L'investigation expérimentale est si féconde en surprises, les constructions prématurées ont essuyé tant de démentis, qu'il faut toujours s'attendre à de l'inattendu. Quelle préface d'un livre de Biologie ne répète ce lieu commun : « Défions-nous des théories et des systèmes ! Gardons-nous de raisonner à priori ! Des faits, rien que des faits ! » L'excès de cette disposition de l'esprit serait de réduire la science à un catalogue, à un journal de laboratoire, d'en bannir le raisonnement et les idées, c'est-à-dire, en somme, de méconnaître sa tâche essentielle, qui est de rendre la nature intelligible.

Il semble donc que la Science soit double, que la mathématique et la science de la nature, partant, pour ainsi dire, des deux pôles extrêmes de la connaissance, marchent en sens inverse et aillent à la rencontre l'une de l'autre. L'une analyse et développe les lois de l'esprit pour les rendre applicables à la diversité et à la complexité des faits ; l'autre rassemble les faits et les coordonne en des conceptions de plus en plus conformes aux lois de l'esprit. Et l'on suppose que, les lois mathématiques une fois formulées avec un détail suffisant, les faits une fois notés et classés avec assez de précision et de méthode, cette forme et cette matière s'adapteront exactement l'une à l'autre. Et tel serait le terme, — sans doute inaccessible — du progrès indéfini de la science.

On peut appeler *dualisme logique* cette opposition radicale des sciences de raisonnement et des sciences d'observation. Il n'est pas sans analogie avec les autres dualismes. La raison et l'expérience, l'idéal et le réel, le possible et l'être, le droit et le fait, l'esprit et la matière, c'est toujours sous des formes diverses l'opposition de l'intelligible et du sensible. Mais nous ne voulons considérer ici que le dualisme logique. En général, ceux qui veulent sauver l'unité de la science s'efforcent de nier le caractère idéal des mathématiques et de les rapprocher des sciences expérimentales. N'est-ce pas l'inverse qu'il faudrait faire ? Sans renoncer à la division en deux grands embranchements, un examen plus attentif réduira cette distinction à son exacte valeur, et montrera que les sciences de faits tendent constamment à s'idéaliser, à s'affranchir de l'empirisme originel, et qu'au terme de leurs progrès elles doivent avoir aussi pour objets de purs concepts, et procéder par définitions abstraites et démonstrations déductives.

Pour échapper au dualisme logique, il ne faut donc pas essayer, en altérant leur véritable caractère, de rapprocher les mathématiques des sciences d'observation et d'expérience. Il faut, au contraire, suivre dans leur développement historique les sciences de la nature, les voir s'abstraire et s'idéaliser progressivement, passer par degrés de la constatation à la démonstration, des vérités de fait aux vérités de droit, de l'universalité à la nécessité. Leurs innombrables et précieuses conquêtes ont fait naître, depuis un demi-siècle, ce qu'on pourrait appeler le fanatisme de la méthode expérimentale. Il faut enfin comprendre que cette méthode n'est que provisoire, et que, si elle mène fort loin, elle ne mène pas au but. Sans doute, l'histoire de la pensée humaine est une vaste leçon de prudence ; il ne faut plus s'élancer témérairement dans l'inconnu ; la raison la plus puissante, guidée par les méthodes mathématiques les plus sévères, est en péril dès qu'elle perd pied, et ne repose plus sur le terrain solide des faits. Mais les faits ne sont pas la science ; l'esprit n'est satisfait que quand il comprend, c'est-à-dire quand il démontre, quand il saisit des relations non seulement constantes, mais nécessaires.

CHAPITRE II

LOI COMMUNE DU DÉVELOPPEMENT DE TOUTES LES SCIENCES
L'INDUCTION EN MATHÉMATIQUES

1. — On peut — sinon *démontrer* — du moins *prouver* par induction les vérités mathématiques. En mesurant au rapporteur les angles à la base de plusieurs triangles isocèles, on se convaincra que ces angles sont toujours égaux. En mesurant les côtés de plusieurs triangles rectangles de proportions très diverses, on pourra s'assurer que le carré de l'hypoténuse est égal à la somme des carrés des côtés de l'angle droit. On verra de même que, dans un triangle, si un angle est aigu, la somme des carrés de ses côtés est plus petite que le carré du troisième côté, qu'elle est plus grande s'il est obtus. La proposition sera ainsi prouvée par la méthode de Concordance, puis par celle de Différence. On saura qu'il en est ainsi, mais on ne saura pas pourquoi. Aucun mathématicien ne se contenterait d'une telle preuve. Un enfant qui, jouant avec un compas, trace la figure bien connue de la rosace à six branches, et remarque qu'il revient exactement au point de départ, prouve empiriquement, c'est-à-dire inductivement, que le côté de l'hexagone régulier inscrit est égal au rayon. C'est une preuve, ce n'est pas une démonstration.

Une théorie mathématique consiste à relier les unes aux autres, par des relations dont la nécessité *est aperçue par l'esprit*, les diverses propriétés d'une même notion. Alors elles se déduisent toutes d'une seule propriété, qui en est la définition. Ainsi toutes les propriétés du triangle se déduisent de la définition du triangle ; non pas que la définition les contienne, et qu'on les en tire analytiquement (le raisonnement par lequel on les déduit a été nommé par les anciens *synthétique*), mais ces propriétés sont liées à celle de la définition de telle façon qu'on peut en apercevoir le lien nécessaire.

Une définition, au sens le plus général, est une proposition qui exprime l'extension et la compréhension d'un concept. Elle doit convenir *omni et soli definito ;* c'est donc une universelle affirmative susceptible de se convertir simplement, une *toto-totale*. En d'autres termes, c'est l'énoncé d'une propriété caractéristique.

Toute propriété caractéristique peut servir à définir. On oppose à la définition qui n'est que caractéristique (τὸ ἴδιον) la définition essentielle (τὸ τί ἐστι). Cette définition de l'essence a, pour Aristote et les scolastiques, une signification métaphysique. Elle contient quelque chose de plus que les qualités du défini, et nous fait pénétrer dans l'être intime des choses. Une telle pensée n'est plus à discuter aujourd'hui. Mais on peut conserver la distinction scolastique en la dépouillant de sa signification ontologique. Un même concept peut être défini de beaucoup de manières, par beaucoup de propriétés (ou systèmes de propriétés) caractéristiques ; mais toutes ces définitions n'ont pas la même valeur. Quelques-unes seront à peu près inutiles : on n'en pourra rien tirer ou presque rien ; d'autres seront plus ou moins fécondes : on en déduira d'autres propriétés, ayant une liaison nécessaire avec la première, qui en sera la raison démonstrative. On pourrait définir le triangle : un polygone dont la somme des angles est égale à deux angles droits ; mais on ne pourrait démontrer ni qu'un tel polygone est possible, ni combien il a de côtés et d'angles. Au contraire, de ce qu'un polygone a 3 côtés et 3 angles, on déduit que la somme de ses angles est égale à 2 angles droits. On pourrait définir le cercle : une ellipse dont l'excentricité est nulle, ou la surface maxima que puisse enfermer un périmètre donné ; — le plan une surface dont la courbure est nulle. Mais il n'est pas évident, à priori, que de tels concepts soient possibles, et sans doute il serait fort difficile d'en dériver toutes les propriétés du cercle ou du plan.

Il y a donc des définitions qu'on peut appeler *essentielles*, en ayant soin de n'attacher à ce mot aucun sens ontologique. Toutes les propriétés d'un même concept sont liées logiquement les unes aux autres, car si elles se répartissaient, par exemple, en deux groupes ou systèmes indépendants l'un de l'autre, elles ne formeraient pas un, mais deux concepts. De ces propriétés, les unes sont communes, les autres propres ou caractéristiques.

Parmi les propriétés caractéristiques, il en est une, ou quelques-unes, qui sont logiquement antérieures aux autres et peuvent servir à les démontrer. Je les appelle propriétés essentielles. Tout ce qu'on sait du triangle se déduit plus ou moins directement de ce qu'il est limité par trois lignes droites. Tout ce qu'on sait du cercle découle de ce qu'il est une figure plane et que ses rayons sont égaux.

Les vérités d'une même théorie présentent un ordre, font une chaîne (qui n'est pas nécessairement linéaire, ou plutôt unilinéaire : il y a des bifurcations dans les séries déductives), et les géomètres grecs ont distingué deux méthodes pour en suivre l'enchaînement : la *synthèse* va de la définition essentielle à des propriétés de plus en plus éloignées ; l'*analyse* va des propriétés à la définition essentielle. La synthèse et l'analyse consistent à parcourir le même chemin, mais dans les deux sens : l'une montre qu'une certaine propriété se *déduit* de la définition, l'autre qu'elle s'y *réduit*.

On conçoit qu'on ne peut pas espérer tomber du premier coup sur la définition essentielle, et que les relations nécessaires ne peuvent apparaître qu'après la découverte de nombreuses relations constantes. Les démonstrations mathématiques n'ont été trouvées, leur enchaînement méthodique n'a été construit que dans un état relativement avancé de la science. En d'autres termes, les mathématiques ont dû être inductives avant d'être déductives.

2. — C'est précisément ce qu'établissent les recherches les plus récentes sur les origines de ces sciences.

La science pure est une création du génie grec, et en particulier de Pythagore. On lui attribue la distinction de la *logistique*, art du calcul, et de l'*arithmétique*, science abstraite des nombres. Le calcul est assurément beaucoup plus ancien que la science ; pour démontrer les théorèmes les plus élémentaires de l'arithmétique, il fallait dégager la notion abstraite de nombre; on a sûrement compté des objets avant de faire des opérations abstraites. Un grand progrès dans l'abstraction consista à compter sur ses doigts, puis avec des jetons ou des cailloux : c'était en effet séparer la considération des nombres de celle des objets à nombrer

L'art du calcul fut longtemps empirique ; nous savons, par une scolie sur le *Charmide* de Platon, qu'on a longtemps enseigné côte à côte, pour la multiplication, deux méthodes : l'égyptienne et l'hellénique. L'hellénique fut sans doute aussi semblable à la nôtre qu'elle pouvait l'être avec le système de numération écrite des Grecs. Ils avaient des signes spéciaux pour tous les ordres d'unités, n'ayant jamais eu cette idée si simple de représenter chaque ordre d'unités par le rang qu'occupe chaque chiffre dans le nombre. Leurs opérations étaient à peu près semblables à celles que nous faisons quand nous avons affaire à des nombres composés, par exemple, de degrés, de minutes et de secondes, — de livres, de shillings et de pence.

Mais cette méthode fondée sur la numération écrite des Grecs ne peut être antérieure à cette numération, c'est-à-dire au commencement de l'époque d'Alexandrie.

Quant à la méthode égyptienne [1], elle effectuait directement la duplication, et avait recours à divers subterfuges pour quelques autres multiplications. Pour multiplier par 3, on ajoutait le multiplicande à son double; pour multiplier par 7 on ajoutait le multiplicande à son double, puis encore au double de cette somme. Le fait qu'on n'eut pas trouvé de procédés plus généraux et plus simples ne peut s'expliquer que par l'absence complète de raisonnements théoriques.

Pour l'arithmétique, cette *science* des nombres, dont l'invention et le nom même, selon M. P. Tannery, appartiennent à Pythagore, elle semble bien, à l'origine, sinon empirique, du moins inductive, pour la plus grande part.

Laissons de côté les croyances et les pratiques superstitieuses qui se mêlèrent à l'arithmétique naissante, comme l'astrologie à l'astronomie. C'est par des essais que Pythagore semble avoir découvert les propriétés curieuses de certains nombres et de certaines séries de nombres. Ainsi il a trouvé que la somme des nombres impairs consécutifs est toujours un carré parfait. La somme des nombres entiers consécutifs et celle des nombres pairs ont aussi des propriétés générales. Aujourd'hui, nous les écririons ainsi :

$$1 + 2 + 3 + \dots + n = \frac{n(n+1)}{2}$$

$$1 + 3 + 5 + \dots + 2n - 1 = n^2$$

$$2 + 4 + 6 + \dots + 2n = n(n+1)$$

C'est évidemment par une observation généralisée que les pythagoriciens avaient remarqué que ces nombres expriment, les premiers des triangles rectangles tels que l'un des côtés de l'angle droit dépasse l'autre d'une unité, d'où leur nom de *nombres triangulaires;* les seconds des carrés, d'où leur nom

(1) Voyez P. Tannery, *Science Hellène*, p. 61.

de *nombres carrés;* les troisièmes des rectangles dont un côté dépasse l'autre d'une unité ; ce sont les nombres *hétéromèques*.

Ils distinguaient aussi des nombres *parfaits*, *déficients* et *abondants*. Le nombre parfait est égal à la somme de ses diviseurs, par exemple

$$1 + 2 + 3 = 6$$
$$1 + 2 + 4 + 7 + 14 = 28, \text{etc.}$$

le nombre déficient est plus petit, le nombre abondant est plus grand que la somme de ses diviseurs. Ils ont appelé *analogies* ou *médiétés* des groupes de trois nombres tels que le rapport de deux différences formées avec eux soit égal au rapport de deux d'entre eux. Ces médiétés sont :

Arithmétiques. Ex.

$$\frac{a - m}{m - b} = \frac{a}{a}$$

m est alors moyen arithmétique entre a et b.

Géométriques. Ex.

$$\frac{a - m}{m - b} = \frac{a}{m}$$

m est moyen géométrique entre a et b.

Harmoniques. Ex.

$$\frac{a - m}{m - b} = \frac{a}{b}$$

Nous disons encore aujourd'hui, dans ce cas, que m est moyen harmonique entre a et b. Par exemple 6, 8 et 12 sont des nombres harmoniques. Cette dénomination s'explique ainsi : si on donne à une corde de la lyre la longueur 12, les longueurs de la quinte et de l'octave seront les nombres entiers 8 et 6[1].

Il n'y a dans tout cela rien de plus qu'une sorte de classement des nombres d'après leurs propriétés les plus frappantes. Les lois des nombres ne sont encore que les fruits de l'observation.

3. — La géométrie est venue d'Egypte. A l'origine, elle se confondit avec l'arpentage et ne fut guère qu'un ensemble de procédés empiriques. Il est naturel que l'arpentage ait pris naissance dans cette terre d'Egypte, où les inondations du Nil effaçaient chaque année les limites des champs.

« Pour la combinaison des lignes avec démonstration,

(1) V. G. Milhaud. *Leçons sur les origines de la Science grecque*, 8e leçon.

personne ne m'a dépassé, disait Démocrite, pas même en Egypte ceux qu'on appelle Harpédonaptes[1] ». Les Ἁρπεδονάπται, *ceux qui attachent le cordeau*, peuvent être identifiés avec ces personnages qu'on voit dans diverses peintures égyptiennes occupés à déterminer, au moyen d'un cordeau, l'orientation des temples et des tombeaux. Ils traçaient la méridienne au moyen du gnomon, puis la perpendiculaire à cette méridienne. C'est précisément dans l'art de tracer cette perpendiculaire que réside leur savoir géométrique. Ils se servaient pour cela, selon M. Cantor, de cette propriété des nombres 3, 4 et 5, d'être les côtés d'un triangle rectangle.

Si le cordeau est divisé par un nœud en deux segments, l'un de 5 coudées, l'autre de 3, et si les deux piquets sont placés sur la méridienne à une distance de 4 coudées, le cordeau une fois tendu dessinera avec la méridienne un triangle rectangle et la perpendiculaire sera tracée. Cette opération importante est une cérémonie, le roi y prend part, une déesse y préside[2].

Or il est inadmissible que cette propriété des nombres 3, 4 et 5 résulte d'une démonstration théorique, car cette démonstration se fût appliquée aussi à d'autres groupes de trois nombres qui peuvent être les côtés d'un triangle rectangle. C'est un fait d'expérience, connu d'ailleurs des Hindous et des Chinois à une époque très reculée.

Quand la géométrie se constitue comme science théorique, l'art de l'arpentage se conserve à côté d'elle, sous le nom de géodésie, comme la logistique à côté de l'arithmétique. Le savoir empirique des Harpédonaptes se transmet des Egyptiens aux Grecs, puis sans doute aux *agrimensores* latins. Leurs procédés d'ailleurs sont souvent des approximations, ou même des règles inexactes ; ainsi ils mesuraient un quadrilatère par le produit des demi-sommes des côtés opposés (papyrus de Rhind), procédé qui n'est juste que pour le cas du rectangle[3].

Chez les Egyptiens, dit M. P. Tannery, « la géométrie ne s'est guère élevée au-dessus des simples approximations pratiques qui lui ont donné son nom. Quand nous parlons de cette science, nous sommes habitués à la considérer comme un ensemble de théorèmes spéculatifs rigoureusement déduits d'un très petit nombre d'axiomes. Mais elle n'est devenue telle

(1) Clem. Alex. *Strom.*, I.

(2) Cantor. *Vorlesungen*. — G. Milhaud, *l. c.*, p. 102.

(3) P. Tannery. *Sc. hell.*, III, 5.

que peu à peu et sans doute assez lentement. A cette époque, il n'y avait qu'un recueil de procédés assez mal liés entre eux, servant à la solution des problèmes de la vie usuelle, et dont la démonstration, quand elle se faisait, prenait son appui sur des *lemmes*, alors regardés comme évidents, mais rigoureusement prouvés bien plus tard, quand ils n'ont pas été éliminés comme entachés d'erreur ».

Eudème, dans Proclus, attribue à Thalès la connaissance de plusieurs propositions élémentaires :

Les angles à la base d'un triangle isocèle sont égaux ;

Les angles opposés par le sommet sont égaux ;

Le diamètre divise le cercle en deux parties égales ;

Deux triangles sont égaux quand ils ont un angle égal compris entre deux côtés égaux.

Mais Eudème, dit Proclus, attribue ces connaissances à Thalès parce que « Thalès devait nécessairement s'en servir d'après la manière dont on rapporte qu'il déterminait la distance des vaisseaux en mer ». Il n'en résulte pas que Thalès sût démontrer ces propositions élémentaires, ni même qu'il les ait formulées. Proclus dit lui-même de l'égalité des angles opposés par le sommet, que « Thalès l'a découverte, mais qu'Euclide l'a démontrée ». M. Tannery a fait voir que son procédé fut sans doute empirique, et ne suppose rien de tel que ce que nous appelons un théorème[1]. « La tradition, dit M. Tannery, ne reconnait pas de démonstrations théoriques avant Pythagore, et, à cet égard, elle doit être tenue pour vraie. »

Mais Pythagore en a trouvé. « Pythagore, dit Eudème dans Proclus, transforma l'étude de la géométrie et en fit un enseignement libéral, car il remonta aux principes supérieurs et rechercha les problèmes abstraitement et par l'intelligence pure. »

Nous savons, notamment, qu'il a démontré qu'il n'y a pas de commune mesure entre la diagonale et le côté du carré, et le théorème du carré de l'hypoténuse.

M. Tannery a pu établir qu'il faut faire remonter, sinon à Pythagore, du moins aux pythagoriciens une partie fort considérable des Éléments d'Euclide. Plusieurs historiens des mathématiques, et, parmi eux, MM. Cantor et J. Tannery, ont cherché comment ils avaient pu être amenés à leurs démonstrations.

(1) *Sc. hell.*, p. 61 ; — *Géométrie grecque*. — Cf. G. Milhaud, *l. c.*, p. 287.

Ils ne supposent point que ce soit autrement que par des essais et des inductions. On connaissait la propriété des nombres 3, 4 et 5 d'être les côtés d'un triangle rectangle. Les tables des carrés, qui étaient usitées déjà chez les Egyptiens, mettaient en évidence une autre propriété de ces mêmes nombres, à savoir que le carré du troisième est égal à la somme des carrés des deux autres. Par analogie avec ses autres recherches sur les séries numériques, il est raisonnable de penser que Pythagore cherčha d'autres groupes de trois nombres jouissant de la même propriété, et comme le nombre a toujours pour lui une signification géométrique (Tannery, Milhaud), il fut naturellement amené à constater que ces nombres sont aussi les côtés d'un triangle rectangle. Ainsi se trouvait prouvé par induction que les deux propriétés sont *constamment* associées. Comment démontra-t-il qu'elles le sont *nécessairement?* Nous l'ignorons. D'après Proclus, sa démonstration n'était pas celle d'Euclide.

M. Cantor a cherché à reconstituer sa démonstration de l'irrationnelle $\sqrt{2}$, la seule qu'il ait découverte, car Platon attribue les suivantes à Théodore de Cyrène. Etant donné le théorème du carré de l'hypoténuse, il suffisait de chercher la diagonale du carré dont le côté est 1 pour poser le problème de la racine carrée de 2. Sans doute il essaya des nombres fractionnaires compris entre 1 et 2, et n'en trouvant pas dont le carré fût 2, il eut l'idée qu'il n'y en avait aucun. Arrivé par induction à ce résultat, il en chercha la démonstration, et nous savons par Aristote que son raisonnement consistait à montrer que le nombre cherché, s'il existait, serait à la fois pair et impair.

Platon recueillit l'héritage scientifique des Pythagoriciens et le grossit considérablement. Pappus lui attribue l'invention d'une méthode de raisonnement, *l'Analyse*. C'est, remarquons-le, une méthode de recherche ; elle consiste à réduire un problème à un autre. Si le problème posé ne peut être résolu directement, on montre que, pour le résoudre, il faudrait résoudre d'abord un second problème, que celui-ci en fait naître un troisième, et ainsi de suite. On peut arriver ainsi à quelque chose de connu. « La démonstration, dit Pappus, se fait en sens inverse de l'analyse. » L'analyse a donc pour but la recherche des démonstrations, c'est-à-dire des *cas privilégiés* [1] et des définitions essentielles. Les Platoniciens créèrent

(1) Voir plus loin, p. 59.

ainsi une géométrie dite *transcendante*. Par cette méthode, ils s'efforcèrent de réduire d'importants et difficiles problèmes — ceux des deux moyennes proportionnelles, de la trisection de l'angle, du tracé et de la mesure des sections coniques — à d'autres qu'ils savaient résoudre, probablement par des méthodes empiriques, par des constructions graphiques dont ils ne pouvaient pas toujours rendre compte. Pour certaines propositions qu'on ne peut pas démontrer, dira encore, bien des siècles plus tard, Descartes, « l'induction doit suffire[1] », il veut parler de cette propriété du cercle et de la sphère d'être des maxima parmi les surfaces isopérimètres et les solides de même surface, propositions découvertes, dit-on, par Pythagore, et démontrées seulement à la fin du XVIIIe siècle.

Euclide, dit Proclus[2] « *rassembla les éléments, mit en ordre* beaucoup de choses trouvées par Eudoxe, *perfectionna* ce qui avait été commencé par Théétète et *démontra plus rigoureusement* ce qui avait encore été démontré trop mollement avant lui ». Le rôle d'Euclide semble avoir été surtout d'organiser la science, d'établir l'ordre et l'enchaînement des propositions en séries déductives, commençant par les définitions essentielles. Ses *Eléments*, dont le titre même est significatif, abolissent presque tous les travaux antérieurs, qui étaient des tâtonnements. On lui attribue la démonstration par *l'absurde*. Or cette démonstration sert à établir des propositions si fondamentales que la géométrie transcendante des platoniciens la suppose nécessairement. Elles étaient acceptées, sans doute, à titre de *lemmes*, sur des preuves empiriques, ou même intuitivement, sans être seulement formulées.

On trouverait en abondance, dans les mathématiques modernes, des propositions formulées et admises longtemps avant qu'on pût les démontrer, mais il serait superflu de multiplier ces exemples. On peut citer entre mille autres, celui-ci : Galilée prouva expérimentalement, en pesant deux lames de même matière et de même épaisseur, que l'aire de la cycloïde est triple de celle du cercle générateur. Pascal et Wallis le démontrèrent déductivement.

Il est donc établi que nombre de propositions mathématiques sont prouvées par induction avant d'être démontrées. Des

(1) Sur le rôle de l'induction ou *énumération suffisante* en mathématiques, voir Descartes. *Règles pour la direction de l'esprit*, Cousin, p. 235 et suiv.

(2) Comm. du 1er liv. d'Euclide, II, 4.

relations constantes sont découvertes avant que l'on ait trouvé la chaîne de propositions qui en révèle la nécessité. Mais l'esprit ne saurait se déclarer satisfait tant qu'il ignore les liaisons nécessaires qui expliquent pourquoi ces relations sont constantes.

4. — Ceci nous permet de comprendre ce que c'est qu'un postulat et pourquoi il y en a. Ces réductions aux définitions essentielles ne se font pas toujours complètement. Toutes les propriétés d'une même chose ont assurément une connexion nécessaire, mais cette nécessité peut n'être pas aperçue. Il arrive qu'on n'ait pas trouvé les chaînons intermédiaires, et il n'est pas certain à priori qu'on puisse toujours les trouver. On a alors des propriétés qui coexistent, qui sont bien des propriétés d'une même chose, — on a des raisons inductives de le penser, — mais qui ne se déduisent pas les unes des autres. Les postulats sont des *résidus*.

5. — Si la forme déductive des mathématiques n'est pas primitive, mais acquise, n'est-il pas naturel de faire cette hypothèse, que les sciences de la nature sont pareillement destinées à devenir déductives. Elles sont toutes en travail d'accroissement et de progrès ; aucune n'a reçu encore, même dans ses parties élémentaires, sa constitution définitive. Toutes se développent doublement : d'une part, elles s'enrichissent par l'acquisition incessante de connaissances nouvelles ; en même temps, elles sont constamment remaniées dans leur organisation intérieure, prenant des formes de plus en plus systématiques et intelligibles. Cette transformation, nous la suivons dans leur développement historique, nous la voyons se continuer sous nos yeux, nous la trouvons encore dans les fins que poursuivent instinctivement tous les chercheurs. Au terme de cette évolution, la physique, la chimie, la physiologie, la sociologie même seront aussi idéales, aussi abstraites, aussi déductives, que notre géométrie et notre algèbre ; et, si nous y regardons de près, nous allons voir, sinon la distinction s'effacer, du moins la continuité se rétablir entre les deux embranchements, et reparaître l'unité essentielle de la science.

CHAPITRE III

LOI COMMUNE DU DÉVELOPPEMENT DE TOUTES LES SCIENCES

(*Suite*)

LA DÉDUCTION DANS LES SCIENCES DE LA NATURE

I

Une loi naturelle n'est rien de plus qu'une relation constante. Cela est vrai, dira-t-on, des lois empiriques ou « lois de concomitance », mais non des « lois causales ». Un antécédent, fût-il constant, n'est pas une cause. Il y a loin d'une simple *consécution* à la *raison* d'un phénomène : la cause est la raison d'être de son effet. On distingue deux sortes d'intelligibilité, l'une démonstrative, celle des mathématiques, fondée sur le principe de contradiction, l'autre expérimentale, celle des sciences de la nature, fondée sur le principe de causalité. Même au point de vue de la science positive, et en dehors de toute arrière-pensée métaphysique, la cause est efficace, déterminante ; non seulement elle précède, mais elle produit le conséquent. Pour esquiver un problème psychologique embarrassant, l'empirisme s'est efforcé d'ôter à la notion de cause son élément original et irréductible ; ce qui équivaut, en réalité, à exclure la raison de la science expérimentale. « Cette simplification, dit M. Rabier, agrée sans doute, à première vue, à tous ceux qui s'imaginent rendre un bon service aux sciences positives en dépouillant la notion de cause, en tant qu'elle intervient dans ces sciences, de toute idée de détermination, d'efficacité, reste et témoin de son origine psychologique, pour la réduire à cela seul qui peut être constaté par l'observation, à savoir les simples rapports de succession. Il est bon pourtant de voir où mènerait cette prétendue simplification. Or elle mène droit à l'arbitraire et à l'absurde[1]. »

(1) Rabier. *Logique*, p. 11.

Il est vrai que les empiristes, trop exclusivement soucieux des applications pratiques de la science, se contentent volontiers des lois de concomitance ; ne suffisent-elles pas à la pratique de tous les arts? Quand on connaît l'ordre invariable des phénomènes, on sait comment on doit se conduire. Ils oublient souvent que savoir, ce n'est pas seulement pouvoir, c'est surtout se rendre compte ; la science a bien pour but éloigné l'empire de l'homme sur la nature, mais elle a pour but immédiat l'intelligence de la nature.

Je me propose de montrer que les sciences expérimentales doivent être, et deviendront par leur progrès naturel, tout aussi rationnelles et démonstratives que les sciences dites de raisonnement. Mais il nous faut d'abord écarter une conception tout à fait inacceptable de la causalité et de l'induction : et il est remarquable que cette doctrine ait été imaginée justement pour sauver la science de l'empirisme.

Pour M. Rabier, la notion de cause joue un rôle essentiel dans le mécanisme même du raisonnement inductif : c'est par l'intermédiaire de la cause que nous arrivons à la loi. Personne ne conteste plus, depuis D. Hume, que toute affirmation d'une relation causale est une interprétation ; l'expérience ne peut contenir que le signe de la causalité. Ce signe, c'est la *coïncidence solitaire*. « Si les phénomènes, au lieu de se produire plusieurs à la fois, par masses confondues, formaient une série unilinéaire dans le monde, nous serions absolument certains, quoique demeurant d'ailleurs aussi impuissants que nous le sommes à saisir directement les liens de causalité, que chaque phénomène est la cause de celui qui le suit. En effet, chaque phénomène doit avoir une cause, et il n'y aurait, dans l'hypothèse, aucune autre cause possible que l'antécédent immédiat.

« Ou bien, les choses étant d'ailleurs ce qu'elles sont, si nous avions la toute-puissance du Créateur, de telle sorte que, lorsque nous hésitons pour trouver la cause entre plusieurs antécédents qui ont été simultanément donnés, il nous fût possible de réaliser, dans quelque coin de l'univers, comme un vide absolu, impénétrable à toute influence des parties adjacentes, puis dans cette espèce d'*intermonde*, dans cet îlot de vide, de réaliser successivement et un à un chacun des antécédents en question, nous aurions un procédé sûr pour déterminer la cause : ce serait d'exclure tous les antécédents dont la réalisation ne serait pas suivie de l'apparition du phénomène en question et de considérer comme cause l'antécédent dont la réalisation serait, au contraire, suivie de l'apparition du phénomène[1]. »

La méthode parfaite consisterait donc à réaliser des « coïncidences solitaires ». Mais nous n'avons pas la toute-puissance du Créateur. En pratique, « nous arrivons idéalement, par la vertu du raisonnement expérimental » à opérer « cette analyse, ce vide fait autour d'un antécédent unique et d'un conséquent unique, qui, par là même, sont reconnus comme cause et effet l'un de l'autre... *Facienda est naturæ solutio et separatio*, dit Bacon, *non per ignem certe sed per mentem, tanquam ignem divinum*... On ne peut *annihiler* proprement les antécédents autres que l'antécédent causal : qu'à cela ne tienne! quoique présents, on les *annulera* par la force de l'exclusion logique. On ne peut réaliser *effectivement* la coïncidence solitaire! n'importe! on la réalisera *idéalement*, au milieu même des coïncidences multiples, par la force de la pensée[2]. »

Les quatre méthodes de la recherche expérimentale consistent en effet à montrer qu'une coïncidence est solitaire ; il en résulterait, selon M. Rabier, d'abord qu'elle est causale, ensuite, et par suite, qu'elle est constante.

L'induction pourra dès lors se ramener à cette formule :

« Principe des lois : Tout rapport de causalité est constant.

« Interprétation de l'expérience : Or le rapport constaté entre les phénomènes A et B dans les cas donnés est un rapport de causalité.

« Généralisation de l'expérience : Donc le rapport entre A et B est constant[3] ».

Ainsi, d'après M. Rabier, nous arrivons, par l'artifice de la méthode, à saisir dans les faits des relations causales, nous en concluons qu'elles sont constantes. L'affirmation des lois résulte de l'affirmation des causes. La coïncidence solitaire est

(1) Rabier. *Logique*, ch. VIII, § 2, p. 126.

(2) *Ibid.*, p. 128.

(3) (P. 149). M. Rabier montre ensuite que ce raisonnement n'est pas un syllogisme, car le sujet de la conclusion : le rapport entre A et B, concepts généraux et abstraits, n'est pas identique au sujet de la mineure : le rapport constaté dans les cas donnés entre A et B, faits concrets et individuels. Le raisonnement est, en réalité, plus complexe.

« On peut résumer dans les trois formules suivantes les trois procédés successifs qui constituent dans son ensemble le raisonnement expérimental.

« 1er moment : *Exclusion des antécédents qui ne sont pas cause, et réalisation de la coïncidence solitaire.* Le raisonnement est celui-ci :

« Les mêmes causes produisent les mêmes effets, et les mêmes effets sont produits par les mêmes causes ; d'où il suit qu'on peut exclure tout

le signe de la coïncidence causale, et celle-ci à son tour est le signe de la coïncidence constante.

Il est difficile de mettre cette théorie d'accord avec les faits. D'abord, les « lois de concomitance », qui n'expriment pas des relations causales, sont des résultats d'induction comme les autres. Or ces lois, la science ne saurait s'y tenir, mais elle ne saurait non plus s'en passer. Elles se trouvent au début de toute recherche, elles en sont le point de départ obligé.

En outre et surtout, le raisonnement inductif ne se fait jamais, ni explicitement ni implicitement, sous la forme que M. Rabier lui attribue.

Cause est un mot obscur, témoin les antiques débats, toujours renaissants, des philosophes. Si cette notion avait, dans la science expérimentale, le rôle considérable que lui prêtent les logiciens, comment les savants seraient-ils restés à peu près indifférents à ces débats ?

Le déterminisme, au contraire, est une notion parfaitement claire. Mais c'est moins l'affirmation de la causalité universelle, que de l'universelle nécessité. Nécessité en dit encore trop. Le postulat de tout raisonnement inductif n'est rien de plus que l'*Uniformité* de la nature[1]. La science n'est point une vaine tentative, car il existe un ordre naturel ; il n'y a pas, dans les phénomènes, d'arbitraire, d'indétermination, de caprice ; il y a des lois, et tout est régi par des lois ; en un mot, *tout phé-*

antécédent qui n'est pas donné quand le phénomène dont on cherche la cause est donné, ou qui est donné quand ce phénomène n'est pas donné, (principe des lois et corollaires) ;

« Or les antécédents B, C, D,... sont précisément dans ce cas ;

« Donc ces antécédents peuvent être exclus. »

« 2e moment : *Affirmation d'un rapport de causalité.* Le raisonnement est celui-ci :

« Tout fait a une cause ; donc tout antécédent d'un phénomène, s'il est unique, est cause de ce phénomène ; en d'autres termes, toute coïncidence solitaire est une coïncidence causale (principe de causalité et corollaire) ;

« Or, les exclusions ci-dessus opérées, la coïncidence entre A et *a* devient une coïncidence solitaire ;

« Donc cette coïncidence est causale.

« 3e moment : *Généralisation de l'expérience ou Induction.* Le raisonnement est le suivant :

« Les mêmes causes produisent les mêmes effets ; ou Toute coïncidence causale est constante ;

« Or la coïncidence entre A et *a* est causale ;

« Donc cette coïncidence est constante » (p. 153).

(1) M. V. Egger a déjà signalé que la « loi des lois » : *tout phénomène a sa cause*, serait plus exactement formulée ainsi : *tout phénomène est conditionné par d'autres phénomènes ;* en d'autres termes : *tout phénomène a sa loi.* Art. *Induction* déjà cité.

nomène est l'un des termes d'une relation constante ; telle est la conviction, ou, si l'on veut, la foi du savant.

Le problème expérimental est donc celui-ci : Étant donné un phénomène, trouver par l'analyse des circonstances, le terme qui lui est invariablement lié.

C'est ici qu'intervient la coïncidence solitaire ; elle est évidemment une coïncidence constante, mais peu importe pour cela qu'elle soit causale ou non causale. Nous savons d'avance qu'il y a un concomitant invariable ; s'il n'y a qu'un seul concomitant, il est le terme cherché.

La notion de causalité n'a donc pas à intervenir dans le raisonnement inductif. Elle intervient seulement après, pour l'interprétation de ce raisonnement. La distinction même des lois empiriques et des lois causales n'est pas exacte. Il n'y a pas opposition absolue entre ces deux mots, *empirisme* et *causalité*. Certaines lois causales sont empiriques. Étudions donc les diverses espèces de lois, par l'analyse de quelques exemples.

1. — *Des lois purement empiriques.*

On peut en distinguer deux sortes.

Les premières sont obtenues par un raisonnement qui n'est autre que l'*induction formelle* d'Aristote. Les logiciens ont été trop sévères pour ce raisonnement ; il a un rôle dans la science. Une propriété a été reconnue appartenir à *chacune* des espèces d'un genre ; elle appartient donc au genre. Pour qu'un tel raisonnement soit possible, il faut que le nombre des espèces du genre soit limité et qu'elles soient toutes énumérées. De telles lois sont donc sujettes à revision, car des faits nouveaux venant à être découverts, l'extension du genre peut s'en trouver augmentée.

C'est ce qui est arrivé pour la loi de Bode. Soit la progression géométrique :

(o) 3 6 12 24 48 96.....

En ajoutant 4 à chaque terme, et en le divisant par 10, on obtient :

0,4 0,7 1 1,6 2,8 5,2 10.....

Or, il se trouve que ces chiffres représentent assez exactement les distances moyennes des planètes au soleil, celle de la Terre étant prise pour unité, car ces distances sont :

Mercure	Vénus	la Terre	Mars		Jupiter	Saturne
0,4	0,7	1	1,5	2,8	5,2	9,5

excepté le chiffre 2,8 auquel devrait correspondre une planète située entre Mars et Jupiter. De nouvelles planètes furent découvertes depuis. Ce fut d'abord Uranus, vu par Herschel en 1781 et dont la distance moyenne est 19,6, chiffre assez rapproché de celui de 19,2 que la loi de Bode faisait prévoir. Puis les planètes minuscules dont la première, Cérès, fut découverte par Piazzi en 1801. Sa distance 2,8 correspondant exactement à la lacune qui existait entre Mars et Jupiter, la loi de Bode se trouvait confirmée une seconde fois. On en célébra surtout les mérites quand les planètes télescopiques se comptèrent par centaines, suggérant l'hypothèse d'un astre qui serait brisé ou désagrégé en cette région du ciel. Mais, en 1846, la découverte de Neptune vint infirmer la loi de Bode, car sa distance moyenne au Soleil est de 30,036 au lieu de 38,8 que la loi de Bode exigeait.

On trouve des lois analogues dans toutes les sciences.

Tous les métaux sont conducteurs de la chaleur et de l'électricité. Comment le savons-nous ? C'est qu'on l'a constaté pour le fer, le cuivre, l'or, l'argent, le mercure, etc. L'hydrogène a des fonctions chimiques qui le rapprochent des métaux ; or, l'hydrogène se distingue de tous les autres gaz par sa conductibilité. Chaque fois qu'on a découvert un nouveau corps simple, que ses propriétés chimiques ont rangé parmi les métaux, on a observé qu'il était conducteur. Mais rien ne prouve qu'il n'existe pas quelque part un corps, inconnu jusqu'ici, ayant tous les autres caractères des métaux, mais qui serait isolant.

Si l'on range les hydrocarbures saturés C^nH^{2n+2} et leurs dérivés alcools et acides en séries telles que chaque terme diffère du précédent par un groupe diatomique CH^2 intercalé entre deux atomes de carbone, le point d'ébullition s'élève d'un même nombre de degrés en passant d'un terme quelconque au suivant. — Mais qui sait si on ne découvrira pas quelque nouvel hydrocarbure dont le point d'ébullition ne sera pas conforme à la loi ? Cette hypothèse restera possible tant qu'on n'aura pas trouvé une relation rationnelle entre le point d'ébullition et la constitution moléculaire des hydrocarbures.

Tous les coléoptères vésicants présentent des hypermétamorphoses, tous se nourrissent de miel et vivent aux dépens des différents hyménoptères. Il en est ainsi, du moins, des Cantharides, des Mylabres, des Méloés, des Lyttes, et d'autres coléoptères contenant de la cantharidine. — Mais comme l'esprit ne saisit entre ces faits aucune relation intelligible, bien qu'on les ait trouvés associés dans tous les cas, rien ne prouve qu'on ne les trouvera pas dissociés dans quelque espèce encore mal étudiée ou complètement inconnue.

Avant la découverte de l'Australie, ne croyait-on pas que tous les cygnes étaient blancs ?

L'induction aristotélicienne n'est qu'un résumé, ou plutôt un total. Elle rassemble en une seule formule générale des cas spéciaux dont chacun est déjà une loi. Ces propositions : Le fer est conducteur ; le cuivre est conducteur ; les cantharides ont des hypermétamorphoses ; les mylabres ont des hypermétamorphoses, etc., sont évidemment des lois ; celle-ci : La distance moyenne de Mars au Soleil est une fois et demie celle de la Terre, en est une également, car elle signifie que cette distance moyenne est invariable et que toutes les observations sont concordantes. Une fois ces lois spéciales admises, on peut les totaliser en une loi plus générale. L'induction formelle a donc sa place dans la méthode scientifique, mais elle ne constitue aucun accroissement matériel de notre savoir, puisqu'elle a pour condition que les énumérations soient exhaustives.

L'induction baconienne, au contraire, dépasse les faits observés. Elle conclut soit de faits individuels à une loi, soit de lois spéciales à une loi générale, affirmée de tous les cas possibles. Une concomitance a été observée dans des cas nombreux, et surtout divers; on a vu l'absence, la disparition ou la variation de l'un des termes accompagner l'absence, la disparition ou la variation de l'autre, et cela dans les conditions requises pour être en droit de conclure aux faits non observés, mais sans apercevoir de liaison causale. La médecine est pleine de ces lois empiriques. La défervescence est continue et très rapide dans la pneumonie franche, tandis qu'elle se fait par une série de rémissions matinales dans la fièvre typhoïde. Dans la rougeole, l'éruption est précédée du catarrhe oculonasal. Les accès d'impaludisme présentent trois périodes : frisson, hyperthermie, transsudation, etc. De telles lois empiriques composaient à peu près tout le savoir médical des anciens, et c'est pour elles qu'on lit encore et qu'on admire les descriptions de ces merveilleux observateurs sur la marche des maladies.

Bien que prouvées par l'induction baconienne, par le raisonnement expérimental tel que Stuart Mill, Claude Bernard et tant d'autres l'ont décrit, ces lois sont empiriques. Elles expriment un ordre invariable, mais jusqu'à présent inintelligible, de la nature. Peuvent-elles être démenties par les expériences ultérieures ? Oui, quand leurs termes sont complexes et imprécis, comme dans celles que j'ai prises pour exemples. Pneumonie, fièvre typhoïde, fièvre paludéenne, ces mots désignent des genres mal définis, comprenant des variétés nombreuses plus ou moins continues entre elles ; les divers tempéraments ne sont pas affectés de la même manière par les mêmes maladies ; le médecin n'est jamais sûr de se trouver en présence de faits entièrement semblables aux observations antérieures, et son attente peut toujours être trompée par une marche et par des symptômes inattendus. De là le procédé de statistiques. Entre des termes vaguement définis, on ne peut guère affirmer que des *lois de fréquence*, et non des relations absolument invariables.

Mais d'autres lois de concomitance où l'idée de cause n'est encore pour rien, sont parfaitement certaines et ne risquent pas d'être démenties par l'expérience ultérieure, ce sont celles dont les termes sont simples et précis. Telles sont la plupart des lois de la chimie. Sait-on pourquoi le fer brûle dans l'oxygène, pourquoi l'ammoniaque est soluble dans l'eau ? Non, mais il n'est pas à craindre qu'on trouve jamais du fer inoxydable ou de l'ammoniaque insoluble. C'est que le fer et l'oxygène, l'ammoniaque et l'eau sont des corps parfaitement définis. L'ammoniaque est toujours de l'ammoniaque, l'eau toujours de l'eau : ce que le chimiste appelle ainsi, c'est toujours H^2O, AzH^3 ; et les circonstances étant exactement les mêmes, les choses doivent nécessairement se passer de la même manière, en vertu du principe du déterminisme. Ainsi, ce qui fait la certitude d'un raisonnement inductif, ce n'est pas l'aperception d'une liaison causale, c'est la précision des définitions et la rigueur des analyses.

2. — *Des lois de causalité concrète.*

Certaines lois, — qu'il faut encore qualifier d'empiriques, parce qu'elles sont, autant que les précédentes, dépourvues du caractère de l'intelligibilité, — expriment pourtant des relations causales. Quand les deux termes sont successifs, quand le premier des deux est un phénomène concret et effectivement isolable, susceptible de survenir, de s'ajouter ou d'être ajouté à des circonstances préexistantes, on peut lui donner le nom de cause. Non pas qu'il soit la cause totale, la raison suffisante, l'« antécédent inconditionnel » de Stuart Mill ; car parmi les circonstances préexistantes, il en est qui sont nécessaires à l'apparition de l'effet. Le conséquent, qui ne se produit jamais tant que l'antécédent est absent, se produit toujours dès qu'il survient ; on est donc fondé à dire, sinon qu'il est *la* cause, du moins qu'il est cause. Cependant, son mode d'action nous échappe, et la loi, bien que causale, est inintelligible et empirique. Le chlore et l'hydrogène se combinent sous l'influence de la lumière ; la combinaison ne se fait pas dans l'obscurité, elle se fait lentement à la lumière diffuse, brusquement à la lumière directe. On peut donc dire que la lumière est ici une cause ; on ne dira certes pas qu'elle est une explication.

Pouvons-nous dire pourquoi la digitale ralentit les pulsations cardiaques et en relève l'énergie ? pourquoi le sulfate de quinine coupe la fièvre, ou du moins certaines fièvres ? pourquoi certaines intoxications générales, alcoolisme, nicotinisme, produisent certains délires déterminés : le délire *zooscopique*, par exemple, où le malade voit des animaux, soit grands et terribles, soit petits et répugnants ? Pourquoi un épileptique, un enfant atteint de coqueluche n'ont-ils pas de crises pendant une maladie fébrile intercurrente ? Les accès convulsifs reparaissent à la convalescence. *Febris spasmos solvit*, disaient les anciens. La fièvre est bien ici une cause, et pourtant nous n'y comprenons rien ; la causalité n'emporte donc pas avec elle l'intelligibilité.

De telles lois sont véritablement empiriques, bien que causales. On peut d'ailleurs répéter à leur sujet ce que nous avons dit des précédentes. Elles sont seulement des lois de fréquence quand les termes en sont trop vagues ou trop complexes. Il y a beaucoup de maladies fébriles, et peut-être, dans des cas spéciaux, analogues, mais non identiques à ceux observés, la fièvre n'est-elle pas accompagnée de la suppression des accès convulsifs. L'épilepsie n'est pas une chose simple, unique, semblable à elle-même ; la coqueluche peut présenter des variétés selon l'âge et le tempérament des enfants, le climat, le milieu, les complications. Dans un cas irrégulier, exceptionnel, peut-être les quintes de toux persisteront-elles malgré la fièvre. Ce cas n'eût-il jamais été observé, ne fût-il même jamais arrivé, il n'y a actuellement aucune raison de dire qu'il soit impossible.

Mais si les termes de la relation sont parfaitement définis, de telle sorte qu'ils soient identiques dans tous les cas possibles, la loi sera rigoureusement vraie, et invariablement confirmée par toute observation nouvelle. Le mélange de chlore et d'hydrogène ne manquera pas de détoner au soleil ; c'est que le chimiste désigne par chacun des mots Chlore et Hydrogène une chose unique, toujours la même, et que, dans la lumière ordinaire, il sait exactement quelles sont les radiations qui déterminent la combinaison.

Qu'elles soient ou non causales, les lois empiriques ont exactement la même valeur au point de vue de la science théorique. Car il faut distinguer la valeur théorique de la valeur pratique d'une connaissance. Les lois empiriques en général ont des applications précieuses : la présence de l'un des termes révèle soit la présence antérieure, soit la présence actuelle, soit la future apparition de l'autre; elles fournissent au médecin le diagnostic et le pronostic ; savoir, c'est prévoir. Parmi les lois empiriques, celles qui sont causales peuvent avoir sur les autres une grande supériorité pratique : elles fournissent au médecin la médication curative, ou préventive ; savoir c'est pouvoir[1]. Quand la cause est entre nos mains, nous pouvons produire l'effet ou l'empêcher ; ce sont les lois causales qui soumettent la nature à notre empire. Mais au point de vue de la théorie, elles se placent sur le même rang que les autres, étant également intelligibles. Elles sont l'expression de l'ordre naturel à expliquer, elles n'en sont pas l'explication.

3. — *De la causalité abstraite.*

Il ne faudrait pourtant pas prétendre que le concept de Cause n'ait aucun rôle dans l'explication théorique des phénomènes naturels. Mais le mot Cause a une seconde acception bien différente de la première. En ce nouveau sens, la cause n'est pas un phénomène concret, réellement séparable, capable d'intervenir à la manière d'un cheval qu'on attelle à une voiture, d'un levier qu'on actionne, d'un réactif qu'on verse. C'est une propriété abstraite, qui, dans des conditions que nous allons préciser, apparait à l'esprit comme la raison intelligible d'un fait ou d'une autre propriété. Je distinguerai deux cas, selon qu'il s'agit d'un *événement*, fait individuel actuellement observé, dont une circonstance est dite cause d'un certain effet,

(1) Voy. V. Egger, art. *Induction*. Dict. encycl. des sc. méd.

ou bien d'une *loi*, relation constante, dont le premier terme est cause du second et l'explique.

1° Abandonné à lui-même, le corps *que voici* tombe dans l'air. Pour quelle cause? Un ancien eût répondu : Parce qu'il est pesant. Le poids de ce corps lui eût semblé être la cause de sa chute. C'est qu'il croyait que les corps lourds se dirigent en bas, les corps légers en haut. C'était là pour lui une loi. Étant donné que tous les corps lourds tombent, le corps *que voici*, qui est lourd, *doit* tomber. Le fait individuel apparait nécessaire en vertu de la loi, qui en est l'explication ; la proposition singulière qui exprime celui-là *peut se déduire*, par un syllogisme, de la proposition universelle qui exprime celle-ci.

Expliquer un fait par sa cause, c'est *connaître la loi en conformité de laquelle il arrive.*

Un moderne s'exprimera autrement. Il sait qu'un corps pesant peut s'élever dans l'air, un ballon, une vapeur par exemple. La cause de la chute est pour lui la différence entre la densité moyenne du corps qui tombe et celle du milieu fluide où il tombe. Il conçoit la cause d'une manière différente et plus exacte, parce qu'il sait que l'air est pesant, et que le principe d'Archimède est ici applicable. Le jugement de causalité consiste donc encore à ramener le fait à la loi.

Toute loi peut servir à former des jugements de causalité, même les lois empiriques. Tous les métaux sont conducteurs de l'électricité. Pourquoi ce fil *que voici* est-il conducteur? Parce qu'il est métallique. La propriété désignée par le mot métal, telle est, en vertu de la loi, la cause de la conductibilité, ce qui la rend nécessaire, ce qui permet de la déduire. — Quand un liquide est en ébullition sous une pression constante, sa température est stationnaire. Voici un liquide en ébullition ! la loi étant connue, ce fait qu'il bout et que la pression est constante apparait comme la cause de cet autre fait, que la température est stationnaire. — Le sang des vertébrés se coagule peu d'instants après qu'il est extrait de la veine de l'animal. Voici du sang coagulé ; la cause de la coagulation, c'est qu'il est, depuis un temps suffisant, extrait du vaisseau.

2° Considérons maintenant le cas où la proposition qui exprime un rapport de causalité abstraite est déjà une proposition générale, et prenons pour exemple cette loi : L'attraction de la Lune est la cause du phénomène des marées.

Le synchronisme des mouvements de la Lune et de l'Océan ne pouvait échapper à une observation même superficielle. Pline dit en propres termes que la Lune et le Soleil sont les causes des marées ; il y voit une preuve que ces astres cheminent au-dessous de la Terre, et que celle-ci est sphérique. Jusqu'ici, la cause assignée aux marées est une cause concrète, c'est la Lune et le Soleil, et non une certaine propriété des corps célestes. La loi formulée est une loi empirique, qui n'explique rien. On sait que la haute mer coïncide avec le passage de la Lune au méridien, et les plus hautes mers avec l'influence simultanée des deux astres. La relation constante est évidemment ici une relation causale. En est-on plus avancé ? non ; on se trouve en face d'un mystère, dont les Képler, les Galilée, les Descartes vont chercher l'explication. Descartes croit la trouver dans l'hypothèse des tourbillons. Le tourbillon de la Terre et celui de la Lune se gênent mutuellement par leur voisinage, ils se déforment et s'aplatissent. L'explication, si défectueuse qu'elle soit, est déjà, remarquons-le, une tentative de faire rentrer la loi à expliquer dans une conception plus générale. Puis Newton découvre la gravitation, et ses travaux, ceux de Clairaut, puis ceux de Daniel Bernouilli, de Maclaurin, d'Euler, de Laplace, démontrent que la cause des marées, est bien l'*attraction* de la Lune et du Soleil, c'est-à-dire deux propriétés abstraites, leurs *masses* et leurs *distances ;* car la loi de Newton rend compte de toutes les particularités du phénomène. La causalité empirique et concrète est remplacée par la causalité abstraite et intelligible. La même grande loi, à laquelle obéissent les mouvements des astres, rend compte aussi du mouvement des mers, comme elle a déjà expliqué la chute des corps sur la terre. Dès lors, le phénomène est *nécessairement* ce qu'il est *réellement ;* il peut se déduire, et les conclusions du raisonnement déductif concordent avec les résultats de l'observation.

Autre exemple : Pendant toute la durée de l'ébullition d'un liquide, la température reste stationnaire, si la composition du liquide et la pression à sa surface ne changent pas. C'est là une loi empirique tant qu'on s'en tient à la lecture du thermomètre. On arrivera à l'explication et à la cause par la considération d'une loi supérieure, le principe de la conservation de l'énergie. La chaleur que le foyer continue à fournir au liquide est tout entière employée à opérer le changement d'état, car l'expérience montre qu'il existe une relation constante entre les quantités de chaleur absorbées et les poids de vapeur produite. La cause de la fixité de la température, c'est donc l'absence de toute quantité d'énergie qui puisse être employée à produire l'ascension du thermomètre.

Un dernier exemple encore. Tous les animaux dont le cœur a quatre cavités sont à température constante. Cette loi était purement empirique pour Aristote qui l'a formulée le premier. Elle commence à devenir un peu plus intelligible pour nous. La physiologie des vertébrés supérieurs a révélé la *fonction thermique*, qui fait que la température normale de ces animaux varie entre des limites très étroites. On entrevoit alors la possibilité d'une liaison causale, d'une nécessité logique entre la structure du cœur et la température du sang, la fonction thermique suppose un haut degré de perfection organique, et surtout un système circulatoire où le sang rouge et le sang noir soient entièrement séparés.

La cause concrète a le caractère d'un *agent*. Elle survient et l'effet apparaît ; on dit alors qu'elle le produit. Quant aux conditions antérieurement réalisées, elles semblent n'avoir qu'un rôle passif. C'est le *milieu* au sein duquel les causes produisent les effets, le théâtre sur lequel se déroule le drame de la causalité. Parmi les circonstances qui composent ce milieu, quelques-unes sont indifférentes, d'autres sont nécessaires à la production de l'effet. Celles-ci ne sont pas des causes concrètes, si elles ne sont pas isolables, capables de paraître et de disparaître. Mais elles sont toutes des causes abstraites, dès qu'on connaît la loi qui les relie à l'effet.

En ce dernier sens, la cause n'est plus nécessairement un agent. Les propriétés les plus inactives, les plus négatives, peuvent être des causes véritables, par exemple, l'immobilité d'un corps, l'incompressibilité d'un liquide, l'absence d'affinités chimiques dans une substance telle que la paraffine, l'inertie elle-même, bien plus, l'espace et le temps, c'est-à-dire, ce qu'il y a au monde de plus purement passif, de plus dépourvu d'*efficace*, pourront être justement nommés des causes. La coagulation du sang humain ne commence jamais moins de 16 secondes ni plus de 6 minutes après la saignée. Le sang que voici est coagulé ; la cause, c'est qu'il y a plus de 6 minutes qu'il est sorti de la veine. Dira-t-on, comme Alceste, que *le temps ne fait rien à l'affaire?* Ne va-t-on pas jusqu'à parler couramment de l'*action* du temps? Comme il n'y a pas de phénomènes intemporels, comme ce qui est inétendu par soi-même, et n'a ni grandeur ni figure, est toujours au moins situé, parce que l'esprit le localise en l'associant à ce qui est étendu, l'espace et le temps sont des circonstances qui ne peuvent jamais manquer, ni survenir après toutes les autres; on ne les voit jamais entrer et sortir comme les acteurs, changer comme les décors, se construire comme le théâtre lui-même. Le lieu et la durée ne seront donc jamais des causes concrètes; ils sont pourtant des causes véritables, car ils sont des conditions des événements, et concourent à leur explication; mais ils sont toujours et nécessairement des causes abstraites.

La causalité abstraite seule est intelligible; mais remarquons-en la vraie nature. Elle consiste à faire apercevoir comme nécessaire un fait en vertu d'une loi, une loi spéciale en vertu d'une loi plus générale; le rapport de cause à effet, c'est le rapport de principe à conséquence. L'intelligibilité qu'il introduit, c'est l'intelligibilité déductive. La causalité abstraite a ce caractère, qu'elle ne peut être considérée seulement dans les termes qui sont cause et effet, qu'elle n'est point contenue dans une proposition unique. Concevoir une circonstance abstraite comme cause, ce n'est pas *juger*, c'est *raisonner*. Tout jugement de causalité abstraite est un enthymème; les conditions de l'intelligibilité causale sont les lois du syllogisme; il n'y a qu'un seul principe d'intelligibilité, le principe de contradiction. Le reproche d'empirisme doit être renvoyé à ceux qui croient un phénomène expliqué parce qu'on peut l'attribuer à un *agent*, à un antécédent concret. Le seul moyen d'échapper à l'empirisme, c'est de voir dans la causalité une notion transitoire, que la science rationnelle s'efforce d'éliminer, et dont le rôle est même si peu important, — dans l'explication *théorique* des phénomènes — que les savants n'ont même pas senti le besoin d'en préciser le sens équivoque et obscur.

II

1. — L'expérience nous apprend des faits épars, des lois séparées les unes des autres. A mesure que nos connaissances s'accroissent, elles se coordonnent. Les lois spéciales se ramènent à des lois plus générales. Pline formule les lois empiriques des marées, Képler celles des mouvements planétaires, Galilée celles de la pesanteur terrestre, Newton les comprend toutes trois dans une loi unique; dès lors elles ont perdu leur caractère d'empiriques, pour devenir intelligibles, puisqu'elles se déduisent. Mais la majeure qui les contient

toutes, la loi de gravitation, est elle-même une loi empirique.

L'expé[illegible] a montré que l'azotate d'argent précipite tous les chlorures, que tous les sulfates précipitent le chlorure de baryum, que tous les sels ammoniacaux chauffés avec une base forte, dégagent de l'ammoniaque, que tous les carbonates font effervescence sous l'action d'un acide, et un nombre infini de lois semblables. On a beaucoup cherché, au xviiie siècle, une théorie générale des réactions chimiques. Les tables de Bergmann, qui permettaient, dans beaucoup de cas, de les prévoir, furent longtemps en vogue, malgré leurs erreurs. Les lois de Berthollet étaient un progrès considérable.

« Lorsqu'on fait agir un acide, une base ou un sel sur un sel dissous, et que, par double décomposition, les corps mis en présence peuvent donner lieu à un composé insoluble ou moins soluble qu'eux, ce composé se forme. » Or le chlorure d'argent est le moins soluble des chlorures, le sulfate de baryum le moins soluble des sulfates, donc ces composés se formeront.

« Lorsqu'on fait agir un acide, une base ou un sel sur un sel dissous ou solide, et que, par double décomposition, les corps mis en présence peuvent donner lieu à un composé volatil ou plus volatil qu'eux, ce composé se forme. » L'ammoniaque, l'acide carbonique se formeront dans les réactions ci-dessus indiquées, parce qu'ils sont volatils.

Voilà donc des lois spéciales qui ne sont plus empiriques, car elles se déduisent des lois de Berthollet; mais les lois de Berthollet elles-mêmes sont empiriques.

On peut cependant, depuis les célèbres travaux de M. Berthelot, les expliquer, — du moins pour les cas où elles sont vraies, car elles ne le sont pas toujours. Ces réactions s'accomplissent en vertu du principe du *Travail maximum :* « Tout changement chimique accompli sans l'intervention d'une énergie étrangère, tend vers la production du corps ou du système du corps qui dégage le plus de chaleur. » Le principe du *Travail maximum*, qui est actuellement la plus belle généralisation de la chimie, est une loi empirique.

Les sciences tendent ainsi à cesser d'être des répertoires pour devenir des systèmes. Les lois empiriques y deviennent moins nombreuses, mais plus étendues. Le but des travaux les plus élevés, le résultat des découvertes qui marquent les grandes étapes du progrès, c'est d'en réduire constamment le nombre et d'en accroître du même coup la généralité. Peut-on espérer une élimination complète de l'empirisme? C'est là une *limite ;*

on pourra s'en rapprocher longtemps, indéfiniment peut-être. La suite des siècles réalisera-t-elle cet idéal d'une science entièrement intelligible ? Nul ne le sait ; mais il n'est pas scientifique d'en désespérer jamais.

2. — La déduction est le raisonnement qui fait apercevoir la *nécessité* d'une relation. L'induction montre seulement qu'une relation est *constante*. Toute relation constante doit être nécessaire ; comment ce qui est fortuit serait-il constant ? Si un joueur à l'écarté retourne le roi chaque fois qu'il donne les cartes, on doutera que le hasard seul le serve aussi bien. Mais la nécessité d'une relation peut n'être pas aperçue. Par comparaison des cas observés, par élimination des circonstances accidentelles, on arrive à serrer de plus en plus près la loi, à isoler de mieux en mieux les termes qui sont invariablement unis, mais leur lien demeure invisible. L'induction *circonscrit* la vérité, comme un assaillant investit une forteresse, par un réseau toujours plus serré de parallèles et de tranchées ; elle ne fait pas pénétrer dans la place.

Par l'induction, la vérité est isolée *négativement ;* c'est un résidu. On a fait observer avec justesse que la *méthode des résidus*, dont Stuart Mill a fait un quatrième procédé de recherche expérimentale, n'est autre chose que l'induction elle-même (Rabier). Par la déduction, la vérité est dégagée *positivement ;* on la voit, on la comprend, on la retrouvera au milieu de toutes les circonstances qui pourront la masquer, la neutraliser ; on mettra en évidence, par exemple, les effets d'une force qui se compose avec d'autres.

Les propriétés d'une chose ne sont pas seulement coexistantes, mais nécessairement liées, sans quoi elles ne seraient pas les propriétés d'une même chose. Si les caractères d'une espèce se divisent par exemple en deux groupes indépendants, comment se fait-il que l'un de ces deux groupes ne se trouve jamais séparé de l'autre ? L'induction peut bien faire connaître la coexistence des caractères, c'est la déduction qui en révèle la liaison. L'alcool éthylique bout à 76° sous la pression normale. Pourquoi ? Comment cette propriété se rattache-t-elle nécessairement aux autres propriétés de l'alcool ? Nous n'en savons rien. Au contraire, dans un triangle isocèle, non seulement l'égalité des angles accompagne toujours l'égalité des côtés, mais l'égalité des côtés est la raison de l'égalité des angles.

L'induction, serrant la nature d'aussi près qu'on voudra, est donc incapable de satisfaire pleinement l'esprit. Or la raison ne peut pas taire ses exigences; l'intelligence ne se repose que dans l'intelligible; en sorte qu'une science n'est jamais achevée tant qu'elle est expérimentale. L'induction est une méthode provisoire, propre à la période de formation de la science.

Le chimiste caractérise un corps par une énumération de propriétés physiques, chimiques, organoleptiques qu'il se borne à juxtaposer, parce qu'il en ignore le lien. La concomitance constante de ces propriétés est précisément ce qui constitue ce corps. Il reste à en trouver la raison, la nécessité logique. La densité du fer, sa ductilité, sa résistance à la traction et à la flexion, son point de fusion, sa conductibilité thermique et électrique, ses propriétés magnétiques, ses affinités chimiques, dépendent certainement d'une seule propriété fondamentale qui serait la définition du fer ; tous ces divers coefficients se placeraient dans une même formule et se calculeraient en fonction les uns des autres. En un mot, toutes les propriétés physiques et chimiques de chaque corps doivent trouver un jour leur explication dans sa structure moléculaire.

La théorie de la lumière est faite en partie, car les lois de la réfraction et de la réflexion de la lumière se déduisent aujourd'hui de l'hypothèse des ondulations; mais la lumière se produit dans diverses circonstances, combustions vives, hautes températures, étincelles électriques, phosphorescences, etc. ; il reste à expliquer comment ces divers phénomènes déterminent les ondulations lumineuses. Toutes les lois physiques doivent un jour se déduire de la constitution de la matière.

Le développement de la science expérimentale a donc pour but de découvrir les *définitions essentielles*, c'est-à-dire celles des propriétés de chaque chose dont on peut déduire toutes les autres. Ces définitions se font avec des termes antérieurement définis; elles se succèdent donc dans un ordre qui va du plus simple au plus complexe; les premières se font nécessairement avec des notions qu'on ne peut pas définir, notions immédiatement claires pour tous les esprits, notions élémentaires qui sont le *véritable commencement* de chaque science. La science expérimentale n'est donc pas la vraie science; elle n'en est même pas l'assise fondamentale; elle est la tranchée qu'il faut ouvrir pour trouver le terrain solide sur lequel s'élèvera l'édifice.

Actuellement, dans les sciences expérimentales, la preuve des lois les plus générales se fait par les lois spéciales, parce que ces lois générales ne sont que des résultats d'induction.

Cettte preuve des lois générales consiste en ce que les lois spéciales et les faits individuels qui s'en déduisent sont conformes à l'expérience. Il n'en sera plus de même quand on sera parvenu aux définitions essentielles. Lorsqu'on pourra déduire *a priori* que telle structure moléculaire a pour conséquence telles propriétés physiques et chimiques, que telle ondulation se comporte de telle manière dans un milieu ayant telle structure, ce ne sera plus l'expérience qu'on invoquera, pas plus qu'en mathématiques on n'attribue une valeur probative à ce fait que les résultats du calcul sont transportables aux données expérimentales. Sans doute, la prudence du savant le conduira à vérifier constamment ses déductions, en se reportant à l'expérience, mais exactement de la même manière que le font les mathématiciens eux-mêmes.

3. — Les plus hautes généralités des sciences expérimentales, étant des lois empiriques, sont exactement comparables aux postulats des mathématiques. Le postulat d'Euclide n'est pas démontré ; pourtant, nous l'admettons, au moins en géométrie élémentaire, parce que nous avons de bonnes raisons de l'admettre : les conséquences qu'on en tire, même les plus éloignées, ne conduisent jamais à une impossibilité, ne sont jamais démenties par les faits. C'est une hypothèse que l'expérience confirme, ce qui est l'essence même du raisonnement expérimental. Cela est si vrai que les géomètres qui admettent la possibilité d'espaces où le postulat serait faux, ajoutent que, si l'un de ces espaces est réel, il a un paramètre tel que dans les limites de notre expérience, aussi loin qu'elle s'étende, il se confond *sensiblement* avec l'espace euclidien ; si l'espace réel est sphérique, sa courbure n'est pas *sensiblement* différente de zéro ; si par un même point, on peut mener une infinité de parallèles à une même droite, ces parallèles forment un faisceau qui n'est pas, pour nous, sensiblement distinct d'une ligne droite.

4. — Au terme de leur développement, devenues déductives et abstraites, les sciences de la nature seront, comme les mathématiques, idéales et indépendantes de la réalité de leurs objets. Aujourd'hui, rien ne s'oppose à ce que, dans un monde différent du nôtre, les propriétés des corps ne soient tout autres que celles que nous connaissons. C'est que nous ignorons la nécessité qui les unit les unes aux autres. Mais quand nous saurons que le corps qui a telle structure atomique a nécessairement telle densité, tel point de fusion ou d'ébullition, telle température

critique, etc., quand nous pourrons en déduire s'il est base ou acide, soluble ou insoluble, etc., la physique et la chimie « donneront des lois à tous les mondes possibles », selon l'expression d'Ampère. Certains assemblages de propriétés nous apparaîtront contradictoires et impossibles, comme un cercle dont la surface ne serait pas un maximum ; en revanche, nous pourrons être conduits à concevoir des substances ou des phénomènes que l'homme n'a ni l'occasion d'observer, ni le moyen de produire, dans « le canton détourné de l'Univers où il se trouve logé ». Bien plus, l'ordre des déductions l'obligeant à aller du simple au composé, il ne considérera pas d'abord les les êtres dans leur existence concrète, et raisonnera, comme le mathématicien, sur des notions abstraites, qu'il lui suffira de concevoir et de définir, et qui ne seront pas plus réelles que les lignes sans largeur, les surfaces sans épaisseur de la géométrie, les points matériels ou les solides indéformables de la mécanique.

5. — De tout ce qui précède, il résulte que la distinction des sciences abstraites, déductives et idéales, et des sciences concrètes, expérimentales et réelles, n'est pas profonde. Elle répond, non à la nature intime des connaissances, mais à leur degré d'avancement, et par conséquent une classification fondée sur ces caractères serait aussi peu raisonnable, que si un zoologiste classait les animaux du Jardin des Plantes d'après leur taille ou leur âge.

Les sciences se différencient par leurs notions fondamentales et non par leurs méthodes. Tout au plus, à cet égard, présentent-elles des différences d'ordre secondaire, et qui portent plutôt sur les *techniques* que sur les méthodes. L'esprit humain les aborde toutes avec les mêmes exigences ; en toutes, il cherche une seule et même chose, l'intelligibilité, et il y parvient par une méthode uniforme ; d'abord, une méthode de tâtonnement, de recherche, l'analyse inductive ; puis, à mesure que les résultats sont acquis, une méthode de démonstration, la déduction. « Les sciences toutes ensemble ne sont rien autre chose que l'intelligence humaine, qui reste toujours une, toujours la même, si variés que soient les objets auxquels elle s'applique, et qui n'en reçoit pas plus de changements que n'en apporte à la lumière du soleil la variété des objets qu'elle éclaire[1]. »

(1) Descartes. *Reg.*, I.

CHAPITRE IV

DE LA DÉMONSTRATION

Quelle est la nature de cette démonstration déductive, qui doit être la forme définitive de toutes les sciences, — qui est déjà celle des mathématiques ? Le syllogisme n'en donne qu'une idée très imparfaite.

La logique traditionnelle enseigne que la déduction va du général au particulier, l'induction du particulier au général. On ajoute que la déduction est la méthode des mathématiques, et qu'elle se réduit au syllogisme et à ses diverses combinaisons. Or, la plupart des démonstrations mathématiques sont des généralisations, les théories sont des enchaînements de propositions de plus en plus générales, la science tout entière, depuis les premiers éléments jusqu'aux dernières conséquences de l'algèbre et de la géométrie supérieures, procède constamment par généralisations successives. Il est donc impossible de se contenter d'un à-peu-près aussi grossier ; il faut examiner de plus près le raisonnement mathématique, et, avant tout, réformer un langage qui est plein de confusion. En quoi je ne ferai guère d'ailleurs que revenir au sens primitif et précis de mots dont on abuse.

Général se dit : 1° d'un terme ou d'une notion ; 2° d'une proposition ou d'un jugement.

1° Un genre est un groupe fictif, dans lequel tous les objets, en nombre indéfini, ayant certaines qualités communes, sont idéalement rassemblés. Le nombre des individus doit être indéfini, car un groupe qu'on peut énumérer, ou simplement nombrer, forme une collection, non un genre ; il en résulte que le groupe est fictif, car si les objets étaient effectivement rassemblés, ils ne pourraient être en nombre indéfini.

Bien que le nombre des individus d'un genre soit indéfini, on peut néanmoins dire qu'un genre est plus étendu qu'un autre genre, quand le second est contenu dans le premier, c'est-à-dire quand il en a toutes les qualités. Ainsi le nombre des Hommes est indéfini, celui des Nègres l'est aussi, car ces deux mots désignent tous les les Hommes et tous les Nègres qui existent, ont existé, existeront, et même tous ceux qu'on peut imaginer. Néanmoins le nombre des hommes est nécessairement plus grand que celui des Nègres, car tous les nègres sont hommes, mais tous les Hommes ne sont pas nègres. Quand deux genres sont ainsi contenus l'un dans l'autre, on réserve au plus étendu le nom de *genre*, l'autre s'appelle une *espèce*.

L'opposé de *général*, c'est donc *spécial* ou *individuel*. On emploie souvent dans le même sens le mot *particulier*; c'est un usage regrettable, car ce mot est nécessaire dans une autre acception. Je m'abstiendrai d'appliquer les mots *universel* et *particulier* à de simples notions, et ne les emploierai que pour désigner des propriétés formelles des propositions.

2° On dit à peu près indifféremment d'une proposition qu'elle est *générale* ou *universelle*, *spéciale* ou *particulière*. Je donnerai une signification différente à chacun de ces deux couples de termes.

Une proposition est *universelle* quand l'attribut est affirmé ou nié de toute l'extension du sujet; — *particulière*, quand il l'est d'une partie de l'extension du sujet. La QUANTITÉ est une propriété formelle, qui n'appartient ni au sujet, ni à l'attribut, mais au rapport de l'attribut au sujet.

Je propose d'appeler EXTENSION des propositions leur propriété d'être *générales*, *spéciales* ou *singulières*, selon qu'elles expriment une propriété d'un genre, d'une espèce ou d'un individu. L'extension des propositions n'est pas une propriété formelle, car elle dépend de leur matière.

Considérée à part, une proposition peut être générale ou singulière. Deux propositions comparées entre elles peuvent être, l'une générale, l'autre spéciale. Mais on ne peut concevoir de relation entre l'extension des propositions que si, leurs sujets étant contenus l'un dans l'autre, on leur attribue une propriété de même nature. Cet attribut peut d'ailleurs n'être pas tout à fait identique dans les deux propositions : quand le sujet est moins étendu, l'attribut peut, en raison de ses propriétés spéciales, être plus déterminé. Ex. :

Proposition générale : Une ellipse est une figure plane, telle que la *distance moyenne* de ses points à *deux* points fixes soit constante.

Proposition spéciale : Une circonférence est une figure plane, telle que la *distance* de ses points à *un* point fixe est constante.

Les mathématiciens disent souvent que l'une des deux propositions est un « cas particulier » de l'autre, expression suffisamment claire assurément, puisqu'elle ne donne lieu à aucune équivoque ; le mot *cas* corrige le mot *particulier*, et indique clairement qu'il ne s'agit pas d'une propriété purement formelle. Il serait préférable, pour l'uniformité du langage scientifique, de dire que l'une des propositions est générale, l'autre spéciale, puisque la circonférence est une espèce du genre ellipse. Il serait tout à fait incorrect de dire que la proposition relative à la circonférence est particulière.

L'importance de cette distinction apparaîtra si l'on remarque que l'Extension est indépendante de la Quantité. Cette proposition : *Par un point donné on peut toujours mener une perpendiculaire à une droite donnée*, est générale, car elle est vraie de tous les cas possibles, et pourtant elle est particulière[1].

En revanche, une proposition universelle n'est pas nécessairement générale ; même chacun sait que toute proposition singulière est universelle, l'extension du sujet étant indivisible.

Ces trois propositions :

La somme des angles d'un polygone de *n* côtés est égale à 2 (n — 2) angles droits ;

La somme des angles d'un triangle est égale à 2 angles droits ;

La somme des angles du triangle ABC est égale à 2 angles droits ;

sont toutes trois universelles. La première est générale, la seconde est spéciale, la troisième est singulière.

Quand on dit que la déduction, et par suite la démonstration mathématique, conclut du général au particulier, veut-on dire que de prémisses universelles on tire des conclusions particulières ? — Non certes, les conclusions des démonstrations sont, pour la plupart, des propositions universelles.

Quelque droite passant par un point donné est perpendiculaire à une droite donnée. Sont particulières toutes les propositions exprimant la possibilité d'une construction ou d'une opération, l'existence d'un nombre, d'un point, d'une ligne, d'une commune mesure, etc., qui demeurent indéterminés.

Veut-on dire que la démonstration consiste à passer de propositions générales à des propositions spéciales ou singulières ? Tel est bien le caractère essentiel du syllogisme. Mais nous allons voir que tel n'est pas le caractère de la démonstration mathématique. La généralisation y joue un rôle capital.

D'une part, en effet, presque toute démonstration, prise séparément, est la généralisation d'un exemple. D'autre part, si on considère l'ordre et l'enchainement des propositions, on verra qu'ordinairement les propriétés spéciales servent à démontrer les propriétés générales, en sorte que le gain et le progrès de la pensée se fait par des généralisations successives. C'est un trait frappant de la science mathématique. Examinons successivement ces deux points de vue.

1° Bien que les démonstrations aient toujours pour but d'établir des propositions générales, elles se font ordinairement sur des exemples. On a coutume de dire que l'exemple ne sert qu'à fixer l'attention, qu'il rend possible un langage plus simple et plus court, qu'en géométrie, par exemple, le rôle de la figure est surtout de fournir des désignations commodes ; elle n'est pas rigoureusement indispensable ; on pourrait exprimer les raisonnements sous la forme générale, qui est au fond leur vraie forme, celle qu'ils ont dans notre esprit. Car en réalité le géomètre raisonne sur le triangle en général, *à l'occasion* du triangle ABC tracé sur le tableau.

A moins de donner à cette remarque une interprétation tout à fait conceptualiste et d'admettre cette contradiction, que quelque chose de général peut être représenté dans l'esprit, il faut entendre par là que les raisonnements faits sur le triangle ABC pourront être immédiatement transportés à tout autre triangle. C'est bien sur le triangle ABC que l'on raisonne : on le fait, parce que, sans doute, c'est infiniment plus commode, mais aussi parce que c'est parfaitement légitime, la généralisation ne souffrant aucune difficulté. Cette généralisation n'est point, comme dans les sciences de la nature, le résultat d'une induction. La démonstration établit qu'une certaine relation est nécessaire; dès lors il n'est nullement besoin de démontrer qu'elle est générale.

Dans les sciences expérimentales, nous pouvons aussi très légitimement conclure d'un cas observé à tous les cas identiques ; il est impossible que, l'antécédent étant le même, le conséquent soit différent. Si une expérience a été faite avec soin, il est inutile de la répéter. On peut recommencer un calcul ou une construction pour s'assurer qu'on ne s'était pas trompé, mais on ne suppose pas que la même construction, la même opération puissent jamais donner des résultats différents. De même on refait une expérience pour s'assurer qu'on avait bien observé, mais non pour vérifier si la nature est d'accord avec elle-même. A chaque instant nous exprimons d'emblée, sur une seule constatation, ce qui se passe dans tous les cas identiques. Mais la généralisation n'est possible que si les cas sont totalement identiques. A la moindre variation des circonstances, il nous faut une comparaison d'expériences, un raisonnement expérimental pour nous assurer que cette variation est indifférente. Nous savons qu'une réaction chimique s'accomplira de la même manière dans une éprouvette ou dans un ballon, que la chaleur nécessaire peut être indifféremment fournie par le charbon, le gaz ou l'alcool. Mais nous n'éliminons ainsi que des circonstances dont la nature nous est assez connue par des expériences antérieures pour les juger indifférentes.

Dans la démonstration mathématique, la généralité est incluse dans la nécessité, prouvée par elle et en même temps qu'elle. De là résulte qu'une propriété peut être démontrée d'un seul exemple et transportée à tous les autre cas : il faut que ces cas soient identiques, mais identiques partiellement et abstraitement, au point de vue et sous le rapport que l'on envisage.

2° Nous venons de voir que, dans chacune de ses démonstrations, le mathématicien procède du *singulier* au général. Nous allons voir que les démonstrations elles-mêmes s'enchaînent dans un ordre qui va le plus souvent du *spécial* au général.

Il arrive souvent que deux propositions sont telles que, chacune d'elles étant prise pour principe, l'autre en est une conséquence nécessaire. Si la somme des angles du polygone de n côtés est égale à 2 (n — 2) angles droits, il en résulte que la somme des angles du triangle est égale à 2 angles droits. La première proposition est générale, la seconde est spéciale et peut s'en déduire par un syllogisme. Mais dans un traité de géométrie, c'est la proposition spéciale qui sert à démontrer la proposition générale, et cette démonstration est une déduction plus complexe dont le syllogisme ne rend pas complètement compte.

L'enchaînement des théorèmes se fait du spécial au général.

On ne commence pas la théorie de la multiplication par la considération de facteurs quelconques. On ne voit pas même comment on pourrait d'emblée, je ne dis pas démontrer la règle, mais donner une définition générale de l'opération. On commence par les cas spéciaux les plus accessibles, on en introduit successivement de plus généraux, que l'on réduit, par l'artifice du raisonnement, aux cas spéciaux entièrement résolus. C'est ainsi que l'on considère d'abord deux facteurs entiers, l'un et l'autre d'un seul chiffre; puis le multiplicande est un nombre entier quelconque; enfin les deux facteurs sont des nombres entiers quelconques. Le passage au calcul des fractions est encore une généralisation; d'abord l'un des facteurs est entier, puis les deux facteurs sont des nombres quelconques. Enfin l'algèbre étend la notion de produit à des quantités quelconques, qui peuvent être positives ou négatives, réelles ou imaginaires, commensurables ou incommensurables.

Et chacun de ces pas en avant est un théorème; car en étendant la notion de produit à des cas nouveaux, il faut démontrer que l'opération conserve la même signification et la même valeur, c'est-à-dire que les définitions antérieures sont des cas spéciaux contenus dans les nouvelles.

La géométrie dans l'espace est une extension de la géométrie plane. Toutes les propriétés des courbes, des surfaces qu'elles enferment et des solides enfermés par ces surfaces, se démontrent par les propriétés d'une courbe spéciale, le cercle, et les théorèmes relatifs aux lignes courbes comprennent parmi leurs cas spéciaux ceux relatifs au cercle. On pourrait déduire toutes les propriétés du cercle de celles de l'ellipse, mais pour démontrer celles de l'ellipse, il faut s'appuyer sur celles du cercle.

Cet enchaînement des théorèmes du spécial au général semble avoir été, aux yeux de Descartes, le trait le plus frappant de la méthode des mathématiques. Par sa deuxième règle, il recommande de *diviser les difficultés*. Quand on ne peut résoudre un problème, démontrer une proposition sous sa forme générale, il faut considérer séparément divers cas spéciaux ou même singuliers. On est bien obligé, quand on cherche, de les prendre au hasard; mais nous savons que ceux qui conduisent au but sont *les plus simples* et *les plus aisés* à connaître. Toute proposition spéciale n'a pas ce caractère. Par exemple, il n'y aurait aucun avantage à considérer à part la somme des angles du quadrilatère ou du pentagone. Le cas choisi doit être un *cas privilégié*.

Le cas privilégié doit réunir deux avantages. Il doit être plus aisé à connaître, et on doit pouvoir y ramener la proposition générale.

1° On doit pouvoir y ramener la proposition générale. Ainsi tout polygone peut être divisé en triangles, mais non en quadrilatères ou en pentagones. La multiplication par des nombres de plusieurs chiffres se compose de multiplications partielles dont le multiplicateur n'a qu'un seul chiffre ; les opérations sur les fractions se réduisent aux opérations sur les nombres entiers, les opérations algébriques à des opérations numériques et ainsi de suite.

Il s'en faut que toutes les opérations spéciales aient cet avantage. Soit par exemple cette proposition : *De toutes les surfaces isopérimètres, le cercle est la plus grande.* On peut en tirer, par syllogismes, un grand nombre de propositions spéciales qui sont plus simples ou plus aisées à connaître. Ex. : Le cercle est plus grand que tous les polygones de même périmètre. — Le cercle est plus grand que toutes les ellipses de même périmètre, etc. La démonstration la plus courte (qui soit purement géométrique) s'appuie seulement sur ces deux propositions : 1° De tous les triangles de périmètre donné et de base donnée le triangle isocèle est maximum. 2° De tous les triangles ayant deux côtés donnés le triangle rectangle est maximum. Ces deux cas privilégiés suffisent pour établir le théorème.

2° Le cas privilégié doit être plus aisé à connaître.

Ordinairement, sinon toujours, il est, selon l'expression de Descartes, plus simple. Ainsi la multiplication par un nombre d'un seul chiffre est plus simple que la multiplication par un nombre de plusieurs chiffres. La valeur $2(n-2)$ de la somme des angles du polygone se simplifie dans le cas du triangle, parce que le facteur $n-2$, égal à l'unité, disparaît. Le cercle est une ellipse dont l'excentricité est nulle ; il doit à cette circonstance d'être la plus simple de toutes les ellipses, car les deux foyers coïncident, les deux rayons vecteurs se confondent, et la relation constante qui définit l'ellipse, la moyenne des distances $\frac{r+r'}{2}$ de tous ses points à *deux* points donnés, devient plus simplement, dans le cas du cercle, la distance r de tous ses points à *un* point donné. De même le cône droit à base circulaire est le plus simple de tous les cônes ; toutes ses propriétés, et celles des coniques qui en dérivent, peuvent être déterminés avec moins d'éléments, et leurs formules expriment des opérations moins nombreuses.

Mais la simplicité relative de ces cas privilégiés semble n'être dans la méthode qu'un accident. L'essentiel est qu'ils soient *plus aisés à connaître*. C'est presque toujours, il est vrai, un effet de leur simplicité même. Mais, plus précisément, cet avantage consiste en quelque propriété qui rend possible la démonstration. Ainsi dans le cas du triangle, par une construction facile, on peut former trois angles adjacents dont la somme est connue, et qui sont respectivement égaux aux trois angles du triangle. Les autres polygones ne se prêtent à aucune construction analogue.

Il peut arriver que des cas soient plus aisés à connaître sans être plus simples. On sait trouver une moyenne proportionnelle 6 entre deux nombres 3 et 12. Mais il est plus difficile de trouver deux termes intermédiaires d'une proportion continue dont les extrêmes seraient 3 et 24. « Ici, dit Descartes, je rencontre un autre genre de difficulté plus embarrassante que la précédente ; car il ne faut pas penser seulement à un ou deux nombres à la fois, mais à trois, afin d'en découvrir un quatrième. » Le second problème est donc moins aisé à connaître que le premier, parce qu'il est moins simple. Mais en voici un troisième qui sera plus aisé à connaître que le second, bien qu'il soit plus complexe : « On peut aller plus loin, et voir si, étant données 3 et 48, il serait encore plus difficile de trouver une des moyennes proportionnelles 6, 12, 24, ce qui paraîtra au premier coup d'œil ; mais on voit aussitôt que la difficulté peut se diviser, et aussi se simplifier, si l'on cherche d'abord une seule moyenne entre 3 et 48, savoir 12 ; une autre entre 3 et 12, savoir 6 ; puis une autre entre 12 et 48, savoir 24 ; et qu'ainsi on est ramené à la difficulté déjà exposée [1]. »

Ainsi il est plus facile d'insérer 3 moyennes que d'en insérer 2, à cause de cette circonstance favorable que dans une suite de nombres en proportion continue, tout nombre qui est moyenne proportionnelle entre deux termes est également moyenne proportionnelle entre deux autres termes également éloignés. Il en résulte qu'on peut, sans difficulté, insérer entre deux extrêmes donnés, une, trois, sept, quinze moyennes proportionnelles, mais qu'il est moins aisé d'en insérer deux, quatre ou six.

(1) *Reg.*, VI, p 232 (Cousin).

Il est plus difficile de diviser une circonférence en trois ou cinq parties égales qu'en six ou en dix. C'est que les côtés de l'hexagone et du décagone réguliers ont des propriétés spéciales qui fournissent des constructions faciles. On se sert donc de l'hexagone et du décagone réguliers inscrits pour inscrire le pentagone régulier et le triangle équilatéral. On ne voit pas que les cas de l'hexagone et du pentagone soient plus simples, mais ils sont plus aisés à connaître.

On dira peut-être que ce privilège de certains cas spéciaux consiste toujours, en somme, dans la possibilité d'une simplification. Mais cela n'apparait pas à première vue. Le degré de simplicité d'un problème ou d'une proposition n'est pas une notion immédiatement claire. Descartes, à ce sujet, n'est pas assez explicite. Le problème le plus simple est pour lui, tantôt celui dont les données ou les inconnues sont moins nombreuses : ainsi il est plus simple d'insérer une moyenne proportionnelle que d'en insérer deux. Tantôt, c'est le nombre des opérations qui est moindre, et, plus précisément, le nombre des opérations différentes : « Etant données les grandeurs 3 et 6 j'en trouve facilement une troisième en proportion continue, il ne m'est pas si facile, étant donné les deux extrêmes 3 et 12, de trouver la moyenne 6. Cela m'apprend qu'il y a ici une grande difficulté, toute différente de la première ; car si on veut trouver la moyenne proportionnelle, il faut penser en même temps aux deux extrêmes et au rapport qui est entre eux pour en trouver un nouveau par la division ; ce qui est tout différent de ce qu'il faut faire, lorsque, étant données deux quantités, on veut en trouver une troisième qui soit avec elles en proportion continue[1]. »

Ce qui importe, ce n'est pas précisément le nombre des opérations différentes, c'est ce fait que, parmi les opérations requises pour résoudre le cas général, se trouvent toutes celles du cas spécial, et d'autres encore, c'est-à-dire qu'il faut passer par le cas spécial ponr résoudre le cas général. Ces remarques, bien qu'un peu subtiles, ne sont pas sans importance, car c'est faute d'avoir poussé assez loin cette analyse que Descartes a échoué dans sa tentative d'appliquer aux sciences naturelles la méthode des mathématiques. Dans sa physique, il a constamment cherché l'élément simple plutôt que le cas privilégié.

(1) *L. c.*, p. 231.

En résumé, l'enchainement des propositions présente ordinairement un progrès du spécial au général, qui s'opère en mettant à profit les propriétés des cas privilégiés ; en sorte qu'un caractère très frappant de la démonstration mathématique, c'est qu'elle est une généralisation progressive de la pensée.

Examinons maintenant si le syllogisme suffit à lui seul à rendre compte de la démonstration mathématique. On peut, dès maintenant, en douter. Il serait étonnant que le syllogisme eût, sans aucun secours étranger, la valeur d'une méthode de généralisation.

Il est reconnu que toutes les figures du syllogisme se ramènent à la première ; tout syllogisme revient donc, soit à attribuer une qualité (grand terme) à un sujet (petit terme), parce qu'elle appartient universellement (*dictum de omni*) à un genre (moyen terme) dont ce sujet est individu ou espèce : soit à exclure une qualité d'un sujet parce qu'elle est exclue universellement (*dictum de nullo*) d'un genre dont ce sujet est individu ou espèce. En d'autres termes, il consiste à tirer une proposition spéciale ou singulière d'une majeure qu'on peut, avec Port-Royal, appeler *proposition contenante*, au moyen d'une *proposition applicative*, la mineure. Ainsi nous pouvons déduire de la proposition générale, relative aux angles du polygone, la proposition spéciale relative à ceux du triangle. Des propriétés de l'ellipse on déduira celles du cercle. Ces déductions sont des syllogismes.

Personne, que je sache, n'a donné une théorie vraiment satisfaisante de la démonstration mathématique. Plusieurs, — Stuart Mill surtout, — ont senti combien un procédé logique qui semble propre à inventorier les connaissances qu'on possède, plutôt qu'à en acquérir de nouvelles, est incapable de rendre compte de ce vaste épanouissement scientifique qu'on nomme les mathématiques. Mais Stuart Mill admet qu'on peut mettre tout Euclide en syllogismes. Toute inférence a lieu, d'après lui, du « particulier » au « particulier », du fait au fait, en prenant certaines précautions, en observant les canons de la méthode inductive. Il n'est nullement nécessaire de passer par la proposition générale. Mais il avoue que toutes les fois que l'inférence « du particulier au particulier » est légitime, la proposition générale est vraie. La forme syllogistique est donc toujours possible ; elle est même fort utile : c'est un moyen de s'assurer que l'induction « du particulier au particulier » a été faite selon les règles. Dès lors, il demeure tout aussi surprenant que, par la vertu de la forme syllogistique, du *dictum omni et de nullo*, toute la mathématique apparaissse comme par enchantement[1].

Mais la science, dit-on, est tout entière impliquée dans les définitions et les axiomes; le syllogisme l'en fait sortir, la rend explicite. Le syllogisme est bien une sorte de tautologie; et, en effet, on ne saurait trouver dans une conclusion mathématique que l'équivalent de ce qu'on a mis dans les prémisses. Les définitions, successivement introduites, apportent avec elles tout l'accroissement positif de la connaissance.

C'est se payer de mots. La démonstration qui m'apprend une propriété nouvelle que j'ignorais, enrichit mon esprit d'une connaissance qui n'y était pas. Il est vrai qu'en introduisant la définition du triangle, on introduit en réalité le triangle, avec toutes ses propriétés. On les déduira ensuite une à une; mais la définition les contient déjà toutes *implicitement*. — « Implicitement » est ici un subterfuge pour dire qu'elle les contient sans les contenir, qu'elles n'y sont pas, et que pourtant on les en tire. La vérité, c'est que la définition ne signifie que ce qu'elle exprime : elle contient une seule propriété; mais à celle-ci toutes les autres sont liées, et la démonstration fait apercevoir cette liaison, liaison qui ne se résout pas en un rapport de contenant à contenu. Autrement, les mathématiques ne seraient que des séries de substitutions verbales, consistant à répéter sans cesse sous une forme nouvelle ce qu'on aurait déjà dit sous d'autres formes.

Si l'on fait l'analyse formelle d'une démonstration, on y trouvera un ou plusieurs syllogismes. Cette forme de raisonnement sert toutes les fois qu'il s'agit de faire usage d'un axiome ou d'une proposition antérieurement établie pour l'appliquer au cas que l'on considère. Mais l'analyse formelle laisse un résidu, à savoir des propositions qui *ne font partie d'aucun* syllogisme; et ce résidu, qui semble avoir échappé jusqu'ici, est fort important : là se trouve tout le savoir positif que l'esprit introduit en passant d'une proposition à une autre.

On peut faire toute la théorie du syllogisme sans se préoccuper de la matière des jugements, exprimer tous les modes par

(1) On a remarqué avec raison que la philosophie de Stuart Mill, en apparence si radicale, est en réalité très éclectique. Il s'attaque à toutes les doctrines reçues, mais il relève de la main gauche ce qu'il a renversé de la main droite.

des schémas, en remplaçant les termes par des lettres. On a de même réduit à un petit nombre de formes les combinaisons de syllogismes, et on pourrait en faire des schémas analogues. Si les démonstrations mathématiques étaient purement syllogistiques, chacune d'elles serait un polysyllogisme ; on aurait pu en énumérer toutes les formes possibles avec des désignations symboliques comme *barbara* et *baroco*. On ne l'a pas fait. Est-ce parce que l'opération était puérile ? La scolastique n'a guère reculé devant la puérilité. Or, justement, il y avait un grand intérêt à compléter ainsi la théorie. On rendait possible le passage de la logique pure à la logique appliquée, et on comblait l'intervalle qui sépare la théorie du syllogisme de celle du raisonnement mathématique. L'opération n'était pas puérile, mais elle était impossible. Il n'est pas exact que la démonstration mathématique conclue par la seule puissance de la forme. Elle contient d'autres opérations que le syllogisme. Ainsi. pour passer du théorème spécial relatif à la somme des angles du triangle, au théorème général relatif à la somme des angles du polygone, on remarque, *à l'inspection de la figure*, que tout polygone est divisible en triangles, que le nombre de ces triangles est nécessairement inférieur de deux unités au nombre des côtés du polygone, et qu'enfin la somme des angles du polygone est égale à la somme des angles de tous les triangles. Ces considérations sont essentielles à la démonstration. Elles ne sont pas des syllogismes, mais elles amènent des syllogismes et leur fournissent une matière. Ce sont elles qui rendent possibles et justifient, — ce que n'expliqueraient pas les lois formelles du raisonnement, — le passage d'une propriété de l'espèce à une propriété du genre ; or, c'est précisément ce passage qui constitue ici l'acquisition d'une connaissance nouvelle.

Duhamel considère comme une partie fort peu importante de la logique déductive « l'examen minutieux de toutes les circonstances dans lesquelles la déduction (syllogisme) peut avoir lieu ». Le raisonnement élémentaire, le syllogisme lui paraît si étrangement simple qu'on peut s'étonner qu'on ait jugé à propos de donner un nom à une pareille opération de l'esprit. « Il n'y a nullement lieu de faire une théorie de cette opération, ni de faire occuper au syllogisme une si grande place dans les traités de logique et dans les cours de philosophie de notre temps. Mais ce qui serait d'une importance capitale, et ce qu'on omet complètement, ce serait d'enseigner comment il faut *diriger les déductions*, ou les syllogismes, pour parvenir au but qu'on se propose [1].

Duhamel est bien dur pour cette logique formelle où Leibniz voyait une découverte aussi géniale et d'aussi grande importance que celle de Copernic. Il y a lieu d'étudier le syllogisme dans les traités de logique, puisque c'est un raisonnement, et qu'il joue un rôle important dans la démonstration. Mais il a raison de dire que le principal, c'est la direction des déductions.

Quel est ce résidu de l'analyse formelle d'une démonstration, cet élément irréductible au syllogisme?

Dans le théorème que nous avons pris pour exemple, sur la somme des angles du polygone, il y a une construction à faire; dans d'autres cas, il y a une opération analogue, telle qu'une superposition de figures ; en arithmétique, en algèbre, il y aura des décompositions de nombres, des transformations de formules. Il est aisé de voir que ces opérations ont pour but d'introduire dans la démonstration le moyen terme ou les moyens termes nécessaires pour lier le conséquent à l'antécédent. Leur rôle est transitoire; elles n'étaient pas dans l'hypothèse, elles disparaissent dans la conclusion, en vertu de la règle *Nequaquam capiat*. Ces opérations, il doit être évident qu'elles sont possibles, et elles le sont en effet, en vertu soit d'une définition, soit d'un postulat, soit d'un théorème antérieur.

Le résidu se compose en outre de jugements qui ne sont pas des constatations de faits, car ils sont généraux et nécessaires, qui ne sont pas des axiomes, car ils se rapportent très précisément au cas considéré, et qui ne sont pas non plus des conclusions de syllogismes.

Je joins par des lignes droites l'un des sommets du polygone à tous les autres, excepté aux deux plus voisins qui lui sont déjà joints par les côtés eux-mêmes. Cette construction faite, je *vois :* 1° que le polygone se trouve, dans l'exemple considéré et dans tout autre exemple, divisé en triangles; — 2° que ces triangles sont en nombre égal à celui des côtés du polygone diminué de deux unités; — 3° que la somme des angles du polygone est égale à la somme des angles de tous ces triangles. Je ne constate pas qu'en fait il en est ainsi dans la figure qui est sous mes yeux, mais je vois, avec évidence, qu'il ne saurait en être autrement. Pourtant c'est à l'inspection de cette figure

(1) *Des méthodes dans les sciences de raisonnement*, ch. I, § 6 et 8.

que je m'en rends compte, et c'est à cause de tels jugements que je suis obligé de tracer des figures en géométrie, d'écrire des équations en algèbre, d'avoir de la craie et un tableau, ou de suppléer à leur défaut par un pénible effort d'imagination représentative ; c'est à cause d'eux, en un mot, que je ne puis pas raisonner sans avoir dans l'esprit les objets sur lesquels je raisonne, comme je pourrais le faire si mes raisonnements étaient purement formels.

Prétendra-t-on que ces jugements résultent de quelque raisonnement très simple, trop simple pour avoir besoin d'être exprimé, une sorte de raisonnement virtuel ?

Peut-être en effet que le deuxième jugement n'est pas d'une évidence immédiate. Je puis considérer qu'un quadrilatère est décomposé par la construction en deux triangles, un pentagone en trois, un hexagone en quatre et ainsi de suite ; la proposition générale sera ainsi obtenue par induction. La démonstration mathématique serait donc une combinaison d'inductions et de déductions. Mais ainsi présenté le raisonnement n'aurait pas le caractère d'absolue nécessité qu'il peut et doit avoir. Nous remarquerons que tous les triangles formés par la construction sont disposés en série rayonnante autour d'un point ; que chacun des triangles intérieurs est formé par deux lignes de construction et un des côtés du polygone, que chacun des deux triangles extrêmes est formé par une ligne de construction et deux côtés du polygone. Ces propositions évidemment nécessaires ne sont ni des faits, ni des axiomes, ni des conclusions ; elles consistent à se rendre compte de la disposition des lignes. Il en résulte qu'il y a autant de triangles que le polygone a de côtés moins deux ; voilà une conséquence qui se tire de la considération de la figure, mais ne se déduit pas de quelque majeure où elle serait implicitement contenue.

Examinons un autre exemple. *Par un point donné sur une droite, on peut toujours mener une perpendiculaire à cette droite.* Pour le démontrer, je ne fais aucune construction, mais je suppose une droite quelconque passant par le point donné. Si elle forme deux angles égaux, la condition est remplie. Si elle forme deux angles inégaux, je suppose que la droite se meuve dans le plan du tableau, en tournant autour du point d'intersection. *Je vois avec évidence, je me rends compte :* 1° que l'un des angles diminue et que l'autre augmente ; 2° que si le plus petit angle augmente et que le plus grand diminue, il y aura nécessairement une position de la ligne pour laquelle ils seront égaux. Ces deux affirmations ne sont pas des faits d'expérience, car elles sont nécessaires ; ce ne sont pas des axiomes, car elles sont spéciales ; ce ne sont pas des conclusions de syllogisme, car je ne les tire d'aucune majeure qui les contienne.

On voudra peut-être voir dans ces propositions des applications syllogistiques d'un principe plus général ; la seconde, par exemple, se déduirait de cette majeure qu'il faudrait peut-être ajouter à la liste des axiomes : Si de deux quantités inégales et de même nature la plus grande diminue tandis que la plus petite augmente, il arrivera un moment où elles seront égales.

On peut toujours, étant donné une proposition, en former une plus générale qui la contienne ; mais il faudrait prouver que cette proposition plus étendue est logiquement antérieure, et que la proposition spéciale en résulte, que l'évidence de la proposition spéciale est dérivée, que l'évidence de la proposition générale est première. Or, dans le cas actuel, la proposition générale est dérivée, par induction, de la proposition spéciale, et même par une induction hasardée, car telle que je viens de la formuler, elle est fausse ; il faut, pour la rendre vraie, y ajouter des incidentes restrictives, examiner les cas nouveaux que la généralisation introduit et faire pour quelques-uns des réserves expresses. Les deux quantités doivent varier d'une manière *continue*, ce qui a lieu si la variation, comme dans notre démonstration, est un mouvement. Mais si la quantité variable est un nombre, la proposition n'est plus vraie. Soient deux nombres dont le plus petit augmente successivement d'une unité, tandis que le plus grand diminue en même temps d'une unité, si leur somme est impaire, à aucun moment ils ne seront égaux.

Il faut encore que la variation ne soit pas assujettie à certaines conditions. Ainsi deux séries convergentes, l'une croissante, l'autre décroissante, ne sont égales que pour une infinité de termes dans chacune d'elles, si elles ont même limite, et ne se rencontrent jamais, bien que la plus grande croisse toujours et que la plus petite décroisse toujours, si la limite de la plus grande est supérieure à celle de la plus petite. Leurs variations pourront cependant être continues si chaque terme a un coefficient infiniment petit.

Voici donc comment le principe devra être formulé : Si de deux quantités inégales et de même nature la plus grande diminue tandis que la plus petite augmente, il arrivera un moment où elles seront égales, à condition que la variation soit continue et que la plus grande puisse devenir la plus petite.

Dire que ce principe est nécessaire à notre démonstration, c'est dire que les mathématiques transcendantes sont nécessaires à la démonstration de la proposition initiale de tous les traités de géométrie élémentaire.

La théorie du syllogisme a accrédité cette opinion, que la nécessité d'une proposition ne peut être établie qu'en tirant cette proposition d'une autre qui la contienne. Pour qu'il y ait des démonstrations, il faut qu'il y ait des principes, c'est-à-dire des propositions qui portent en elles-mêmes le caractère de la nécessité. Et l'on s'est habitué à penser que l'évidence immédiate d'une relation nécessaire ne peut se rencontrer que dans ces propositions très générales, les axiomes.

Mais on ne voit pas pourquoi une relation, pour se révéler immédiatement comme nécessaire, doit être une relation entre des termes très généraux, pourquoi une relation très spéciale ne pourrait pas être évidemment nécessaire. On admet couramment qu'aucune preuve, aucune considération intermédiaire n'est requise, ni n'est possible, pour que l'esprit aperçoive la nécessité d'une proposition telle que : deux quantités égales à une troisième sont égales entre elles; pourquoi l'esprit ne saisirait-il pas immédiatement la nécessité d'une proposition de moindre portée, comme celle-ci : si deux droites se coupent dans un plan, et que l'une d'elles se meuve en tournant dans ce plan autour du point d'intersection, de telle sorte que le plus petit angle augmente et que l'autre diminue, il arrivera un moment où ils seront égaux. La première s'impose à tout esprit qui en saisit la signification, parce qu'elle résulte de notre conception de la quantité et de l'égalité; la seconde s'impose également comme une conséquence immédiate de notre conception de l'espace et du mouvement, de la ligne droite, du plan, de l'angle, de l'égalité et de l'inégalité des angles.

Nous n'avons pas à discuter ici la question de l'origine des axiomes et des notions élémentaires. Nous remarquerons seulement que notre théorie nous semble devoir satisfaire et les empiristes et les nativistes. Les premiers font des axiomes des résultats ultimes d'induction; ils doivent à fortiori admettre que le même processus inductif peut expliquer la certitude de vérités plus restreintes en extension. Les nativistes n'admettent plus aujourd'hui que les « vérités premières » soient gravées dans nos esprits telles que nous les exprimons; la raison pour eux, c'est l'*ordre;* les principes, les axiomes sont l'ordre consi.

déré sous ses divers aspects. Pourquoi ne pas admettre que des vérités de moindre étendue, évidentes par elles-mêmes, sont, elles aussi, des manifestations de l'ordre, mais des manifestations plus restreintes. Il semble même qu'étant plus restreintes, elles n'en sont que plus faciles à apercevoir. L'évidence d'une proposition n'est que l'impossibilité de concevoir d'une autre manière la relation entre deux termes. Pourquoi faudrait-il pour cela que ces deux termes fussent très généraux?

Le syllogisme ne suffit donc pas à rendre compte de la démonstration mathématique; elle ne conclut pas par la seule puissance de la forme; le contenu n'y est pas indifférent à la validité et même à la possibilité des raisonnements; tout ne s'y réduit pas à des considérations d'inclusion et d'exclusion.

Mais il reste vrai que les mathématiques, si elles ne sont pas entièrement syllogistiques, sont déductives. Nous ne définirons la déduction, ni par le passage du genre à l'espèce, ni par le caractère purement formel des inférences; la déduction, c'est l'aperception de relations nécessaires entre des concepts sans avoir recours à l'expérience.

Il y a deux manières de prendre possession de la vérité :

1° S'appuyer sur des faits, et en dégager des lois générales, qui ne sont rien de plus que des relations constantes, c'est l'induction. Des relations générales, on peut revenir aux relations spéciales qui y sont contenues, c'est le syllogisme. Induction et syllogisme consistent à parcourir les mêmes chaînes de propositions, mais en sens inverse; si c'est le fait qui est donné ou bien la loi spéciale, on passe par induction à la loi générale; si c'est la loi, on passe par syllogisme au fait ou à la loi spéciale; comme l'induction, le syllogisme ne fait intervenir que des relations constantes, d'où la règle *de omni et de nullo*. Celle qu'exprime la conclusion n'a d'autre raison que celle qui est donnée dans la majeure. Tout repose, dans ces deux raisonnements, sur les rapports des genres et des espèces.

2° Il est un autre mode de raisonnement que j'appelle démonstration. Prenant pour point de départ des concepts, on aperçoit comment leurs propriétés sont nécessairement liées entre elles. Ces liaisons forment également des chaînes qu'on peut parcourir dans les deux sens. On peut partir de la propriété connue et découvrir ou démontrer des propriétés nouvelles, c'est la synthèse; on peut aussi partir de propriétés inconnues et découvrir ou démontrer qu'elles dépendent de propriétés connues, c'est l'analyse. Les relations entre ces propriétés sont plus que constantes, elles sont nécessaires; elles ne sont pas *contenues les unes dans les autres*, comme les espèces dans les genres. Elles sont *dépendantes les unes des autres.*

La démonstration doit être, au terme de leur développement, la méthode des sciences qui sont aujourd'hui expérimentales. Elles ne peuvent s'arrêter, tant qu'elles n'ont trouvé que des relations constantes, c'est-à-dire des lois dont les plus générales sont, en somme, empiriques. La physique doit arriver à une conception de la lumière telle qu'une ondulation ainsi définie doive prendre naissance dans tous les cas où il y a lumière, se réfléchir, se réfracter, interférer, être absorbée, polarisée dans des milieux donnés, comme le fait la lumière, produire tous les effets physiques et chimiques que produit la lumière, enfin agir sur un nerf optique et un cerveau pour y déterminer précisément les sensations que nous nommons lumineuses. A force de serrer de près la vérité, on doit arriver à découvrir et les définitions essentielles, et les concepts élémentaires qui servent à les former. Ces concepts élémentaires sont les *vrais commencements* de chaque science, les principes de son intelligibilité, les fondements de son unité spécifique. Après les habiles manœuvres et le patient labeur du siège expérimental et inductif, ce sont les brèches par où l'assaillant pénètre enfin dans la place.

Toutes les sciences forment donc une hiérarchie unique, dont les degrés sont marqués par des concepts généraux irréductibles successivement introduits. Ce sont des concepts que nous allons maintenant rechercher.

DEUXIÈME PARTIE

CHAPITRE PREMIER

ARITHMÉTIQUE ET ALGÈBRE

Au sommet de la hiérarchie des sciences se placent les sciences de la mesure, les mathématiques, qui ne dépendent d'aucune autre, et dont toutes les autres ont besoin, dès qu'elles saisissent entre les phénomènes des rapports mesurables. Et parmi les mathématiques, l'arithmétique et l'algèbre sont logiquement premières, car elles ont pour objet, non des choses mesurables, comme l'espace et le mouvement, mais la quantité pure, expression de la mesure en général, qui peut être étudiée indépendamment des choses mesurables.

1. — Les mathématiciens ont coutume d'appeler leurs calculs arithmétiques ou algébriques, selon que les formules en sont numériques ou littérales. Cependant, aucun d'eux ne tient aujourd'hui pour profonde l'ancienne division d'*algèbre nombreuse* et d'*algèbre spécieuse*. Le fait d'employer des chiffres ou des lettres ne caractérise pas deux espèces scientifiques ; la distinction entre deux sciences ne saurait être une simple question d'écriture ; elle est dans la nature des idées, non dans les conventions qui les expriment. De là une certaine hésitation, lorsqu'il s'agit de définir et de séparer l'une de l'autre l'arithmétique et l'algèbre.

A cet égard, l'embarras d'Auguste Comte est intéressant à remarquer. Il divise la *science du calcul* en *calcul des valeurs*, ou arithmétique, et *calcul des fonctions*, ou algèbre, et celle-ci est pour lui antérieure à celle-là.

« La solution complète de toute question de calcul, depuis la plus élémentaire jusqu'à la plus transcendante, se compose nécessairement de deux parties successives *dont la nature est essentiellement distincte.* Dans la première, on a pour objet de transformer les équations proposées, de façon à mettre en évidence le mode de formation des quantités inconnues par les quantités connues ; c'est ce qui constitue la question *algébrique.* Dans la seconde, on a en vue d'*évaluer les formules* ainsi obtenues, c'est-à-dire de déterminer immédiatement la valeur des nombres cherchés, représentés déjà par certaines fonctions explicites des nombres donnés ; telle est la question *arithmétique.* Supposons, par exemple, qu'une question fournisse entre une grandeur inconnue x et deux grandeurs connues a et b l'équation :

$$x^3 + 3\,ax = 2\,b.$$

comme il arriverait pour la trisection d'un angle. On voit tout de suite que la dépendance entre x d'une part et a, b de l'autre est complètement déterminée ; mais tant que l'équation conserve sa forme primitive, on n'aperçoit nullement de quelle manière l'inconnue dérive des données. C'est cependant ce qu'il faut découvrir avant de penser à l'évaluer. Tel est l'objet de la partie algébrique de la solution. Lorsque, par une suite de transformations qui ont successivement rendu cette dérivation de plus en plus sensible, on est arrivé à présenter l'équation proposée sous la forme

$$x = \sqrt[3]{b + \sqrt{b^2 + a^3}} + \sqrt[3]{b - \sqrt{b^2 + a^3}}$$

le rôle de l'algèbre est terminé ; et quand même on ne saurait point effectuer les opérations arithmétiques indiquées par cette formule, on n'en aurait pas moins obtenu une connaissance très réelle et souvent fort importante. Le rôle de l'arithmétique consistera maintenant, en partant de cette formule, à faire trouver le nombre x, quand les valeurs des nombres a et b auront été fixées.

« On voit que, dans toute solution vraiment rationnelle, la question arithmétique *suit nécessairement la question algébrique,* dont elle forme le complément indispensable, puisqu'il faut évidemment connaître la génération des nombres cherchés avant de déterminer leurs valeurs effectives pour chaque cas particulier. Ainsi, *le terme de la partie algébrique devient le point de départ de la partie arithmétique*[1]. »

(1) Quatrième leçon, t. I, p. 133.

Dans le système d'A. Comte, les sciences positives forment une hiérarchie qui va des plus générales aux plus spéciales. Il en résulte que l'arithmétique doit suivre l'algèbre, qui est plus générale. Aussi proteste-t-il contre la définition de Newton, qui a si bien nommé l'algèbre l'*arithmétique universelle*, et il réduit le rôle de la science des nombres à effectuer les opérations indiquées dans les solutions des équations. Comme si un problème ne pouvait être posé de prime abord sous la forme numérique!

Puis, sentant instinctivement ce que cette vue a d'artificiel, il poursuit, et s'efforce, avec plus de raison cette fois, d'absorber l'arithmétique dans l'algèbre. Les *évaluations* ne sont que des « *transformations* des fonctions à évaluer, transformations qui, malgré leur but spécial, n'en sont pas moins *essentiellement de la même nature* que toutes celles enseignées par l'analyse. On pourrait donc ne voir dans les différentes opérations de l'arithmétique que de simples cas particuliers de certaines transformations algébriques ». Ce qui le conduit, dans les lignes suivantes, à un véritable escamotage de l'arithmétique : « Il résulte clairement de ce qui précède que la mathématique abstraite se compose essentiellement du calcul des fonctions... Tel sera donc désormais le sujet *exclusif* de nos considérations analytiques [1]. »

C'est qu'A. Comte a mal démêlé, dans les mathématiques, deux points de vue qui y sont en effet constamment unis, le point de vue pratique et le point de vue théorique, l'art et la science, l'usage du calcul et les lois du calcul. Toutes les opérations qu'on peut faire sur les nombres et les quantités en général sont justifiées par des théorèmes établissant les propriétés de ces nombres et de ces quantités, et c'est cet enchaînement de théorèmes qui constitue la science théorique. Mais ces opérations ont une fin, qui est la mesure. Au moyen de quantités données, on peut déterminer d'autres quantités qu'on ne peut pas ou qu'on ne veut pas mesurer directement. Le but constant des mathématiques, comme l'a fait observer Laplace, est de connaître le plus grand nombre possible de relations de quantité, avec le plus petit nombre de mesures expérimentales. Sans doute, dans l'ordre pratique, l'évaluation est la dernière transformation, et le rôle de l'arithmétique commence quand celui de l'algèbre est fini ; mais c'est le con-

(1) Quatrième leçon, I, p. 139.

traire dans l'ordre théorique : l'arithmétique est le point de départ, la quantité numérique est un cas privilégié parmi les quantités en général, l'algèbre n'est que la suite, que le prolongement de l'arithmétique, et ne forme avec elle qu'une seule unité scientifique.

2. — Cette science, c'est la science de la QUANTITÉ considérée comme telle. La quantité en est la notion fondamentale spécifique. On la définit souvent : tout ce qui est susceptible d'augmentation ou de diminution. Il faut bien remarquer que ce n'est pas là une définition véritable, construisant une notion nouvelle avec des notions antérieures, capable de l'introduire dans un esprit qui ne l'aurait pas, car les idées d'augmentation et de diminution, ou mieux de *plus* ou de *moins* n'existeraient pas dans un esprit qui serait dépourvu de celle de quantité. Pourtant cette pseudo-définition n'est pas sans intérêt : elle met, dès le début, en évidence, deux notions essentielles immédiatement contenues dans celle de quantité. Il y faut en joindre une troisième, celle d'égalité. *Egal*, *plus grand*, *plus petit :* en ces trois notions se résout celle de quantité, en sorte que ni celle-ci ne se conçoit sans celles-là, ni les premières sans la seconde.

Y ajouterons-nous les idées d'*unité* et de *nombre ?* Pour quelques-uns, l'unité est une donnée immédiate de la conscience, en sorte que les mathématiques reposeraient en partie sur le sentiment intime de l'*unité du moi*. Mais l'unité mathématique n'a ni le sens psychologique, ni le sens métaphysique qu'on attache à ces mots. Soit une quantité quelconque ; supposons qu'elle s'accroisse d'une quantité égale à elle-même, puis encore d'une autre quantité égale, et ainsi de suite ; on aura par cette opération le *nombre;* la première quantité sera l'*unité*, et chacun des accroissements successifs sera pareillement *une unité*. L'unité mathématique n'est pas autre chose que le nombre *un ;* elle n'a de signification que relativement au nombre ; elle se construit, de même que le nombre, sans autre secours que les idées de quantité et d'augmentation.

Le concept premier de la science du calcul est donc la QUANTITÉ, concept auquel se joignent immédiatement ceux d'*égal*, *plus grand*, *plus petit*, c'est-à-dire les deux notions les plus fondamentales de la pensée, le *même* et l'*autre*, considérées sous le rapport de la quantité.

3. — L'étude de la quantité pure, depuis l'arithmétique élémentaire jusqu'à l'algèbre supérieure, forme une seule et unique science, qu'il n'est possible ni de démembrer, ni de confondre avec aucune autre.

On pourrait avoir la pensée d'y distinguer une partie théorique et une partie pratique. Il y a deux sortes d'égalités : Ou bien deux opérations conduisent au même résultat, quelles que soient les quantités sur lesquelles on opère ; ces égalités sont des théorèmes qu'il s'agit de démontrer. Ou bien certaines quantités étant données et les autres inconnues, l'égalité n'existe que pour une valeur ou un nombre fini de valeurs, ou des valeurs comprises entre certaines limites, de ces inconnues ; ces égalités sont des équations qu'il s'agit de résoudre. On a souvent essayé un rapprochement entre la Logique et l'Algèbre [1]. C'est que l'algèbre a le caractère d'une méthode ; c'est l'*art* de résoudre des problèmes. C'est en ce sens qu'elle a reçu historiquement et qu'elle mérite le nom d'*Analyse ;* car, chez les anciens, *Analysis* est synonyme de *Resolutio :* le mot latin est la traduction littérale du mot grec.

Avant de dédoubler ainsi l'étude de la quantité en une science et un art, il est bon de remarquer que tous les théorèmes relatifs au calcul arithmétique ou algébrique conduisent à des règles, que toutes les transformations d'équations sont justifiées par des théorèmes, en un mot, que la théorie et la pratique sont fondues ensemble et inséparables dans toute l'étendue de la science. Il est aisé d'en apercevoir la raison. Pour qu'une connaissance ait une utilité pratique, il faut qu'elle révèle la dépendance d'une certaine fin par rapport à une opération de l'homme. Le sulfate de quinine guérit la fièvre, or il est au pouvoir de l'homme d'administrer du sulfate de quinine. Toutes les connaissances humaines ne sont pas ainsi immédiatement utilisables. La comète d'Herschel reviendra en telle année ; ce retour n'est lié à aucune action humaine. Mais la science de la quantité a précisément pour objet des opérations de l'esprit ; toutes ses propositions consistent à établir que deux opérations plus au moins complexes conduisent au même résultat ; il est donc toujours possible de substituer l'une à l'autre, et c'est en cela que consistent les transformations algébriques. On conçoit que la pratique y soit partout

(1) Herbert Spencer met la logique formelle à côté de l'algèbre ; Boole et Whately ont essayé d'introduire en logique des notations analogues à celles des algébristes.

inséparable de la théorie, et que le calcul soit à la fois une science et un art.

Qu'est-ce, en effet, que l'analyse et la synthèse au sens ancien de ces mots ? Duhamel l'a exposé en des termes irréprochables. « Lorsqu'on aura à trouver la démonstration d'une proposition énoncée, on cherchera d'abord si elle peut se déduire comme conséquence nécessaire de propositions admises, auquel cas elle devra être admise elle-même, et sera par conséquent démontrée. Si l'on n'aperçoit pas de quelles propositions connues elle pourrait être déduite, on cherchera de quelle proposition non admise elle pourrait l'être, et alors la question sera ramenée à démontrer la vérité de cette dernière. Si celle-ci peut se déduire de propositions admises, elle sera reconnue vraie, et par suite la proposée : sinon, on cherchera de quelle proposition non encore admise elle pourrait être déduite, et la question sera ramenée à démontrer la vérité de cette dernière. On continuera ainsi jusqu'à ce que l'on parvienne à une proposition reconnue vraie, et alors la vérité de la proposée sera démontrée.

« On voit donc que cette méthode, que l'on appelle *Analyse*, consiste à établir une chaîne de propositions commençant à celle qu'on veut démontrer, finissant à une proposition connue, et telles qu'en partant de la première, chacune soit une conséquence nécessaire de celle qui la suit ; d'où il résulte que la première est une conséquence de la dernière, et par conséquent vraie comme elle.

« L'analyse n'est donc autre chose qu'une méthode de *réduction*[1]. »

S'il s'agit d'un problème à résoudre, on cherche de même à le réduire à un autre plus simple, celui-ci à un troisième, jusqu'à ce qu'enfin on arrive à un problème qu'on sache résoudre. « Comme dans le cas des théorèmes, l'analyse ramène la démonstration du proposé à une suite d'autres, jusqu'à ce que l'on parvienne à un théorème connu. Cette identité de marche pour les deux genres de questions constitue une seule méthode qui ne pouvait être désignée que par une seule dénomination[2]. »

« La synthèse ne diffère de l'analyse que par le renversement de l'ordre des théorèmes ou problèmes, terminés d'une part au

(1) Duhamel. *Des Méth. dans les sc. des rais.*, I, v, 25.

(2) *Ibid.*, I, v, 28.

proposé, et de l'autre à quelque chose de connu... Cette méthode consiste à partir de propositions reconnues vraies, à en déduire d'autres comme conséquences nécessaires, de celles-ci de nouvelles, et ainsi de suite jusqu'à ce que l'on parvienne à la proposée, qui se trouve alors reconnue elle-même pour vraie. Elle n'est donc autre chose qu'une méthode de *déduction*. D'où l'on voit que, si l'on connaissait la démonstration analytique d'un théorème, on en obtiendrait immédiatement la démonstration synthétique en renversant l'ordre des propositions[1]. »

Ainsi les vérités d'une science constituée forment une chaîne qu'on peut parcourir dans les deux sens. L'ordre analytique est le seul qui convienne à la recherche d'une démonstration ou d'une solution; mais dans l'exposition de la science, le savant a le choix entre l'ordre analytique et l'ordre synthétique. On peut partir des conditions du problème et arriver à la solution, ou partir de la solution et montrer qu'elle satisfait aux conditions du problème. On choisira, selon les cas, l'ordre le plus clair, le plus favorable au maniement des formules, ou simplement le plus attrayant. C'est ainsi que le calcul infinitésimal n'a pas toujours mérité le nom d'Analyse. C'est Lagrange qui a imaginé de commencer par démontrer la possibilité de développer toute fonction en série par la formule de Taylor, tandis que ce théorème formait auparavant, dans l'enseignement usuel, la conclusion générale du calcul différentiel. « C'est à lui (Lagrange) principalement qu'est due la substitution, dans l'enseignement, de la méthode analytique à la méthode synthétique. Avant lui, toute théorie s'établissait par la superposition de théorèmes, résultant chacun d'une combinaison d'autres théorèmes précédemment établis, dont l'ordre, savamment combiné par le maître, ne pouvait être justifié devant l'élève, puisqu'il aurait fallu, pour qu'il en comprît le motif, qu'il pût apprécier le but qu'il s'agissait d'atteindre. Lagrange, quelle que soit la théorie qu'il veuille exposer, prend toujours pour point de départ la relation la plus générale parmi toutes celles que cette théorie peut comprendre, et c'est de cette relation générale que découlent, par éliminations, par restrictions, par spécialisations, toutes les relations précises qui constituent les théorèmes proprement dits. Cette méthode a le double mérite d'épargner à l'élève les difficultés

(1) Duhamel, *Des méth. dans les sc. de rais.*, I, VI, 38, 39.

les plus rebutantes, et, en même temps, de respecter son indépendance. Elle exige, il est vrai, de la part du maître, plus de talent; mais le souvenir des démonstrations de Lagrange à l'Ecole normale et à l'Ecole polytechnique est resté dans la mémoire de tous et a obligé ses successeurs à renoncer aux formes commodes, mais barbares de l'enseignement magistral[1]. »

Ainsi un grand esprit peut imprimer la marque de son génie même aux plus impersonnelles de toutes les sciences, mais la liaison rationnelle des vérités est indépendante de lui, et son originalité se révèle seulement dans le sens qu'il a choisi pour en parcourir la chaîne.

Revenons à des exemples plus familiers. On peut indifféremment ou bien poser l'équation du second degré

$$ax^2 + bx + c = o$$

et, par les transformations que l'on sait, arriver à la solution; c'est la méthode analytique, et, ici, c'est le caractère pratique de la science qui ressortira le mieux, et l'algèbre semblera un art; ou bien démontrer ce théorème que la formule

$$x = \frac{-b + \sqrt{b^2 - 4ac}}{2a}$$

satisfait à l'équation; c'est la méthode synthétique, la plus propre à mettre en relief le caractère théorique de l'algèbre.

4. — La science de la Quantité étant le type le plus achevé d'une science parfaite, il convient d'en examiner attentivement la structure.

Elle débute par l'étude spéciale du *nombre*, qui est un cas privilégié entre toutes les espèces de quantités. Puis d'autres notions de plus en plus générales y sont successivement introduites, par des définitions qui se font toujours à l'aide des concepts élémentaires et indéfinissables de la quantité : égal, plus grand, plus petit.

Un même nombre peut être formé d'une infinité de manières. Ainsi 9 est égal à $8 + 1$ ou à $5 + 4$ ou à $6{,}3 + 2{,}7$ ou à $\frac{27}{3}$ ou à 3^2 ou à $\sqrt{81}$, ou à une infinité d'autres combinaisons. Un de ces modes de formation, le plus simple, a été choisi pour

(1) M. Marie. *Hist. des Math.*, t. IX, p. 155.

le définir. C'est, pour chaque nombre, l'opération, intelligible pour tous, qui consiste à ajouter l'unité au nombre précédent. Toutes les opérations ultérieures de l'arithmétique consistent à affirmer ou à nier l'*identité de nombres obtenus par des combinaisons différentes*. On définit d'abord ces combinaisons, ou *opérations*, puis on les ramène d'une manière plus ou moins indirecte à l'opération fondamentale qui a servi à définir les nombres. Enoncer ce théorème $2 + 3 = 5$, c'est dire que $2 + 3 = 4 + 1$, qui est la définition de 5. Dire que $4 \times 3 = 12$, c'est dire d'après la définition de la multiplication, que $4 \times 3 = 4 + 4 + 4$. Or $4 + 4 = 4 + 3 + 1 = 7 + 1 = 8$, et $8 + 4 = 8 + 3 + 1 = 11 + 1$, qui est la définition de 12. Toutes les opérations sont ainsi ramenées, en définitive, à l'opération première qui s'appelle *compter*.

Certaines opérations ne sont équivalentes que pour des nombres déterminés, et, pour cette raison, il est juste de les nommer arithmétiques. D'autres sont équivalentes, quels que soient les nombres sur lesquels on opère. Dès lors, il est avantageux de substituer aux nombres des symboles qui les représentent en général. Au lieu de dire : « Le carré de la somme de deux nombres est égal à la somme de leurs carrés plus leur double produit ; » on dira, avec la brièveté et la clarté de la notation algébrique

$$(a + b)^2 = a^2 + b^2 + 2\,ab$$

Est-ce à dire qu'on ait passé d'une science à une autre, quitté l'arithmétique pour entrer dans l'algèbre ? Ce dernier théorème n'est-il pas tout à fait de même nature que les précédents ? La notation littérale n'est qu'un langage approprié à la généralité des propositions ; elle s'introduit nécessairement, même dans l'arithmétique élémentaire, sans qu'on voie apparaître avec elle ni un concept nouveau ni une forme nouvelle de raisonnement.

5. — La notion de *fonction* marque une étape bien plus importante du progrès de la pensée. Jusque-là, on a considéré des quantités fixes, soit complètement déterminées, les nombres, soit quelconques. Chaque symbole peut recevoir une infinité de valeurs différentes, mais une seule valeur pour un seul problème concret. Si l'on vient à considérer que, quand la valeur d'un symbole varie, celle d'un autre symbole varie aussi et que l'équation représente précisément la loi de cette variation,

puisque, pour chaque valeur de la variable indépendante, elle permet de découvrir la valeur correspondante de l'autre variable, on dira que l'une est *fonction* de l'autre. L'algèbre devient ainsi un moyen de découvrir et de représenter, non seulement les relations des quantités, mais les relations de leurs variations.

Gardons-nous de penser qu'en élargissant ainsi son domaine, l'algèbre perde jamais son caractère distinctif et devienne autre chose que la science de la quantité pure. L'erreur n'est peut-être pas très rare, qui consiste à croire que l'algèbre peut avoir par elle-même une signification géométrique ou mécanique, que l'équation

$$x^2 + y^2 = r^2$$

par exemple, *représente* ou *signifie* un cercle. L'algèbre n'est pas une science occulte, ses formules n'ont point de vertus mystérieuses ; elles ne signifient que ce qu'elles expriment. L'équation citée définit les valeurs de y pour toutes les valeurs de la variable indépendante x. Si l'on a fait cette convention que x et y représentent des longueurs mesurées à partir d'un point origine sur des coordonnées rectangulaires, il est vrai que l'équation définit un cercle, mais elle aura une tout autre signification, si l'on convient, par exemple, que les variables et la constante représentent des poids, des vitesses, des quantités de chaleur, etc.

L'introduction en analytique des fonctions circulaires donne lieu à une remarque analogue. Dans l'état actuel de la science, nous pouvons concevoir de dix manières différentes la relation simple entre une variable indépendante x et une variable corrélative y :

$y = a + x$	somme.
$y = a - x$	différence.
$y = a\,x$	produit.
$y = \frac{a}{x}$	quotient.
$y = x^a$	puissance.
$y = \sqrt[a]{x}$	racine.
$y = a^x$	fonction exponentielle.
$y = l\,x$	fonction logarithmique.
$y = \sin x$	fonction circulaire directe.
$y = \operatorname{arc} \sin x$	fonction circulaire indirecte.

Ces dix espèces de fonctions forment cinq couples, tels que dans chacun d'eux on passe de la fonction directe à la fonction inverse et réciproquement par un simple changement de variable. Les combinaisons des dix fonctions simples peuvent donner lieu à une infinité de fonctions composées. Mais ces fonctions simples ne sont que relativement simples : la puissance se ramène au produit, le produit à la somme.

Les quatre premiers couples sont formés de notions purement quantitatives et se définissent par des opérations arithmétiques. Il n'en est pas de même des fonctions circulaires qui reposent sur des données géométriques. On pourrait croire que la ligne de démarcation entre l'algèbre et la géométrie est ici franchie, et que ces deux sciences, distinctes dans leurs éléments, se rejoignent et se fondent dans la suite de leur développement. Il n'en est rien.

La trigonométrie proprement dite est une partie de la géométrie : elle a pour objet principal la résolution des triangles, mais plus généralement, elle est l'art de mesurer des angles par rapport à des lignes et réciproquement. L'expression des lois géométriques ainsi découvertes a conduit à des notations concises qu'il est commode d'introduire dans les formules analytiques pour les abréger. Toutefois, il est à remarquer que ces notations *perdent par là même leur signification géométrique.* Si l'on fait cette convention que les fonctions circulaires représentent des relations entre des lignes trigométriques, les équations où elles entrent donneront des résolutions de triangles. Mais les lois du calcul sont indépendantes des objets concrets que l'on compte ou que l'on mesure, et les fonctions circulaires, introduites dans une équation pourront bien signifier autre chose que des rapports entre des lignes et des angles. Ainsi, $\sin x$, $\cos x$ ne sont rien de plus, en analyse, que des abréviations ; ce sont, par exemple, des expressions développables en série de la manière suivante :

$$\sin x = x - \frac{x^3}{1.2.3} + \frac{x^5}{1.2.3.4.5} - \ldots.$$

$$\cos x = 1 - \frac{x^2}{1.2} + \frac{x^4}{1.2.3.4} - \frac{x^6}{1.2.3.4.5.6} + \ldots..$$

ou des synonymes de formules complexes :

$$\sin x = \frac{e^{x\sqrt{-1}} - e^{-x\sqrt{-1}}}{2\sqrt{-1}}$$

$$\cos x = \frac{e^{x\sqrt{-1}} + e^{-x\sqrt{-1}}}{2}$$

et ce sont ces séries ou ces formules qui les définissent[1].

Leur histoire est très comparable à celle des fonctions *puissance* et *racine*, qui sont aussi d'origine géométrique. Les algébristes antérieurs à Descartes ne semblent pas s'être jamais complètement affranchis de l'idée que a^2 et a^3 représentent la surface d'un carré et le volume d'un cube ; ils avaient quelque répugnance à se servir des exposants supérieurs à 3, parce qu'ils ne les supposaient susceptibles d'aucune interprétation. Descartes a élargi le champ de l'algèbre en généralisant l'usage des exposants ; l'introduction des fonctions circulaires est une généralisation analogue ; comme les carrés et les cubes, elles deviennent des fonctions analytiques, à condition de pouvoir être interprétées sans le secours d'aucune intuition géométrique.

6. — Avec les notions d'infini et de limite, l'analyse mathématique prend encore un nouvel essor, et les développements du calcul infinitésimal sont si riches et si grandioses qu'on pourrait être tenté d'y voir une espèce scientifique nouvelle, d'autant que l'infini a été souvent considéré comme une des catégories de la pensée, au même titre que la quantité.

Mais l'infini des mathématiciens n'est pas une notion première : il se définit, c'est-à-dire qu'il se construit, par les notions élémentaires de la quantité. Il n'y a aucune notion mathématique qui ait moins le caractère d'une intuition.

D'ailleurs, le concept fondamental du calcul infinitésimal n'est pas précisément l'infini.

Le calcul des fonctions, tel qu'il se pratique avec les méthodes de l'algèbre élémentaire, exige une condition qui est rarement remplie, c'est l'existence d'un rapport commensurable entre les inconnues et les données. Or, en général, deux grandeurs définies ne sont pas commensurables ; il peut n'exister aucun nombre, ni entier, ni fractionnaire, qui soit à la fois sous-multiple de l'une et de l'autre ; la commune mesure est l'exception. L'algèbre élémentaire ne s'applique donc qu'à des quantités très spéciales ; le calcul infinitésimal en est la généralisation. Quand il est impossible de trouver directement les équations entre les grandeurs que l'on considère, parce qu'elles ne sont pas mesurables au moyen d'une même unité, on a recours à des quantités auxiliaires liées aux premières suivant une certaine loi déterminée, et de la relation desquelles on remonte ensuite

(1) Voy. Hermite. *Cours d'analyse de l'École Polytechnique*, p. 36.

à celle des grandeurs primitives. Ces quantités auxiliaires sont les « éléments infiniment petits, les différentielles de divers ordres, si on conçoit cette analyse à la manière de Leibniz ; ou les *fluxions*, les limites des rapports des accroissements simultanés des quantités primitives comparées les unes aux autres, ou plus brièvement les *premières* et *dernières* raisons de ces accroissements, en adoptant la conception de Newton ; ou bien enfin, les *dérivées* proprement dites de ces quantités, c'est-à-dire les coefficients des différents termes de leurs accroissements respectifs, d'après la conception de Lagrange[1]. » Dans tous les cas, la loi de la variation est exprimée par le rapport des accroissements infiniment petits de la variable et de la fonction. Ces accroissements infiniment petits permettent d'éluder la question de la commensurabilité.

Dans l'algèbre élémentaire, la nécessité d'une commune mesure ne permettait de saisir que d'intervalles en intervalles les valeurs corrélatives des variables. Le calcul infinitésimal seul peut saisir et exprimer la *continuité* des variations. Et comme toutes choses peuvent être considérées au point de vue de la quantité, comme, d'autre part, toutes les variations obéissent à des lois, la mathématique ainsi généralisée devient applicable à l'universalité des choses. En présence de ces merveilles, on comprend cette parole de Halley, au sujet de l'un des inventeurs du calcul infinitésimal, que « nul mortel ne s'est approché plus près de la divinité ».

7. — La science du calcul repose donc tout entière sur un seul concept fondamental, qui en est l'unique objet. Ce concept ne se définit pas. Tous les autres concepts successivement introduits par les définitions ne sont que les formes et relations de la quantité, en sorte que la science s'accroît indéfiniment sans franchir jamais les limites de son domaine. On commence par des notions très spéciales, le *nombre*, et parmi les nombres, le nombre entier ; puis on en introduit successivement de plus générales, chacune d'elles étant un *cas privilégié* à l'égard de celles qui suivent. C'est là ce que Descartes appelle *prendre l'escalier*, plutôt que de vouloir s'élancer d'un bond au faîte de l'édifice.

Ces notions successivement introduites ne sont pas toutes également fécondes. Quelques-unes font apparaître tout à coup

(1) A. Comte, I, p. 143.

des perspectives infinies. Tel un voyageur, à mesure qu'il avance, voit reculer peu à peu son horizon ; mais parfois, s'il a gravi quelque sommet ou doublé quelque promontoire, de vastes contrées se révèlent tout entières en un instant. Ces notions remarquables marquent les grandes divisions de la science. L'étude de la quantité présente ainsi trois grandes étapes principales, qui ne sont pas trop inexactement désignées par les noms usuels d'arithmétique, algèbre et analyse, pourvu qu'on en précise un peu la signification. Dans la première il s'agit de relations entre des quantités, numériques ou non, mais fixes ; la seconde, grâce à l'idée de *fonction*, exprime grossièrement, et d'une manière discontinue, les variations corrélatives des quantités ; avec l'analyse, la science est enfin adéquate à son objet, et par la notion de *différentielle*, devient capable de saisir la continuité de ces variations.

CHAPITRE II

GÉOMÉTRIE

1. — La géométrie a pour objet les *formes*, les *grandeurs*[1] et les *situations*. L'*Espace* est la possibilité indéfinie des formes, grandeurs et situations. Ceci n'est pas une définition, mais une pseudo-définition, analogue à celle de la Quantité, et présentant le même défaut et le même avantage[2].

La situation d'un point se détermine par rapport à d'autres points avec lesquels il fait une figure ; déterminer cette situation, c'est tracer ou se représenter cette figure, et ensuite la mesurer. Toutes les propositions concernant les situations se ramènent donc à des propositions concernant des formes et des grandeurs.

On peut considérer la grandeur indépendamment de la forme, mais alors elle n'a plus rien de géométrique. Une grandeur qui n'est pas en même temps une forme est une quantité pure, Ainsi, deux surfaces équivalentes sont deux surfaces qui ont même mesure, qui ne sont comparables qu'au point de vue de la quantité, de la mesure.

On peut considérer la forme indépendamment de la grandeur. Des figures *égales* ont même forme et même grandeur. Des figures *semblables* ont même forme, et si les grandeurs absolues de leurs éléments sont différentes, les grandeurs relatives sont les mêmes. Ces grandeurs relatives peuvent varier aussi, quelque chose cependant subsiste, qu'on peut définir, dont on peut démontrer diverses propriétés, c'est la forme. Deux formes

(1) Les mots *grandeur* et *quantité* s'emploient indistinctement. Je propose de conserver au mot quantité toute son extension, et de réserver celui de grandeur à la quantité spatiale. L'abondance des mots n'est une richesse que s'ils correspondent à des idées différentes. Les synonymies, surtout dans le langage scientifique, sont un encombrement.

(2) Voy. p. 74.

sont hétérogènes quand on ne peut passer de l'une à l'autre par une variation continue ; dans le cas contraire, elles sont des *déformations* les unes des autres. Deux triangles égaux ont même forme et mêmes grandeurs absolues; deux triangles semblables ont même forme et mêmes grandeurs relatives de leurs côtés; deux triangles quelconques sont des variétés d'une même forme. Toutes les sections coniques s'obtiennent par déformation de l'une d'entre elles.

L'*égalité* géométrique (c'est-à-dire l'identité), la *similitude*, les *déformations* sont les résultats de la comparaison des figures au point de vue de la forme. Il existe des modes de correspondance plus généraux encore, entre des figures hétérogènes, quand on peut passer des unes aux autres par un artifice quelconque. Par exemple, la géométrie de Monge démontre de nombreux théorèmes en passant d'une figure plane à une figure dans l'espace dont elle est une projection, puis de la figure dans l'espace, à une autre figure plane qui en est la projection sur un autre plan. La *dualité* et l'*homographie*, dans la géométrie de Chasles, sont aussi des méthodes de *transmutation* des figures.

La forme est donc l'objet propre de la géométrie; dans l'étude des grandeurs, on ne peut faire complètement abstraction de la forme sans sortir du domaine de la géométrie, tandis qu'on peut concevoir une forme en faisant abstraction tant des grandeurs absolues que des grandeurs relatives de ses éléments.

Les figures ont donc deux sortes de propriétés, suivant que l'on considère leurs relations *descriptives* ou leurs relations *métriques*. Deux tendances différentes se manifestent parmi les géomètres, les uns s'attachant de préférence à la considération des formes, les autres à celle des grandeurs. Il y a deux sortes de problèmes : des problèmes de *construction* et des problèmes de *mesure ;* il y a une géométrie de la règle et du compas, conduisant à des solutions graphiques, et une géométrie des rectifications, quadratures et cubatures, dont la fin est de ramener toutes les évaluations géométriqnes à la mesure de la ligne droite.

Pourtant, il n'y a qu'une seule géométrie, car les deux points de vue sont le plus souvent étroitement unis. Les formes se déterminent ordinairement par des relations métriques de leurs éléments. Ces relations ne s'introduisent pas d'ailleurs toutes à la fois, mais une à une, et la connaissance d'une figure reste inachevée tant qu'on n'a pas épuisé toutes ses propriétés tant métriques que descriptives. La grande invention de Descartes, qui a si fort accru la puissance de la géométrie, est une manière plus méthodique et plus uniforme de saisir les rapports entre les formes et les grandeurs. Il détermine la position des points, — et par suite toutes les figures, — par leurs distances à de certaines lignes; la mesure devient ainsi un procédé de construction, d'un usage beaucoup plus général que les procédés purement graphiques, surtout grâce à la fécondité des méthodes analytiques inventées depuis Descartes. C'est du moins l'un des mérites de la doctrine des coordonnées; nous verrons plus loin qu'elle a une bien autre portée.

La distinction des propriétés descriptives et des propriétés métriques se trouve déjà dans la plus élémentaire des notions géométriques. La ligne droite a joui longtemps du privilège regrettable d'avoir deux définitions. Pour les modernes, qui ont surtout en vue la mesure et la construction par la mesure, c'est le *plus court chemin*, la *plus courte distance*, ou simplement la *distance* entre deux points, c'est-à-dire une *grandeur*. Pour les anciens, qui songeaient peut-être davantage aux problèmes de la règle et du compas, la ligne droite était une certaine *forme*. La notion de quantité n'intervient pas dans la définition d'Euclide. La ligne droite est « celle qui est identiquement placée par rapport à ses points, ἥτις ἐξ ἴσου τοῖς ἐφ' ἑαυτῆς σημείοις κεῖται ». « Cette définition, dit M. Renouvier, à qui j'en emprunte la traduction, semble obscure parce qu'elle est concise; mais comment exprimer plus exactement la forme d'une direction pure dans l'espace? On ne pourrait en développer l'idée que par des tautologies comme celle-ci : une longueur pure, étendue en une seule dimension sans dévier, ou qui ne se déplace jamais en son cours de façon à s'étendre en une direction nouvelle par rapport à ses propres points déjà déterminés de position[1]. » On peut encore concevoir la ligne droite d'après un axe de révolution : c'est la ligne qui, dans une figure tournant autour de deux de ses points, conserve dans l'espace une position invariable. Pour Platon, c'est la ligne dont tous les points sont couverts ou ombragés les uns par les autres. Toutes ces définitions, dont la rédaction est plus ou moins heureuse, sont au fond équivalentes : elles expriment l'idée de *direction*. Elles sont, il est vrai, tautolo-

(1) *Philos. de la règle et du compas*, l'Année philos., 1891, p. 8.

giques. La ligne droite, c'est la ligne qui ne dévie pas, qui est tout entière contenue dans une seule dimension de l'étendue, qui ne s'infléchit pas vers une autre dimension ; mais comment aurait-on l'idée de ce qui *s'infléchit* ou *dévie*, si l'on n'avait pas l'idée de la direction? Et qu'est-ce qu'une dimension, sinon la direction suivant laquelle une distance peut être comptée?

Quoi qu'il en soit, on a longtemps considéré dans la ligne droite deux propriétés comme également fondamentales : l'une qualitative, la *direction*; l'autre quantitative, la *distance*. La recherche de la définition essentielle dont toutes les autres se déduisent avait échoué, puisqu'on arrivait à deux propriétés essentielles, selon qu'on avait en vue des problèmes de construction ou des problèmes de mesure, des théorèmes relatifs aux relations de position, ou des théorèmes relatifs aux relations de grandeur. Comment sait-on que ces deux propriétés sont inséparables, et caractérisent une seule et même chose, que la ligne qui ne s'infléchit pas est en même temps la plus courte possible? C'est pour M. Renouvier un *postulat, le postulat de la droite comme distance*, analogue à celui des parallèles[1], une proposition indéniable, et pourtant indémontrable, en somme une imperfection de la science, car l'esprit humain se voit impuissant à achever ici son œuvre de réduction. Aujourd'hui, cette proposition est considérée comme démontrable[2]; elle résulte d'une chaîne assez longue de théorèmes, par laquelle, sans faire usage d'aucune propriété métrique des lignes, on démontre que la droite est la plus courte de toutes les lignes qui ont les mêmes extrémités. Mais alors, elle n'a plus de définition du tout, car les géomètres semblent avoir renoncé à définir la direction.

2. — Quelle que soit, en géométrie, l'importance de la notion de quantité, avec l'idée d'Espace, nous entrons dans une science nouvelle, irréductible à la précédente ; pour la seconde fois, nous rencontrons un premier commencement. « Les éléments des mathématiques présentent, dit M. Hermite, deux divisions bien tranchées : d'une part l'arithmétique et l'algèbre, de

(1) Voy. notamment, *l. c.*, p. 11.

(2) Cette proposition est en fait au nombre de celles pour lesquelles Descartes dit que « l'induction doit suffire », car il semble avoir en vue, dans ce passage, des questions de maxima et de minima (*Regulæ*. Voir plus haut, p. 32).

l'autre la géométrie. Rien de plus différent à leur début que les considérations et les méthodes propres à ces deux parties d'une même science, et bien qu'associées dans la géométrie analytique, elles restent essentiellement distinctes, si loin qu'on les poursuive, et paraissent se rapporter à des habitudes et à des tendances intellectuelles spéciales [1]. » L'algèbre et la géométrie seraient ainsi les deux branches principales d'une science unique, les mathématiques ; parfois même on a voulu que l'objet de la géométrie fût encore la quantité, mais la quantité *continue* ou espace, par opposition à la quantité *discrète* ou nombre. Mais nous avons vu que la quantité en général n'est pas nécessairement discontinue, et que le nombre n'en est qu'une espèce ; en outre la continuité n'est pas un caractère propre de l'étendue, et l'étendue n'est pas par elle-même une quantité ; l'espace, comme d'ailleurs le temps, le mouvement, l'énergie, etc., n'est une quantité que quand il est mesuré.

Même dans la géométrie analytique, l'algèbre et la géométrie restent distinctes. Déterminer une figure, c'est en déterminer tous les points ; or la situation d'un point peut être définie par un système de quantités, et si la figure est un lieu géométrique, la propriété commune à tous ses points s'exprimera par une équation. Mais les quantités qui composent ce système ou cette équation sont des *longueurs*, ou des *distances*, qui doivent être comptées selon certaines directions, à partir d'une certaine origine. Une construction géométrique, par exemple le tracé de coordonnées rectangulaires, est nécessaire pour mettre le problème en équation ; l'équation résolue, une nouvelle construction est nécessaire pour interpréter la solution, la traduire en langage géométrique. Puisque les opérations sur les nombres et les transformations des formules sont légitimes quelle que soit la nature concrète des quantités considérées, — sans quoi la science du calcul serait impossible ; — dès qu'une équation admet une interprétation géométrique, toutes ses transformations pourront être interprétées de la même manière. L'esprit se débarrasse ainsi momentanément de la considération des figures « qui ne peut, dit Descartes [2], exercer l'entendement sans fatiguer beaucoup l'imagination ». Le géomètre abandonnera donc légitimement la géométrie pour l'algèbre, sûr qu'il a le droit de revenir ensuite à la géométrie ; mais

(1) *Cours d'analyse de l'Ecole Polyt.* Introd.

(2) *Méth.* III.

jamais le point de vue algébrique et le point de vue géométrique ne se trouvent confondus.

3. — La géométrie ne peut être, dans l'ordre rationnel des sciences, antérieure à la science de la quantité, mais elle doit venir immédiatement après. Parmi tous les objets de la pensée humaine, l'espace est précisément celui qu'on doit considérer le second ; aucun autre ne peut être connu, sinon par des voies empiriques ou expérimentales, antérieurement à celui-là. Pourquoi ? Je n'y vois pas d'autre raison que celle-ci : l'espace est la seule chose directement mesurable.

La mesure d'une grandeur concrète se compose de deux opérations. La première est le choix d'une unité. Là où il n'existe pas d'unités discrètes, comme les grains d'un tas de blé, les soldats d'un régiment, il faut en établir d'artificielles, comme les kilomètres d'une route, les heures d'une révolution sidérale, les volts d'un courant électrique. Pour cela, il faut que la chose à mesurer soit homogène. L'espace remplit évidemment cette condition ; mais beaucoup d'autres choses la remplissent également, ou peuvent la remplir. Le temps est aussi homogène que l'espace, pourtant il n'est pas directement mesurable.

La seconde opération, la comparaison de la grandeur à mesurer avec l'unité choisie, ne peut être effectuée directement que pour les grandeurs étendues, et, parmi celles-ci, que pour les longueurs. On ne peut pas porter une heure successivement sur les diverses parties de la journée pour savoir combien de fois elle y est contenue, auner une durée comme une pièce de drap. Une horloge est nécessaire, c'est-à-dire un instrument qui substitue la mesure de l'espace à la mesure du temps. En dehors de ce qui est nombrable, tout ce qui est mesurable se mesure au moyen de l'espace. Tous les instruments de mesure consistent à substituer aux grandeurs à mesurer des grandeurs étendues dont les rapports sont les mêmes, de sorte que l'opération se ramène à la lecture d'une règle graduée ou d'un cadran divisé.

La possibilité matérielle d'appliquer une longueur sur une autre longueur, une surface sur une autre surface pour les comparer, est le fait fondamental auquel la géométrie doit son rang parmi les sciences. Néanmoins la géométrie est la science de l'*étendue* et non pas, comme on l'a dit, de la *mesure* de l'étendue. Elle a pour objet les propriétés des figures ; ces propriétés ne sont pas seulement des propriétés métriques ; celles-ci ne peuvent même avoir de signification que si des propriétés descriptives sont déjà données. Avant de définir la perpendiculaire par l'*égalité* des deux angles adjacents, le cercle par l'*égalité* des rayons, etc., il faut avoir idée de lignes droites ou courbes, d'angles, etc. Une notion quantitative intervient déjà dans presque toutes les définitions, mais quelques-unes en sont exemptes, celles de l'angle, des parallèles, etc.

4. — Si nous considérons maintenant la structure intérieure de la science géométrique, nous verrons que le point de vue pratique n'y est plus aussi intimement uni au point de vue théorique que dans la science de la quantité. C'est que les figures ne sont pas des opérations humaines comme l'addition et la soustraction. Toutes les propositions de la géométrie consistent à affirmer que *d'une certaine relation de position ou de grandeur résulte une certaine autre relation de position ou de grandeur*. Pour arriver à des conséquences pratiques, il faut montrer que le tracé et la mesure de certaines figures se ramènent à des tracés et à des mesures exécutables par des moyens connus. Nous savons décrire une ligne droite à l'aide d'une règle, une circonférence au moyen d'un compas, mesurer une distance ou un angle en y appliquant une règle ou un cercle divisés. Il résulte souvent des démonstrations que des opérations plus complexes se ramènent à ces opérations faciles ; mais tel n'est pas le but unique de la théorie, et même quand des chaînes de théorèmes sont dirigées vers quelque conséquence pratique, la plupart des propositions intermédiaires n'ont d'utilité qu'en vue des démonstrations ultérieures. — Au contraire, dans la science de la quantité toutes les propositions expriment immédiatement la possibilité d'exécuter un calcul.

Cependant, le souci des applications a beaucoup contribué à donner à la géométrie sa physionomie. Les chercheurs qui ont procédé par analyse sont généralement partis d'un problème pratique. Par synthèse, on peut de propositions admises déduire une infinité de conséquences, mais on ne mentionne et on ne conserve que celles qui ont quelque importance ; or cette importance consiste en ce qu'elles conduisent, soit directement, soit par l'intermédiaire d'autres conséquences, à des résultats pratiques. Le but immédiat de la démonstration, c'est l'intelligibilité, mais l'application en est presque toujours le but plus ou moins éloigné.

En dirigeant ainsi leurs recherches vers quelque connaissance utilisable, les savants ont constitué, au sein de la géométrie, des systèmes partiels assez bien délimités, qu'on expose dans des traités distincts, qu'on serait tenté de considérer comme des sciences indépendantes, et qui doivent leur unité à la fin commune vers laquelle s'acheminent toutes leurs déductions. Telles sont la trigonométrie, la géométrie descriptive, sans parler de sciences dont le caractère pratique est plus manifeste encore, la perspective, la stéréotomie, la géodésie, l'arpentage.

5. — On ne retrouve plus, dans la géométrie, la chaine simple et presque unilinéaire, de propositions que nous avons remarquée dans la science de la quantité. Tout le calcul des quantités fixes semble conduire au calcul des fonctions; tout le calcul des fonctions semble conduire au calcul infinitésimal. On dirait qu'on est emporté par le courant des déductions dans une direction bien déterminée et toujours la même. En géométrie les séries déductives se bifurquent et se ramifient en mille manières. Il est toujours possible, par des combinaisons nouvelles, de faire naître de nouveaux problèmes; il suffit d'une hypothèse comme la section d'un cône par un plan, la rencontre d'une figure quelconque par une transversale, ou sa projection sur un plan donné, pour orienter les recherches dans une voie nouvelle et illimitée. L'algèbre est une grande route où chacun s'efforce d'aller le plus loin possible, sans pouvoir s'écarter beaucoup ni à droite ni à gauche; la géométrie est un domaine où chacun choisit et trace lui-même sa voie. Aussi laisse-t-elle une plus grande place à l'initiative, et partant à l'originalité; l'inspiration y a plus de part; la marche de l'algébriste est plus sûre, le géomètre est plus artiste.

Nous allons pourtant retrouver, dans l'enchainement des démonstrations géométriques, une gradation analogue à celle que nous avons observée dans la science de la quantité.

La démonstration des propriétés les plus générales repose sur des propriétés plus spéciales qui en sont des cas priviligiés. Les propositions fondamentales de la géométrie plane sont nécessaires pour démontrer toutes celles de la géométrie dans l'espace, qui sont plus générales, car les premières y sont contenues : un cercle est un cylindre ou un cône dont la hauteur est nulle; et, en général, une figure plane est une figure dont la troisième dimension est nulle. Dans la géométrie à deux dimensions, le cercle est un cas privilégié entre toutes les courbes, le triangle entre toutes les figures rectilignes, et même entre toutes les figures, puisque les propriétés des courbes se tirent de celles des lignes polygonales. Il n'est d'ailleurs ni nécessaire, ni possible d'épuiser les propriétés du triangle, du cercle, des figures planes, avant de passer à celle des autres figures à deux ou à trois dimensions.

Les géométries supérieures inventées par les modernes, supposent toutes les géométries élémentaires, qu'elles étendent et généralisent. Souvent ces méthodes nouvelles permettent d'effacer de la géométrie élémentaire des propositions dont elles fournissent des démonstrations plus rapides, moins artificieuses [1], et surtout plus générales. On les conserve, dans les livres d'étude, à titre d'exercices, ou pour les élèves qui n'étudieront jamais les hautes mathématiques, mais elles ne sont plus nécessaires à l'enchaînement des déductions, puisque, sans leur secours, on s'élève à des propositions qui les contiennent. Il y aura pourtant toujours une géométrie élémentaire, indispensable pour fournir les principes des géométries supérieures.

La géométrie élémentaire est l'étude de figures fixes comme l'arithmétique et l'algèbre élémentaires sont l'étude de quantités fixes. « La figure est décrite, jamais on ne la perd de vue; toujours on raisonne sur des grandeurs, des formes réelles et existantes, et jamais on ne tire de conséquences qui ne puissent se peindre à l'imagination ou à la vue par des objets sensibles ; on s'arrête dès que ces objets cessent d'avoir une existence positive et absolue, une existence physique. La rigueur est même poussée jusqu'au point de ne pas admettre les conséquences d'un raisonnement établi dans une certaine disposition générale des objets d'une figure pour une autre disposition également générale de ces objets, et qui aurait toute l'analogie possible avec la première ; en un mot, dans cette géométrie restreinte, on est forcé de reprendre toute la série des raisonnements primitifs dès l'instant où une ligne, un point ont passé de la droite à la gauche d'un autre [2]. » Or il est possible de dégager la géométrie de la considération

(1) « On a vraiment lieu de s'étonner que, dans les éléments, on fasse si peu usage de la considération des projections pour simplifier à la fois les énoncés et les démonstrations de certains théorèmes ». (Poncelet. *Propr. projectives*, Introd.)

(2) Poncelet. *Propriétés projectives*, Intr.

des figures définies, comme la science du calcul peut s'affranchir de la considération des nombres. On peut « faire abstraction de la figure et se dispenser de la décrire. » « Considérons une figure quelconque, dans une position générale, et en quelque sorte indéterminée, parmi toutes celles qu'elle peut prendre sans violer les lois, les conditions, la liaison qui subsistent entre les diverses parties du système ; supposons que, d'après ces données, on ait trouvé une ou plusieurs relations ou propriétés, soit *métriques*, soit *descriptives*, appartenant à la figure, en s'appuyant sur le raisonnement explicite ordinaire, c'est-à-dire par cette marche que, dans certains cas, on regarde comme seule rigoureuse. N'est-il pas évident que si, en conservant ces mêmes données, on vient à faire varier la figure primitive par degrés insensibles, ou qu'on imprime à certaines parties de cette figure un mouvement continu d'ailleurs quelconque, n'est-il pas évident que les propriétés et relations trouvées pour le premier système, demeureront applicables aux états successifs de ce système, pourvu toutefois qu'on ait égard aux modifications particulières qui auront pu y survenir, comme lorsque certaines grandeurs se seront évanouies, auront changé de sens ou de signe, etc., modifications qu'il sera toujours aisé de reconnaître *a priori*, et par des règles sûres?... Or ce principe est ce qu'on peut nommer le *principe* ou la *loi de continuité* des relations mathématiques de la grandeur abstraite et figurée. »

Cauchy, dans son rapport sur le *Traité* de Poncelet, dit que le principe de continuité n'est qu'une « *forte induction*, à l'aide de laquelle on étend des théorèmes établis à la faveur de certaines restrictions, aux cas où ces mêmes restrictions n'existent plus ». Mais Poncelet a soigneusement distingué le principe de continuité de l'*analogie* et de l'*induction*. « En effet, l'analogie et l'induction concluent du particulier au général, d'une série de faits isolés, sans liaison nécessaire, en un mot discontinus, à un fait général et constant : la loi de continuité veut, au contraire, que l'on parte d'un état général et en quelque sorte indéterminé du système, c'est-à-dire tel que les conditions qui le régissent ne soient jamais remplacées par des conditions plus générales encore. »

Grâce à la loi de continuité, il est possible de traiter *en général* de propriétés communes à des figures très diverses, qui peuvent être envisagées comme des transformations les unes des autres ; on démontrera alors des théorèmes qui seront les lois de ces transformations. Cette extension du domaine de la géométrie, ce coup d'aile par lequel elle s'élève tout à coup dans des régions supérieures, est tout à fait comparable à celui par lequel l'algèbre passe de l'étude des relations entre quantités fixes à celle des fonctions de variables.

En algèbre, pour faire abstraction des valeurs numériques, on représente les quantités par des lettres; de même pour « faire abstraction de la figure et se dispenser de la décrire », il faut considérer sa relation avec *une autre figure*, qu'on prendra très simple et toujours la même. Au lieu d'examiner ses relations intrinsèques, ce qui oblige à la déterminer, on examinera la relation de ses éléments avec des éléments *extrinsèques*, arbitrairement définis. La diversité des méthodes commence avec le choix de ces éléments.

La première en date et la plus admirable de ces méthodes est celle de Descartes. C'est par leurs distances à des axes rectangulaires qu'il détermine la position de tous les points d'une figure. Les variables x, y, z sont déterminées en direction, car elles doivent se compter sur des axes de coordonnées ou sur des parallèles à ces axes, mais leurs longueurs et leurs sens dépendent des valeurs et des signes qu'on leur attribuera. Leurs variations de longueur et de sens sont liées par une certaine loi; il était naturel d'exprimer cette loi par une équation, puisque tel est précisément le rôle des équations entre des variables. Dans la géométrie cartésienne, c'est à l'algèbre qu'on demande le procédé de généralisation qui n'existe pas encore dans la géométrie pure. Descartes « emprunte tout le meilleur de l'analyse géométrique et de l'algèbre, et corrige tous les défauts de l'une par l'autre[1]. » L'algèbre vient au secours de la géométrie et supplée à son insuffisance.

Les géomètres modernes se sont demandés s'il n'était pa possible d'arriver au même résultat par les seules ressources de la géométrie pure. Déjà Desargues, contemporain et ami de Descartes, avait tenté de considérer diverses figures comme des transformations les unes des autres, sans s'astreindre à les considérer une à une. Il ne semble y avoir réussi, — nous en verrons bientôt la raison, — que pour des questions de transversales, de perspective et de sections coniques.

Le premier, il considéra les parallèles comme des droites con-

(1) Méth. II.

courantes à l'infini[1], et eut l'idée d'appliquer aux lignes droites les propriétés des lignes courbes[2]; Pascal, qui le tenait en haute estime,[3] et le loue[4] d'avoir traité des sections coniques en prenant arbitrairement les plans sécants, « sans se servir du triangle par l'axe[5] ». Le même esprit se retrouve dans son traité de perspective[6] que nous connaissons par Bosse[7]. Il est l'inventeur de beaux théorèmes, qui lui permettaient d'établir rapidement des propositions très générales, dont les cas spéciaux ou particuliers se déduisaient sans peine. Il faut citer surtout celui de l'*Involution de six points*, sur lequel repose toute sa théorie des coniques, et qui a été utilisé par tous ceux qui se sont occupés des transversales, — et ce théorème : Si deux triangles ont leurs sommets placés deux à deux sur trois droites concourantes, leurs côtés se rencontrent deux à deux en trois points situés en ligne droite, et réciproquement, théorème qui est le fondement de sa perspective. Poncelet a appelé ces deux triangles *homologiques*, et la droite déterminée par les

(1) « Pour votre façon de considérer les lignes parallèles comme si elles s'assemblaient à un but à distance infinie, afin de les comprendre sous le même genre que celles qui tendent à un point, elle est fort bonne. » (Descartes. Lettres, 1639, t. VIII, p. 69 [Cousin]).

(2) « La façon dont il commence son raisonnement, en l'appliquant ensemble aux lignes droites et aux courbes, est d'autant plus belle qu'elle est plus générale, et semble être prise de ce que j'ai coutume de nommer la métaphysique de la géométrie, qui est une science dont je n'ai point remarqué qu'aucun autre se soit jamais servi, sinon Archimède. » (Lettre au P. Mersenne, 1639, t. VIII, p. 81 [C.]).

(3) « Entre autres ce qu'il a fait imprimer des sections coniques, dont une des propositions en comprend bien, comme cas, soixante de celles des quatre premiers livres des coniques d'Apollonius, lui a acquis l'estime des savants, qui le tiennent pour avoir été l'un des plus naturels géomètres de notre temps, entre autres la merveille de notre siècle, feu M. Pascal. » A. Bosse, graveur, disciple de Desargues. *Pratiques géométrales et perspectives.*

(4) « Je veux bien avouer que je dois le peu que j'ai trouvé sur cette matière en ses écrits, et que j'ai tâché d'imiter, autant qu'il m'a été possible, sa méthode sur ce sujet, qu'il a traité sans se servir du triangle par l'axe, en traitant généralement de toutes les sections du cône. » Pascal, *Essai pour les coniques*, 1640.

(5) « Desarguesius primus sectiones conicas universali quadam ratione tractare, propositiones multas sic enuntiare cœpit, ut quæcumque sectio subintelligi posset ». (*Acta erud.*, anno 1685, p. 400.)

(6) *Manière universelle de M. Desargues pour pratiquer la perspective par petit-pied, comme le géométral*, par A. Bosse, 1648.

(7) *Méthode universelle de mettre en perspective les objets donnés réellement, ou en devis, avec leurs proportions, mesures, éloignements, sans employer aucun point qui soit hors du champ de l'ouvrage*, par G. D. L. (Gérard Desargues, Lyonnais), Paris, 1636.

intersections de leurs côtés *axe d'homologie* et en a fait le point de départ d'une des plus belles théories de la géométrie moderne[1].

A partir du XVIIe siècle, beaucoup de géomètres ont cherché à comprendre un grand nombre de propriétés spéciales dans des propriétés plus générales ; c'est là l'esprit de la géométrie moderne. Newton, dans son *Enumeratio linearum tertii ordinis*, met en évidence une relation curieuse. On savait que toutes les courbes de second ordre sont des projections de l'une d'entre elles. Ainsi l'ellipse, l'hyperbole et la parabole peuvent être obtenues par l'ombre d'un cercle présenté à un point lumineux, c'est-à-dire par la perspective, ou la projection, de ce cercle, ce qui est évident, puisque ces courbes sont des sections coniques. Newton montra que les courbes du 3e ordre peuvent de même être obtenues par les ombres ou projections des cinq paraboles divergentes. Tous les travaux faits sur la théorie des *points de concours* et sur celle des *transversales*, notamment ceux de Lazare Carnot, ont contribué à donner à la science de l'étendue cette haute généralité qui en augmente la puissance et en multiplie les applications. Mais le génie de Monge lui a fait accomplir le pas le plus considérable.

D'abord destinée à faciliter les arts, la géométrie descriptive a pour objet de représenter sur une aire plane toutes les figures dans l'espace, au moyen de deux plans rectangulaires dont l'un est rabattu sur l'autre; les opérations graphiques qu'il est impossible d'exécuter dans l'espace sont ainsi ramenées à des constructions planes. Ainsi entendue, la géométrie descriptive est une science pratique, un art.

Mais en même temps cette corrélation constante entre les figures à trois dimensions et les figures planes est un moyen de recherche et de démonstration en géométrie rationnelle, « et, par ses procédés, qui sont en géométrie pratique ce que les quatre règles de l'arithmétique sont dans la science du calcul, elle fournit un moyen de solution *a priori* dans des

(1) Les ouvrages de Desargues sont perdus, sauf une mauvaise rédaction de ses sections coniques, le *Brouillon projet d'une atteinte aux événements des rencontres du cône avec un plan*. Nous connaissons ses idées par des lettres de Descartes, par l'*Essai pour les coniques* de Pascal, par une lettre critique assez malveillante de Beaugrand, par des ouvrages de perspectives des graveurs Bosse, Grégoire Huret, etc.

C'est Poncelet qui a remis ce géomètre longtemps oublié à sa véritable place (Introd. du *Traité des propriétés projectives*) ; d'autres lui ont rendu depuis le plus éclatant hommage, surtout Chasles (*Aperçu historique sur les méthodes en Géométrie*).

questions où la géométrie de Descartes, toute-puissante en tant d'autres circonstances, se trouvait arrêtée par les bornes que rencontrait l'algèbre elle-même. Monge nous donna, dans son *Traité de géométrie descriptive*, les premiers exemples de l'utilité de l'alliance intime et systématique entre les figures à trois dimensions et les figures planes. C'est par de telles considérations qu'il démontra, avec une élégance rare et une évidence parfaite, les beaux théorèmes qui constituent la théorie des pôles dans les courbes du second degré ; la propriété des centres de similitude de trois cercles pris deux à deux lesquels centres sont trois à trois en ligne droite ; et diverses propositions de géométrie plane [1] ».

Les élèves de Monge ont découvert un grand nombre de démonstrations analogues, si bien « qu'il n'est presque point d'épure de géométrie descriptive qui n'exprime un théorème de géométrie plane ». De là une nouvelle méthode de géométrie rationnelle, qui consiste à introduire dans la géométrie plane des considérations de géométrie à trois dimensions. Chasles lui a donné le nom de méthode de « *Transmutation des figures* ».

Monge a aussi introduit dans la géométrie une autre méthode de démonstration qu'on a appelée depuis principe des *relations contingentes*. « Une figure peut présenter dans sa construction la plus générale deux cas différents : dans le premier, certaines parties (points, plans, lignes ou surfaces), dont ne dépend pas nécessairement la constrution générale de la figure, mais qui en sont des circonstances *contingentes* ou accidentelles, sont réelles et palpables ; dans le second cas, ces mêmes parties n'apparaissent plus, elles sont devenues imaginaires ; et cependant les conditions générales de la construction de la figure sont restées les mêmes. Par exemple, si l'on dit de tracer dans l'espace une surface du second degré et une ligne droite, qui aient entre elles toute la généralité possible de position, cette question comportera deux cas : celui où la ligne droite rencontre la surface, et celui où elle ne la rencontre pas ; et ces deux cas offriront la même généralité parce que dans chacun d'eux la ligne droite sera tirée arbitrairement sans que l'on ait égard à la position déjà donnée de la surface du second degré ; ils différeront en ce que les deux points d'intersection de la ligne droite et de la surface sont réels dans le premier

(1) Chasles. *Aperçu historique*, p. 191.

cas et imaginaires dans le second. Nous dirons que ces deux points sont une des relations *contingentes* ou accidentelles de la surface et de la droite [1]. »

Ces relations contingentes peuvent parfois être utilisées pour démontrer diverses propriétés, et ces propriétés sont vraies même pour les cas où les relations contingentes ne se rencontrent plus. C'est qu'il faut distinguer les relations contingentes des *cas particuliers* [2], comme ceux ou plusieurs points, lignes, surfaces viennent à se confondre, ou à s'évanouir, parce que certaines valeurs deviennent égales, nulles ou infinies. Il est évident qu'alors une démonstration est nécessaire pour passer du cas particulier au cas général. Mais quand, au moyen des relations *contingentes* on arrive à des théorèmes concernant les parties *intégrantes et permanentes* de la figure, celles qui appartiennent à sa construction générale et qui sont toujours réelles, ces théorèmes sont indépendants des parties *secondaires* ou *contingentes* et *accidentelles* de la figure, qui peuvent être indifféremment réelles et imaginaires sans en changer les conditions générales de construction [3].

6. — De Descartes à Monge, la géométrie a étendu considérablement son domaine, mais c'est toujours à l'analyse algébrique qu'on a eu recours pour exprimer les variations corrélatives des éléments des figures, grâce au pouvoir qu'ont les équations d'exprimer les lois des variations quantitatives. Après Monge, la géométrie est mûre par un nouveau progrès, et c'est surtout dans le *Traité des propriétés projectives des figures* de Poncelet qu'il semble s'accomplir. C'est là que la géométrie pure trouve en elle-même, et sans emprunter le secours du calcul, les ressources nécessaires pour exprimer non seulement des relations aussi générales qu'on voudra, entre des figures fixes, mais les lois mêmes des variations ou transformations des figures, en sorte qu'elle devient « la rivale de l'analyse algébrique [4] ».

(1) Chasles, *l. c.*, p. 199.

(2) Il vaudrait mieux dire *cas spéciaux* ou *cas singuliers*, mais il faut respecter le langage des géomètres.

(3) Voy. Chasles, *l. c.*, p. 200.

(4) Poncelet, *Propr. projectives*. Introd. Ce n'est point à Poncelet seul qu'il faut rapporter toute la gloire de cette extension du domaine de la géométrie ; mais c'est lui qui a rapproché les diverses recherches dirigées dans ce sens, qui en a vu l'unité, les a ramenées à un principe commun, et comprises dans une théorie négérale. On peut certainement

Les *propriétés projectives* des figures sont celles qui, étant indépendantes des dimensions attribuées aux éléments de ces figures, subsistent quand on les projette sur de nouveaux plans, au moyen de droites, soit parallèles, soit concourantes. Une figure peut se déformer indéfiniment en conservant la même projection; réciproquement la projection d'une figure fixe peut se déformer indéfiniment si l'on fait varier le plan (ou la droite), et le centre de projection. Mais la projection variable d'une figure fixe, la figure variable qui a une projection fixe, conservent à travers leurs déformations certaines propriétés invariables.

L'énoncé d'une de ces propriétés est tout à fait comparable à une équation entre deux variables, car l'hypothèse et la conséquence de cet énoncé sont des variables corrélatives; seulement c'est par des méthodes purement géométriques qu'on passe de l'hypothèse à la conséquence, de la donnée à la construction.

Quelle est, en effet, « cette influence, cette puissance en quelque sorte extensive de l'analyse algébrique? Pourquoi la géométrie ordinaire ou ancienne en est-elle naturellement privée, et quel moyen pourrait-on mettre en usage pour l'en faire jouir?.. S'il était possible d'y appliquer le raisonnement implicite, si seulement il était permis d'y appliquer les conséquences de ce genre de raisonnement, cet état de choses n'existerait pas, et la géométrie ordinaire, sans pour cela employer les calculs et les signes de l'algèbre, se montrerait, à bien des égards, la rivale de la géométrie analytique[1]. »

Poncelet a été frappé de ce fait, que toutes les grandes généralisations qui caractérisent la géométrie moderne depuis Descartes ont été obtenues en considérant, non les figures elles-mêmes, mais leurs relations avec d'autres figures arbitrairement choisies; or toutes ces relations ne sont en somme que les divers systèmes de projection. « En réfléchissant attentivement à ce qui fait le principal avantage de la géométrie descriptive et de la méthode des coordonnées, à ce qui fait que ces branches des mathématiques offrent le caractère d'une

lui attribuer l'idée d'une géométrie qui n'aurait presque plus rien à envier ni à emprunter à l'algèbre.

La belle Introduction du *Traité des propriétés projectives* serait unanimement considérée comme une des grandes dates de l'histoire de la Géométrie, si seulement Poncelet était un écrivain de la valeur de Laplace ou de Chasles.

(1) *Introd.*

véritable doctrine, dont les principes, peu nombreux, sont liés et enchaînés d'une manière nécessaire et par une marche uniforme, on ne tarde pas à reconnaître que cela tient uniquement à l'usage qu'elles font de la projection[1]. En effet, la méthode des coordonnées rapporte les objets décrits dans un plan ou dans l'espace, à deux axes ou à trois plans fixes au moyen de deux ou trois systèmes de droites abaissées des différents points de la figure parallèlement à ces axes ou à ces plans, ce qui revient proprement à faire la projection de ces points sur les axes et les plans dont il s'agit. La géométrie descriptive considère également les projections des figures dans l'espace, mais seulement sur deux plans coordonnés, ce qui est un degré de simplification[2]. »

L'originalité des modernes dans l'étude des sections coniques est de les avoir étudiées, non plus en elles-mêmes, comme les anciens l'avaient fait, mais comme des moyens de démontrer des théorèmes ou de résoudre des problèmes où elles n'interviennent pas comme hypothèses ou comme données. Or les sections coniques sont des projections, et c'est à ce titre qu'elles sont ainsi utilisées. La perspective n'est aussi qu'une espèce de projection. La théorie des transversales, qui n'est, ainsi que l'a remarqué Carnot, que la théorie des coordonnées prise sur une même droite, est encore une variété de la méthode des projections.

« Voici donc quel est l'avantage de ces différentes méthodes ; par la projection des figures planes sur des droites, on réduit l'examen des relations de ces figures à celui des relations beaucoup plus simples entre les distances comprises sur les axes de projection ; au lieu de deux dimensions, on n'en a souvent plus qu'une à considérer, ou, si l'on en a deux, elles sont toujours mesurées dans des directions parallèles ou sur les mêmes droites ; des réflexions analogues sont applicables aux coordonnées dans l'espace. D'ailleurs la théorie des lignes proportionnelles et la proposition de Pythagore, qui sont les bases de la géométrie, suffisent dans tous les cas pour repasser de ces relations particulières aux relations générales qui subsistent entre les objets mêmes de la figure ; de là doit donc résulter à la fois uniformité et simplicité dans la méthode[3]. »

(1) C'est pour cette raison que les généralisations de Desargues se rapportent aux transversales, aux sections coniques et à la perspective, c'est-à-dire à des propriétés projectives.

(2) *Ibid.*

(3) *Ibid.*

« Comme les propriétés projectives doivent, sans contredit, compter parmi les plus générales que l'on connaisse..., sous l'indétermination même qui leur est propre, elles enveloppent implicitement et comme corollaires immédiats toutes les propriétés particulières des figures[1]. »

On voit que les projections jouent, dans la géométrie moderne, à peu près le même rôle que les symboles littéraux dans l'algèbre. Elles laissent à la figure le degré d'indétermination, et par suite de généralité que l'on veut. Les points, lignes, surfaces ne sont déterminés ni en grandeur ni en position, ils sont seulement assujétis à se trouver sur les droites de projection ; mais, par leurs propriétés projectives, leurs grandeurs et positions sont des fonctions les unes des autres. Les théorèmes relatifs à ces propriétés expriment les lois des variations des propriétés soit descriptives soit métriques des figures.

Ces beaux résultats ont été rendus à la fois plus généraux et plus systématiques par les travaux de Chasles. Toutes les méthodes de projection qui permettent de suivre les *déformations* des figures ont été ramenées par lui à un seul principe qui est le *principe d'homographie*, « principe qui nous paraît, dit-il, offrir une doctrine nouvelle d'une grande portée, et d'un usage facile et plus étendu que celui de ces diverses méthodes. Cette doctrine reposera sur un seul théorème de géométrie, que nous regardons comme la dernière généralisation, et pour ainsi dire comme l'origine des principes qui donnaient lieu à ces méthodes. Nous ajouterons que toutes les autres méthodes semblables, qu'on pourrait découvrir dans la suite, pour convertir les figures en d'autres du même genre, ne seront aussi que des déductions de ce seul et unique théorème[2]. »

« Une figure de forme quelconque étant donnée dans l'espace, on peut toujours concevoir une seconde figure du même genre, et jouissant des mêmes propriétés descriptives que la première, c'est-à-dire qu'à chaque point, à chaque plan, à chaque droite de la première figure, correspondront, dans la seconde, un point, un plan, une droite.

« Aux points à l'infini dans la première figure, correspondront, dans la seconde, des points situés tous sur un même plan ; de sorte qu'à des faisceaux de droites parallèles, appartenant à la première figure, correspondront, dans la seconde,

(1) *Ibid.*

(2) *Aperçu historique*, p. 221.

des faisceaux de droites concourant en des points situés tous sur un même plan.

« Les deux figures auront entre elles des relations de grandeur, consistant en ce que :

« 1° Le rapport anharmonique de quatre points situés en ligne droite, dans la première figure, sera égal au rapport anharmonique des quatre points homologues, dans la seconde figure ;

« 2° Le rapport anharmonique de quatre plans de la première figure, passant par une même droite, sera égal au rapport anharmonique des quatre plans homologues dans la seconde figure [1]. »

Ainsi, dans tout système de déformation, les figures corrélatives ont mêmes relations descriptives ; les relations métriques peuvent se déduire de l'égalité de leurs rapports anharmoniques.

Voici ce que Chasles entend par rapport anharmonique de quatre points ou de quatre plans :

a, *b*, *c*, *d* étant quatre points quelconques d'une même droite, le rapport anharmonique de ces points est le rapport des distances de l'un d'eux à deux autres, divisé par le rapport du quatrième aux deux mêmes :

$$\frac{\overline{ca}}{\overline{cb}} : \frac{\overline{da}}{\overline{db}}$$

A, B, C, D étant quatre plans quelconques passant par une même droite, le rapport anharmonique de ces plans est le rapport des sinus des angles que forme l'un d'eux avec deux autres, divisé par le rapport des sinus des angles que forme le quatrième avec les deux mêmes :

$$\frac{\sin. \text{C, A}}{\sin. \text{C, B}} : \frac{\sin. \text{D, A}}{\sin. \text{D, B}}$$

Outre les lois de *déformation* des figures, il est d'autres relations de correspondance que Chasles appelle les lois de *transformation*. Il s'agit alors du passage d'une figure à une autre figure non plus du même genre, mais de genre différent. Les lois de ces transformations sont fondées sur diverses théories dont la plus célèbre est celle des *polaires réciproques*.

(1) Aperçu historique. *Mémoires de géométrie*, p. 696.

Chasles les comprend toutes en un principe général qu'il appelle *principe de dualité :*

« Etant donnée une figure dans l'espace : que, d'un point fixe, pris arbitrairement, on mène à tous les points de cette figure des rayons, et que sur ces rayons (ou bien sur leurs prolongements au delà du point fixe), on porte des lignes qui leur soient respectivement proportionnelles ; que, par les extrémités de ces lignes, on mène des plans perpendiculaires aux rayons ; tous ces plans envelopperont une seconde figure qui sera la *transformée* de la proposée, comme on l'entend dans le principe de *dualité*. C'est-à-dire qu'aux plans de la figure proposée, correspondront des points dans la nouvelle figure, et quand ces plans passeront par un même point, ces points seront sur un même plan[1]. » A quatre points en ligne droite, de l'une des deux figures, correspondent dans la seconde quatre plans, se coupant suivant une même droite, et le rapport anharmonique des quatre points est égal au rapport anharmonique des quatre plans. Ce qui est caractéristique des *déformations*, c'est donc l'égalité des rapports anharmoniques :

$$\frac{c\,a}{c\,b} : \frac{d\,a}{d\,b} = \frac{c'\,a'}{c'\,b'} : \frac{d'\,a'}{d'\,b'}$$

$$\frac{\sin, C, A}{\sin, C, B} : \frac{\sin D, A}{\sin D, B} = \frac{\sin C', A'}{\sin C', B'} : \frac{\sin D', A'}{\sin D', B'}$$

tandis que les *transformations* sont caractérisées par l'égalité des rapports anharmoniques :

$$\frac{\sin C, A}{\sin C, B} : \frac{\sin D, A}{\sin D, B} = \frac{c\,a}{c\,b} : \frac{d\,a}{d\,b}$$

A toute propriété d'un point ou d'un plan dans la figure primitive correspond une propriété d'un plan ou d'un point dans la figure déformée ou transformée ; à toute variation d'une relation descriptive ou métrique dans la figure primitive, correspond une variation d'une relation descriptive ou métrique dans la figure déformée ou transformée. Enfin, la déformation étant un cas de la transformation, le *principe d'homographie* se tire du *principe de dualité* : « Il suffit de concevoir une figure A' corrélative de la proposée A, c'est-à-dire sa transformée par le principe de dualité ; puis de former une autre figure A" corrélative de A', il est clair que A" sera du même

(1) Chasles. *Aperçu historique*, p. 225.

genre que A (c'est-à-dire une déformation) et que les deux figures auront entre elles toutes les dépendances contenues dans l'énoncé du principe[1]. »

Le principe de dualité est donc une propriété tout à fait générale, à laquelle se réfèrent toutes les lois tant des relations fixes que des relations variables des figures. Comme il ne détermine aucune des circonstances de construction par lesquelles on obtient les déformations et transformations, il embrasse et comprend toutes les méthodes particulières qui ont été antérieurement employées et toutes celles qu'on pourra découvrir par la suite, en sorte que ce principe qui se démontre par un seul théorème, « dont il n'est que l'expression et la traduction dans toute sa portée, » paraît être « une propriété inhérente aux formes de l'étendue ».

7. — Une autre extension curieuse du champ de la géométrie consiste à considérer l'espace, dit euclidien, à trois dimensions rectilignes, comme un cas de l'espace en général. Supposons un plan, — par exemple une feuille de papier sans épaisseur, — et dans ce plan des habitants absolument plats, et incapables de rien percevoir en dehors des deux dimensions d'eux-mêmes et de leur milieu ; supposons encore qu'ils soient capables de raisonner comme nous et se livrent à l'étude de la géométrie. Ils ne dépasseront pas la géométrie à deux dimensions, et si l'un d'eux vient à supposer qu'il existe peut-être une troisième dimension, inaccessible à ses sens, et par suite à son imagination, ses semblables le traiteront de rêveur chimérique. Peut-être sommes-nous dans une situation analogue à l'égard d'une quatrième, d'une cinquième, d'un nombre quelconque, fini ou infini, de dimensions de l'espace.

Supposons encore que cet espace à deux dimensions n'ait pas la forme d'un plan, par exemple que la feuille de papier s'enroule en cylindre. Ses habitants plats ne pourront pas s'apercevoir de sa courbure ; les lignes droites qui, pour nous, sont devenues des arcs de cercle ou d'hélice, continuent pour eux à être des lignes droites, à moins qu'ils ne puissent les parcourir sur une assez grande étendue pour les voir devenir parallèles à elles-mêmes, ou se rejoindre par leurs extrémités opposées. Qui sait si notre espace à trois dimensions n'a pas, lui aussi, une courbure propre, s'il ne s'infléchit pas vers une quatrième

(1) *Mém. de géom.*, p. 690.

dimension que nous ne pouvons ni percevoir ni imaginer ? Sans doute il ne nous arrive jamais, en suivant une ligne droite toujours dans le même sens, de revenir au point de départ, mais cela tient peut-être à ce que nous ne pouvons parcourir nos lignes droites qu'en des segments très limités.

Les géométries non euclidiennes ont été vivement attaquées, et pourtant les mathématiciens y sont constamment revenus. Qu'il existe un autre espace que l'espace euclidien, que nous importe, leur dit-on, puisque c'est dans l'espace euclidien que se placent toutes nos perceptions et toutes nos images ? Mais les métagéomètres ne disent pas qu'un autre espace *existe* ; ils disent qu'une infinité d'autres espaces sont également *possibles*, et par là ils entendent que nos perceptions et nos images pourraient également s'y placer. Il suffit de supposer, pour l'espace à n dimensions, que toutes les dimensions supérieures à la troisième sont inaccessibles à notre sens, et, pour l'espace à dimensions non rectilignes, que la courbure essentielle de l'espace réel est suffisamment petite pour échapper à notre expérience. Une infinité d'espaces non euclidiens peuvent alors rendre compte également bien des faits de l'intuition sensible.

Nous avons défini l'espace la possibilité indéfinie des formes, des grandeurs et des situations. Mais la conception des formes des grandeurs et des situations est assujettie à certaines lois, subordonnée à certaines hypothèses. Les hypothèses qui définissent l'espace euclidien nous semblent évidentes par suite d'habitudes invétérées ; elles ne sont pourtant pas logiquement nécessaires. Considérons seulement, pour plus de simplicité, la géométrie à deux dimensions ou géométrie plane.

« Nous connaissons déjà trois géométries à deux dimensions :

1° La géométrie euclidienne, où la somme des angles d'un triangle est égale à deux droits ;

2° La géométrie de Riemann, où cette somme est plus grande que deux droits ;

3° La géométrie de Lobatchevski, où elle est plus petite que deux droits.

« Ces trois géométries reposent sur les mêmes hypothèses fondamentales, si l'on excepte le postulatum d'Euclide, que la première admet et que les autres rejettent. De plus, le principe d'après lequel deux points déterminent complètement une droite, comporte une exception dans la géométrie de Riemann et n'en comporte aucune dans les deux autres.

« Quand on se borne à deux dimensions, la géométrie de Riemann est susceptible d'une interprétation très simple : elle ne diffère pas, comme on le sait, de la géométrie sphérique, pourvu que l'on convienne de donner le nom de *droites* aux grands cercles de la sphère.

« La géométrie de Lobatchevski est plus générale. Les figures peuvent y être considérées comme tracées sur une surface de second ordre quelconque. On convient de donner le nom de *droites* aux sections planes diamétrales de cette surface, et le nom de *circonférences* aux sections planes non diamétrales. » Il reste à définir ce que l'on doit entendre par l'angle de deux droites qui se coupent ou par la longueur d'un segment de droite.

« Par un point pris sur la surface, faisons passer deux sections planes diamétrales (que nous sommes convenus d'appeler *droites*). Envisageons alors les tangentes à ces deux sections planes et les deux génératrices rectilignes de la surface qui passent par le point envisagé. Ces quatre droites (au sens ordinaire du mot) ont un certain rapport anharmonique. L'angle que nous cherchons à définir sera alors le logarithme de ce rapport anharmonique si les deux génératrices sont réelles, c'est-à-dire si la surface est un hyperboloïde à une nappe; dans le cas contraire, notre angle sera ce même logarithme divisé par $\sqrt{-1}$.

« Considérons un arc de conique faisant partie d'une section plane diamétrale (c'est ce que nous sommes convenus d'appeler un *segment de droite*). Les deux extrémités de l'arc et les deux points à l'infini de la conique ont un certain rapport anharmonique comme tout système de quatre points situés sur une conique. Nous conviendrons alors d'appeler *longueur du segment* considéré le logarithme de ce rapport si la conique est une hyperbole, et ce même logarithme divisé par $\sqrt{-1}$ si la conique est une ellipse.

« Il y aura, outre les angles et les longueurs ainsi définis un certain nombre de relations, qui constitueront un ensemble de théorèmes analogues à ceux de la géométrie plane.

« Cet ensemble de théorèmes peut prendre le nom de *géométrie quadratique*, puisque notre point de départ a été la considération d'une quadrique ou surface du second ordre fondamentale. »

Il y a plusieurs géométries quadratiques, car il y a plusieurs espèces de surfaces du second ordre. « Il y en a trois principales, correspondant aux trois espèces de surfaces du second ordre à centre; dans la géométrie de Riemann, la surface fondamentale est un ellipsoïde, dans celle de Lobatchevski c'est un hyperboloïde à deux nappes. Celle d'Euclide est un cas limite entre les deux cas précédents.

« Comment se fait-il que la géométrie de l'hyperboloïde à une nappe ait jusqu'ici échappé aux théoriciens? C'est qu'elle entraîne les propositions suivantes :

« 1° La distance de deux points situés sur une même génératrice rectiligne de la surface fondamentale est nulle.

« 2° Il y a deux sortes de droites, correspondant, les premières aux sections diamétrales elliptiques, les autres aux sections diamétrales hyperboliques; il est impossible, par aucun mouvement réel, de faire coïncider une droite de la première sorte, avec une droite de la seconde;

« 3° Il est impossible de faire coïncider une droite avec elle-même par une rotation réelle autour d'un de ses points, ainsi que cela a lieu dans la géométrie d'Euclide, quand on fait tourner une droite de 180° autour d'un de ses points.

« Tous les géomètres ont implicitement supposé que ces trois propositions sont fausses, et vraiment ces trois propositions sont trop contraires aux habitudes de notre esprit, pour qu'en les niant, les fondateurs de la géométrie aient cru faire une hypothèse et aient songé à l'énoncer. »

En dehors des géométries quadratiques, d'autres géométries sont encores possibles, mais on peut les éliminer toutes en faisant l'hypothèse suivante :

« Quand une figure plane ne quitte pas son plan et que deux de ses points restent immobiles, la figure tout entière reste immobile. »

Nous avons encore à choisir entre les diverses géométries quadratiques; nous pouvons exclure celle de l'hyperboloïde à une nappe par les deux hypothèses suivantes liées l'une à l'autre.

« La distance de deux points ne peut être nulle que si ces deux points coïncident. »

« Lorsque deux droites se coupent, on peut faire tourner l'une d'elles autour du point d'intersection de façon à la faire coïncider avec l'autre. »

Enfin cette dernière hypothèse :

« Deux droites ne peuvent se couper qu'en un point », exclut la géométrie sphérique.

Les trois dernières propositions sont d'ailleurs impliquées dans le postulat d'Euclide, qui équivaut, en somme, à cette proposition :

« La somme des angles d'un triangle est une constante. » Poser ces hypothèses, c'est choisir entre tous les espaces possibles, l'espace euclidien. Quelle est la raison de ce choix, puisque plusieurs autres espaces rendraient également bien compte de notre expérience? C'est parce qu'il est le plus simple, et, selon la très juste expression de M. Poincaré, le plus « *commode* ». Nous le choisissons « comme nous choisissons trois axes de coordonnées pour y rapporter une figure géométrique..., et l'on ne peut pas plus dire que la géométrie euclidienne est vraie et la géométrie de Lobatchevski fausse, qu'on ne pourrait dire que les coordonnées cartésiennes sont vraies et les coordonnées polaires fausses[1]. »

Les tentatives des métagéomètres ont rendu cet éminent service de faire comprendre le vrai caractère des hypothèses fondamentales de la géométrie euclidienne. Si ces hypothèses « étaient des jugements synthétiques *a priori*, ou, à plus forte raison, des jugements analytiques, il serait impossible de s'y soustraire », et les géométries de Riemann et de Lobachevski n'auraient pu être construites. Elles ne sont pas non plus des faits d'expérience, car l'expérience s'accommode tout aussi bien d'hypothèses contraires, *sous les conditions ci-dessus indiquées*. « C'est cependant l'observation de certains phénomènes physiques qui les fait choisir parmi toutes les hypothèses possibles » parce qu'elles se prêtent plus simplement que toutes les autres à la représentation et à la mesure de tous les corps et de tous les mouvements, tels qu'ils sont ou peuvent être donnés dans notre expérience. La métagéométrie semble appelée, d'ailleurs, à rendre d'autres services. Elle fait songer à ceux qu'a rendus en algèbre le calcul des quantités négatives et imaginaires. L'emploi des symboles littéraux doit nécessairement conduire à l'indication d'opérations impossibles. Le calcul algébrique peut néanmoins s'achever, parce que les opérations n'y sont qu'indiquées, mais le calcul arithmétique correspondant *serait* arrêté ; on admet qu'il est légitime de le poursuivre, parce que ses solutions pourront, dans tous les cas, être interprétées. On se demande si la métagéométrie n'est pas suscep-

(1) H. Poincaré : *Sur les hypothèses fondamentales de la géométrie*, Bull. Soc. Math. de France XV, p. 203. Séance du 2 nov. 1887.

tible d'interprétations analogues. Il semble, en effet, possible d'établir entre les éléments définis dans les géométries non euclidiennes et les éléments de l'ancienne géométrie une correspondance telle que tout résultat relatif aux premiers pourra se traduire par un résultat relatif aux seconds.

C'est ce qu'on réalise par un vocabulaire de convention qui fait correspondre les éléments des figures non euclidiennes avec ceux des figures euclidiennes qui peuvent en être considérées comme des cas limites. Le plan euclidien, par exemple, peut être envisagé comme une surface sphérique ou ellipsoïdale (plan Riemann) dont la courbure est nulle, la droite Riemann est un arc de grand cercle ou d'ellipse, elle devient une droite euclidienne, si le rayon est infini, c'est-à-dire si la courbure est nulle. Si la courbure est négative on obtient alors la surface et la droite Lobatchevski. Nous avons vu plus haut les définitions générales de *l'angle* et de la *longueur d'un segment de droite* dans les géométries quadratiques. Si l'on exprime les relations entre les éléments des figures à deux dimensions, sans spécifier sur quelle surface fondamentale on les étudie, les formules seront susceptibles d'autant d'interprétations qu'on pourra imaginer de surfaces. Si la surface considérée est un ellipsoïde, les éléments des figures (d'après M. Poincaré, *l. c.*) sont liés par les relations qui caractérisent la géométrie de Riemann. On est conduit à la géométrie de Lobatchevski, si la surface est un hyperboloïde à deux nappes, à la géométrie euclidienne si c'est un paraboloïde. Mais il y a encore une autre surface du second ordre, l'hyperboloïde à une seule nappe ; et enfin il y a d'autres surfaces que celles du second ordre ; il est donc possible de faire naître constamment de nouvelles interprétations. Klein, Beltrami, Sophus Lie, ont fait des travaux en ce sens. Peut-être y a-t-il là une extension possible des ressources de la géométrie ; mais il serait téméraire à moi d'insister sur ce point.

RÉSUMÉ

1. — L'Espace est la possibilité indéfinie des formes, grandeurs et situations. Les situations sont déterminées par les formes et les grandeurs ; les grandeurs perdent toute signification géométrique si elles sont considérées indépendamment des formes ; au contraire, la forme des figures peut être étudiée abstraction faite des grandeurs tant absolues que relatives de leurs éléments.

2. — Elle donne lieu à des notions très simples qui sont un second point de départ de chaînes déductives. Elle est l'objet original d'une science irréductible.

3. — Dans la hiérarchie des sciences, la géométrie ne peut occuper que le second rang : elle ne peut occuper le premier, car elle relève de la science de la quantité pure pour l'étude des propriétés métriques, qui en est une application ; elle seule peut occuper le second, car l'étendue seule est directement mesurable, et la mesure de toute autre chose se fait par réduction à la mesure de l'étendue.

4. — Les problèmes pratiques étaient nécessairement confondus avec les problèmes théoriques dans la science de la quantité, parce que toutes ses propositions concernent des opérations de l'esprit (calculs) ; il n'en est plus de même en géométrie. Cette science ne devient pratique que quand elle établit la possibilité d'une construction ou d'une mesure, exécutable par des procédés connus, avec des instruments simples tels que la règle et le compas. Quand de longues séries de déductions sont dirigées vers quelque but pratique, il en résulte des systèmes partiels, tels que la trigonométrie, la descriptive, et leurs applications, qui ne sont pas des sciences indépendantes, mais des parties intégrantes de la géométrie.

5. — Comme la science de la quantité, la géométrie commence par des propositions très spéciales, qui sont des cas privilégiés, et démontre par leur moyen des propositions de plus en plus générales. Ainsi, la géométrie plane est plus spéciale que la géométrie dans l'espace ; les géométries supérieures des modernes sont des généralisations de la géométrie élémentaire des anciens. Au lieu de considérer la figure en elle-même, les grands géomètres modernes, Descartes, Monge, Poncelet, Chasles ont considéré son rapport avec une autre figure très simple. Cet artifice permet de traiter en général des propriétés communes à des figures très diverses, qui peuvent être envisagées comme des déformations ou des transformations les unes des autres. L'esprit peut alors saisir et suivre dans leur continuité les variations des formes et des grandeurs. Ce progrès de la géométrie est tout à fait comparable à celui par laquelle l'algèbre passe des relations entre quantités fixes aux relations entre quantités variables.

6. — De Descartes à Monge, la géométrie emprunte le secours de l'analyse algébrique pour exprimer les variations corrélatives des éléments des figures. Avec Poncelet et Chasles, elle parvient à de semblables généralisations par ses propres ressources, grâce aux propriétés projectives, et surtout grâce au *principe de dualité*, que Chasles considère comme « une propriété inhérente aux formes de l'étendue », à laquelle se réfèrent toutes les lois, tant des relations fixes que des relations variables des figures.

7. — Enfin, l'espace euclidien à trois dimensions rectilignes, peut être envisagé comme un cas spécial de l'espace, cas privilégié qui permet de s'élever à de nouvelles généralisations. Si nous ne pouvons ni percevoir, ni imaginer, nous pouvons concevoir et définir des espaces à *n* dimensions ; nous pouvons, en outre, supposer des espaces dont les dimensions ne sont pas rectilignes. Les postulats, ces résidus des réductions antérieures, apparaissent alors sous un jour nouveau : ils sont les déterminations de l'espace euclidien. Entre tous les espaces concevables, nous choisissons celui-ci comme le plus commode, parce qu'il est le plus simple parmi tous ceux dans lesquels peut se placer notre commune expérience. Nous le définissons par ses propriétés fondamentales ; ce sont les postulats. Le postulat de la ligne droite, celui des parallèles, et les autres, beaucoup plus nombreux qu'on ne le croyait autrefois, servent à exclure les espaces non euclidiens. Ils ne peuvent ni ne doivent être démontrés, puisqu'ils sont de simples conventions, faites pour fixer l'objet qu'on étudie. Ces curieuses tentatives sont des généralisations plus vastes et plus hardies encore que les précédentes. On a reproché bien à tort aux métagéomètres de s'appuyer sur la géométrie euclidienne ; ils pouvaient et devaient le faire, car l'espace euclidien est un cas déterminé de l'espace en général, et un cas privilégié. Ils n'ont fait en cela que suivre la méthode ordinaire de la géométrie et de toutes les sciences ; et on peut dire avec vérité que la science de l'étendue devait en arriver là par son développement naturel et nécessaire.

Nous retrouvons donc, d'un bout à l'autre de la géométrie, comme nous avons trouvé dans toute la science de la quantité, cette méthode constante qui s'élève aux plus hautes généralisations par l'analyse des cas spéciaux privilégiés. Voilà bien, contrairement à l'opinion commune, la caractéristique de la méthode déductive, et la forme de la science achevée.

CHAPITRE III

LA MÉCANIQUE

La mécanique est le meilleur exemple de cette évolution par laquelle les sciences d'inductives deviennent déductives, une fois qu'elles ont élucidé leurs notions élémentaires et formulé leurs définitions essentielles. Tandis que cette évolution, pour la géométrie et l'algèbre, se perd dans le passé le plus lointain de la science grecque, l'histoire de la mécanique est tout près de nous; Galilée étudie par l'expérience les lois de la chute des corps avant qu'on eût démontré qu'une force constante en grandeur et en direction détermine un mouvement uniformément accéléré. Plusieurs lois astronomiques, prouvées d'abord par l'observation, sont devenues des théorèmes de mécanique. Avec Newton, d'Alembert, Carnot, la science du mouvement se sépare progressivement de la physique pour se rapprocher des mathématiques. Je vais essayer de montrer que cette réduction est aujourd'hui un fait accompli.

La mécanique semble avoir un double objet; c'est la science du *mouvement* et des *forces*. Ampère a nommé *cinématique* la partie élémentaire ou « autoptique, » qui ne traite que du mouvement; la *dynamique* est la partie « cryptoristique ».

CINÉMATIQUE

L'idée de mouvement n'est pas une idée simple et irréductible comme celles d'espace et de quantité. Elle se construit et se définit par une vraie définition. Le mouvement, c'est une certaine espèce de changement. Or l'idée de changement est logiquement antérieure à toute science. Le changement est la *synthèse* des deux notions antithétiques *même* et *autre*.

Thèse : Même	qui deviennent, dans l'ordre de la quantité :	Égal.
Antithèse : Autre		Inégal (plus grand, plus petit).
Synthèse : Changement.		Variable (croissant, décroissant).

Toute forme, grandeur, situation est une certaine détermination de l'espace indéfini. Toute durée, toute époque est une certaine détermination du temps indéfini. Un nombre consiste à s'arrêter à un certain point dans la série indéfiniment croissante ou décroissante formée d'après une certaine loi ; toutes les quantités sont ainsi de certaines déterminations de la quantité indéterminée.

Les mouvements se conçoivent et se définissent non pas à l'aide d'une seule notion fondamentale qui les contienne et les enveloppe, mais à l'aide de deux ; ils se déterminent à la fois dans l'espace et le temps.

On peut, avec Ampère, réserver le nom de *déplacement* au changement considéré seulement dans l'espace, abstraction faite du temps. Ainsi entendu, le déplacement est une notion purement géométrique. Beaucoup de figures, même en géométrie élémentaire, sont définies comme des trajectoires, à commencer par la ligne droite qui est le plus court « chemin ». Mais les figures qui se conçoivent comme des séries continues de positions satisfaisant toutes à des conditions déterminées ne sont pas nécessairement des trajectoires : des lignes isothermes, isobares, sont des séries continues de points jouissant d'une propriété commune ; pour qu'une parabole, une caustique soient des trajectoires, il faut que leurs points soient des positions occupées *successivement* par un même mobile. C'est donc l'idée de *temps* qui est l'élément original de la mécanique. C'est elle qui fait qu'en abordant le mouvement, nous entrons dans une science nouvelle. Il ne serait pas inexact de la définir la *science des vitesses*, en se souvenant qu'une vitesse est un espace parcouru, et que par conséquent elle a non seulement une grandeur, mais aussi une direction et un sens. La direction de la vitesse est celle du mouvement quand le mouvement est rectiligne. Un mouvement curviligne est une vitesse qui change constamment de direction.

Toutes les propositions de la cinématique consistent à affirmer ou à nier l'identité en grandeur, direction ou sens, de vitesses qui se construisent ou se mesurent par des opérations différentes.

Le problème de la cinématique est de ramener tous les mouvements au mouvement le plus simple, c'est-à-dire au mouvement absolu, rectiligne et uniforme.

1. — On peut considérer le mouvement d'un point par rap-

port à trois axes de coordonnées auxquels on ne suppose aucun mouvement[1] ; c'est là ce qu'on appelle mouvement absolu. On peut concevoir qu'un point se meut selon une certaine loi par rapport à trois axes de coordonnées x, y, z, qui eux-mêmes se meuvent d'après une certaine loi par rapport à trois axes ξ, η, ζ. Le mouvement du point par rapport à x, y, z, est un mouvement relatif; son mouvement par rapport à ξ, η, ζ, est son mouvement absolu.

Les théorèmes relatifs à la composition des vitesses consistent à montrer que par une certaine construction (parallélogramme ou parallélépipède des vitesses) on obtient une vitesse qui est précisément en grandeur, direction et sens, la vitesse du mouvement absolu, obtenu par la combinaison des deux mouvements donnés.

2. — Le mouvement curviligne peut être considéré comme composé de mouvements rectilignes infiniment petits. On démontre qu'un solide peut être amené d'une position quelconque à une position quelconque par un mouvement rectiligne de translation et par un mouvement de rotation. Comme on peut toujours considérer deux positions infiniment voisines, tout mouvement peut être envisagé comme la succession d'une infinité de vitesses, dont chacune est déterminée en grandeur, direction et sens, et dure un temps infiniment petit.

3. — Enfin un mouvement varié peut être considéré comme une succession de mouvements uniformes dont chacun a lieu pendant un temps infiniment petit. La comparaison des vitesses aux divers instants d'un mouvement varié donne naissance à l'idée d'*accélération*. La recherche de l'accélération se ramène à la composition de deux vitesses de même direction. On suppose d'abord un mouvement uniformément varié, et on appelle accélération la quantité constante, positive ou négative, dont s'accroît sa vitesse dans l'unité du temps. Un mouvement varié en général peut être considéré comme la succession de mouvements uniformément variés infiniment petits ; on appelle accélération à un instant donné l'accélération du mouvement uniformément varié infiniment petit à partir de cet instant.

On voit donc que toutes les propositions de la cinématique

(1) Il ne faudrait pas dire immobiles.

consistent à *identifier un mouvement, défini d'une manière quelconque, à une combinaison de mouvements absolus, rectilignes et uniformes, soit finis, soit infiniment petits.*

Dans tout théorème de géométrie, certaines relations soit descriptives, soit métriques d'une figure sont données, et il s'agit de montrer que certaines autres relations métriques ou descriptives sont nécessairement liées aux premières.

De même, dans tout théorème de cinématique, certaines relations métriques ou descriptives d'un mouvement ou d'une combinaison de mouvements sont données, et il s'agit de montrer que certaines autres relations métriques ou descriptives, soit du même mouvement, soit d'un autre mouvement sont nécessairement liées aux premières.

Il ne s'agissait jamais, en géométrie, d'autre chose que des opérations par lesquelles l'esprit construit et mesure les formes, grandeurs et situations des figures; il ne s'agit jamais, en cinématique, d'autre chose que des opérations par lesquelles l'esprit construit et mesure les directions, grandeurs, et sens des vitesses.

La cinématique est donc une science « abstraite » et non « abstraite-concrète » ; elle est idéale et déductive au même titre que la géométrie.

DYNAMIQUE

Avec la dynamique, entrons-nous dans une science nouvelle? Ou bien la cinématique et la dynamique sont-elles deux stades du progrès de la pensée dans une seule et même science? Pour le savoir, il faut examiner ce que l'on entend en dynamique par une *force*.

1. — La force, a-t-on dit souvent, c'est la *cause du mouvement*. Mais le mot cause est ambigu. En un sens, la cause, c'est l'antécédent nécessaire. Antécédent nécessaire, cela veut dire soit l'antécédent tel que, s'il est donné, il est absurde de supposer que le conséquent ne le soit pas, soit l'antécédent tel que, toutes les fois qu'il est donné, l'expérience nous apprend que le conséquent l'est aussi. Dans les deux cas, la cause est un fait antécédent, observable comme le fait conséquent. Or les forces ne sont pas des faits. Elles ne sont jamais données à titre d'antécédents, observables en eux-mêmes, des mouvements. On n'appelle jamais forces, en mécanique, les conjonctures dans lesquelles le mouvement se produit.

Aussi a-t-on dit souvent que la force est la cause *inconnue en elle-même* du mouvement, quelque chose d'inobservable, de caché, en quelque sorte, sous les apparences sensibles des êtres, et qu'il est nécessaire de supposer pour en expliquer les mouvements. Tantôt on a voulu que la force fût distincte de l'être d'où elle émane, et transmissible d'un être à un autre, tantôt au contraire, on a conçu la force comme identique à l'être, et produisant toutes ses manifestations sensibles. Une telle notion métaphysique ne saurait avoir de place dans la science positive. Comment admettre que l'objet d'une science où tout est intelligible soit une chose inconnaissable ?

La force n'est donc ni l'antécédent expérimental, ni la cause inconnue du mouvement. La plupart des dynamistes évitent aujourd'hui de la définir ; ils se bornent à faire appel à l'expérience la plus commune ; un ressort, un poids, un cheval qui tire un chariot peuvent en donner l'idée. Mais un poids, un ressort, un cheval sont, en même temps que des forces, des corps, avec toutes leurs propriétés physiques et autres ; ce que le dynamiste considère en eux, c'est seulement la propriété de mouvoir. Une force est une propriété, c'est-à-dire une abstraction.

C'est même quelque chose de plus abstrait encore qu'une propriété ; car une propriété réside en un être ; or, quand on dit qu'un point matériel est sollicité par une force, on ne s'inquiète pas de savoir si cette force est représentée par un poids, un ressort, un cheval, un homme, ni même si elle est représentée par quelque chose. Il n'est besoin, pour la concevoir, de songer à aucun être réel autre que le point matériel où elle est appliquée. Une force n'est donc autre chose, pour le dynamiste, que la possibilité d'un mouvement.

L'expression « cause de mouvement » est d'autant plus inexacte que souvent le corps auquel une force est appliquée n'est pas en mouvement. C'est même précisément pour cela qu'il est nécessaire, après les problèmes relatifs au mouvement, d'étudier ceux relatifs aux forces. Il ne suffit pas, pour comprendre, par exemple, les machines, de considérer exclusivement les mouvements qui s'y produisent : ces mouvements eux-mêmes ne peuvent pas être expliqués entièrement les uns par les autres. Ce fut l'erreur des cartésiens de croire que le mouvement était l'unique objet de la mécanique, que sa quantité était constante, et que tous les problèmes mécaniques pouvaient être résolus par des transformations ou compositions de mouvements. Il fallut recourir à une notion plus générale, considérer non seulement les mouvements réels, mais aussi les mouvements possibles, ceux que prendrait un corps si quelques circonstances étaient changées, c'est-à-dire les forces auxquelles il peut être soumis, même s'il n'est pas en mouvement.

En cinématique, il ne s'agit que de mouvements réels. Un passager marche sur le pont d'un bateau, qui se déplace sur une rivière. Si le passager marche de l'avant à l'arrière avec une vitesse précisément égale à la vitesse du bateau, il est en repos par rapport aux rives. Mais son mouvement est réel par rapport au bateau, et celui du bateau est réel par rapport aux rives.

En dynamique, on tient compte des mouvements possibles. Un bateau à l'ancre flotte sur l'eau. Il est en repos, mais il se mouvrait de bas en haut si on le déchargeait; il tomberait au fond de la rivière, si on supprimait l'eau. Le poids et la poussée représentent, non des mouvements réels puisque le corps est en repos, mais des mouvements possibles. L'équilibre d'un corps résulte de ce qu'il *tend* simultanément à se mouvoir avec des vitesses égales et directement opposées.

Lorsqu'un corps est en repos, on peut concevoir qu'il se mettrait en mouvement si l'on *supprimait* quelqu'une ou quelques-unes des circonstances. Ainsi un corps étant posé sur un appui ou suspendu à un fil, je puis supprimer l'appui ou le fil: le corps tombe. J'appelle *mouvement possible*, ce mouvement qui peut être déterminé par la seule *suppression* de quelque circonstance.

Lorsqu'un corps est en mouvement, on peut concevoir que son mouvement serait changé par la *suppression* de quelque circonstance. Un corps tombe dans l'air, il tomberait dans le vide avec une vitesse plus grande. Une bille roule sur un plan incliné; sa chute serait verticale si le plan n'existait pas. Ce mouvement actuel peut être considéré comme composé de mouvements qui n'existent pas, mais pourraient exister par la suppression de quelque circonstance. Ces mouvements composants sont encore des mouvements possibles.

Mais si un mouvement ne peut être déterminé par aucune suppression, même idéale, mais seulement par l'addition de quelque circonstance, on ne dira pas que ce mouvement était possible. Le mouvement était possible dans l'hypothèse précédente, puisqu'il pouvait être déterminé sans aucune addition;

il ne l'est plus dans celle-ci, puisque aucune suppression ne peut le déterminer.

La circonstance dont l'addition ou la suppression détermine un changement mécanique n'est pas une force, c'est un agent; c'est quelque chose de concret, tandis que la force est une simple abstraction. On peut donc formuler ainsi la définition générale. Une force est la possibilité d'un changement dans l'état de mouvement ou de repos d'un corps par la suppression de quelque circonstance.

2. — La direction et le sens de la force sont la direction et le sens du mouvement qu'elle imprimerait à un point auquel elle serait seule appliquée. Qu'appelle-t-on grandeur ou intensité de la force?

Deux forces sont dites *égales* quand elles représentent la possibilité d'un même mouvement : si deux corps, successivement suspendus à un même ressort, le font fléchir de la même quantité, les poids de ces deux corps représentent des forces égales.

Cette définition ne suffit pas pour rendre possible la mesure des forces, car si deux forces égales, par exemple deux poids égaux, au lieu d'être suspendus successivement à un même ressort, agissent sur lui simultanément, rien ne prouve qu'ils le fléchiront d'une quantité double.

Nous dirons donc que deux forces sont égales quand, séparément appliquées à un même point matériel, on peut faire équilibre à chacune d'elles par une même force. Deux corps placés successivement dans le même plateau d'une balance représentent des forces égales, si le mouvement qu'ils rendent possible peut être empêché par un même poids placé dans l'autre plateau.

Une force est dite *somme* de plusieurs autres, quand, appliquée seule à un point matériel, elle représente la possibilité du même mouvement que toutes les autres appliquées simultanément au même point matériel dans la même direction et dans le même sens.

Une fois définies l'égalité et l'addition des forces, toutes les relations de grandeur des forces se trouvent par là même définies, puisque l'égalité et l'addition suffisent à définir toutes les opérations du calcul.

On peut aussi définir la grandeur des forces par la vitesse des mouvements; mais pour cela il faut distinguer le cas d'une force instantanée et celui d'une force continue. Une force instantanée, agissant sur un point matériel au repos, est la possibilité d'un certain mouvement, déterminé en vitesse, direction et sens. Dire qu'à partir de ce moment aucune autre force n'intervient plus, c'est dire qu'aucun changement dans l'état mécanique de ce point n'est possible; une force instantanée peut donc être définie la possibilité d'un mouvement rectiligne et uniforme. La vitesse de ce mouvement est la mesure de la force : deux forces égales sont, pour un même point matériel, des possibilités de vitesses égales; la somme de plusieurs forces de même direction est, pour un même point matériel, la possibilité d'une vitesse égale à la somme algébrique des vitesses correspondantes à ces forces.

L'action continue d'une force n'est autre chose que la possibilité d'un accroissement continu de vitesse, c'est-à-dire, pour chaque instant indivisible, la possibilité d'une nouvelle vitesse qui se compose avec la vitesse antérieure. Une force continue peut donc être définie la possibilité d'un mouvement accéléré, une force constante en grandeur et en direction est la possibilité d'un mouvement uniformément accéléré. On pourra donc prendre pour mesures des forces continues les *accélérations* qu'elles communiquent à un même point matériel.

3. — Jusqu'à présent, la comparaison de la grandeur des forces exige cette condition qu'elles soient appliquées à un même point matériel. Rien ne prouve en effet que tous les corps se comportent de la même manière sous l'action des mêmes forces. Bien au contraire l'expérience nous apprend qu'il en est autrement. Une même force instantanée ne communique pas une même vitesse, une même force continue ne communique pas une même accélération à des corps différents.

Ce principe, il *n'est pas besoin de le demander à l'expérience, car il est négatif.* Sans doute, si la dynamique n'avait pas été expérimentale avant d'être déductive, on ne serait peut-être jamais arrivé à la notion de *masse*. On aurait peut-être implicitement supposé qu'une même force est toujours la possibilité d'une même accélération quelle que soit la nature du point matériel auquel elle est appliquée. C'est par l'analyse des faits qu'on parvient aux notions élémentaires, aux définitions essentielles des sciences abstraites. Mais ici l'expérience ne nous a pas instruits d'une loi naturelle, elle nous a seulement préservés d'une hypothèse gratuite et injustifiée.

On peut concevoir que des corps différents sont successivement placés dans les mêmes conditions, soumis aux mêmes agents, et par suite aux mêmes forces. Si l'un d'eux reçoit d'une force donnée F une certaine accélération j, les autres pourront recevoir de la même force des accélérations différentes. Il existera donc pour chacun d'eux un certain coefficient tel que l'on ait dans tous les cas d'une même force :

$$F = m j$$

Ce coefficient m, c'est la *masse* du corps.

Avec la notion de masse, nous rencontrons pour la première fois une de ces constantes physiques, dont nous parlerons dans le chapitre suivant. La loi dont dépendent les masses des corps est complètement inconnue. La physique, sur ce point comme sur beaucoup d'autres, n'a pas encore achevé son œuvre. Le coefficient m ne peut encore être remplacé dans les calculs par aucune combinaison d'autres quantités, c'est toujours une donnée. Elle est nécessaire toutes les fois qu'il s'agit de comparer la grandeur de forces appliquées à des points matériels différents.

4. — La grandeur d'une force peut se représenter par une quantité numérique ou littérale et le sens par le signe de cette quantité. Il était naturel, pour faire profiter la dynamique de toutes les ressources de l'analyse, de chercher une expression analytique de la direction. Tel est le but de la théorie des *moments*.

Le moment d'une force, par rapport à un point donné, est le produit de la force par la distance du point donné à sa direction. Le moment d'une force peut toujours être tiré de sa direction et réciproquement. On démontre que le moment de la résultante de deux forces complanes par rapport à un point pris dans leur plan est égal à la somme des moments des composantes. Ce théorème et ceux qui en dérivent permettent d'introduire dans les calculs des expressions qui contiennent implicitement la détermination des directions des forces.

Par un artifice analogue, les théorèmes relatifs aux projections des forces permettent de faire profiter la dynamique de toutes les ressources de la géométrie supérieure.

5. — Ainsi se trouve défini l'objet de la dynamique. Elle est donc une extension de la cinématique, c'est-à-dire qu'elle est

aussi l'étude du mouvement, ou plus exactement des vitesses; mais au lieu de considérer seulement les vitesses données, on y considère aussi les vitesses possibles. En cinématique, on cherche *de quelle manière certains mouvements ou éléments des mouvements* (*trajectoires*, *vitesses*, *accélérations*), *sont déterminés en fonction d'autres mouvements ou éléments de mouvements donnés*. Il suffit de rendre cette formule un peu plus générale pour y comprendre la dynamique. En mécanique, on cherche *de quelle manière certains mouvements ou éléments de mouvements* RÉELS OU POSSIBLES *sont déterminés en fonction d'autres mouvements ou éléments de mouvements donnés* SOIT COMME RÉELS, SOIT COMME POSSIBLES. Toute la cinématique semble tendre à élucider la notion d'accélération, qui est nécessaire pour définir la grandeur des forces; on passe ainsi à la dynamique sans solution de continuité. Aucun concept nouveau n'est introduit qui ne se définisse et ne se construise dans l'esprit, soit avec des notions antérieurement définies, soit avec des notions antérieures à toute science et nécessaires à toute science.

6. — Mais les trois « principes fondamentaux » ou « postulats » de la dynamique ne mettent-ils pas un fossé entre les deux sciences. Ces principes, il est d'usage de les considérer comme des vérités d'expérience. Si tel était vraiment leur caractère, la dynamique ne serait pas purement abstraite et déductive, et elle se trouverait séparée de la cinématique, non seulement par des notions nouvelles, mais par des affirmations nouvelles.

Il est bien vrai que les trois principes de la dynamique ont été puisés dans l'observation des faits; mais il en est de même des vérités fondamentales de l'arithmétique et de la géométrie. Ce ne sont pas des axiomes, car ils ont pu être mis en doute. Il a fallu des hommes de génie, pour les démêler dans les phénomènes mécaniques de la terre et du ciel. On les a admis comme des postulats, à cause de l'exactitude des conséquences qu'on en déduit. Ils ont ainsi conduit à élucider la notion de force. La définition que j'en ai donnée, si elle ne se rencontre pas encore dans les traités de dynamique, est conforme à l'esprit de ces traités et à la pensée intime de tous les savants depuis Newton. Or, avec cette définition, les trois principes cessent d'être des postulats; ils cessent d'avoir besoin de la confirmation des faits, car ils deviennent des jugements analytiques.

La force étant la possibilité d'un mouvement ou d'un changement de mouvement, aucune expérience n'est nécessaire pour affirmer que chaque fois qu'un mouvement commence ou se modifie, il y a intervention d'une force. Le *principe d'inertie* est un reste de la période de formation de la dynamique, période où cette science était en grande partie expérimentale et se confondait avec la physique. Les *forces* n'étaient pas alors distinguées des *agents* naturels; une force était un ressort, un cheval, un homme, quelque chose qui pousse ou qui tire. Si on se représente la force comme une chose, et le mouvement comme une autre chose, si la conception de l'un n'est pas impliquée dans la conception de l'autre, si ce sont deux termes également donnés, l'expérience et l'induction sont évidemment nécessaires pour affirmer qu'il existe entre eux des relations invariables. En ce sens, le principe d'inertie n'appartient pas à la mécanique, mais à la physique : *en fait*, un corps ne commence jamais à se mouvoir, ne change jamais de mouvement sans l'intervention d'une *cause*, qui est elle-même un fait concret et observable, un *agent* naturel. C'est le principe même du déterminisme dans le cas du mouvement : Un corps est en repos; si aucune *circonstance* n'est changée, aucun changement ne peut survenir dans son état de repos; un corps est en mouvement; si aucune *circonstance* n'est changée, aucun changement ne peut survenir dans son mouvement; il est donc rectiligne et uniforme. En d'autres termes, la matière, telle que le physicien l'observe, la chose qui se voit, se touche, se manie, est inerte; elle n'a pas de spontanéité; elle ne possède pas, par exemple, cette source interne d'énergie que les partisans du libre arbitre attribuent à la volonté humaine, ni même le mouvement spontané, capricieux, imprévisible de l'animal. Incapable de sortir par elle-même de son repos, elle l'est aussi de modifier d'elle-même la vitesse ou la direction de son mouvement. C'est bien l'observation qui a révélé cette vérité de fait, contraire à l'opinion instinctive et commune, car l'observation superficielle des mouvements naturels les plus usuels conduirait à penser, si l'on n'y prenait pas garde, que le mouvement s'épuise de lui-même, qu'un corps lancé par une force quelconque, se ralentit progressivement jusqu'à ce qu'il se réduise au repos.

Mais en mécanique, il ne s'agit pas de la matière qui se voit, se touche et se manie, il s'agit de points matériels et de systèmes de points matériels. Le corps, pour le dynamiste, ne s'observe pas, il se définit. De même la force n'est pas l'agent, c'est son action. Elle n'est pas donnée en dehors du mouvement ; elle se définit par le mouvement. Le dynamiste ne considère dans le corps que la propriété d'être mobile ; cette propriété, c'est la possibilité de tous les mouvements concevables, une force, c'est la possibilité d'un mouvement déterminé. Si les mots corps et force sont ainsi entendus dans leur sens abstrait, le principe d'inertie n'est plus qu'une tautologie : un changement mécanique n'est pas possible sans la possibilité d'un changement mécanique.

Il en est de même du principe de l'indépendance des effets des forces. Si une force communique un mouvement à un point qui est lui-même en mouvement, ce nouveau mouvement est précisément le mouvement absolu qu'elle lui communiquerait si le point était au repos. Il en résulte que, pour avoir le mouvement absolu du point dans l'espace, il suffit de composer, comme on l'a enseigné en cinématique, son mouvement antérieur, avec son nouveau mouvement. Mais en définissant la force la possibilité d'un changement de mouvement, nous l'avons définie la possibilité d'un nouveau mouvement qui se compose avec le mouvement antérieur. Le principe de l'indépendance des effets des forces est donc encore une tautologie.

La conception concrète des forces avait conduit à admettre, dans les cas où on ne voyait pas l'agent, l'existence d'un agent invisible. Les cartésiens écartèrent ces puissances occultes, inaccessibles à la science, mais ils ne surent pas introduire la vraie notion de la force. Ils ne distinguèrent pas la cinématique de la dynamique, et voulurent que le mouvement fût l'unique objet de la mécanique. Tout mouvement leur semblait dû à un moteur qui est lui-même en mouvement ; le mouvement est essentiellement transmissible, il passe du moteur au mobile ; ce qui conduisit à penser que sa quantité est invariable. Toute la mécanique avait donc pour objet les lois de la *communication des mouvements*. Les cartésiens résistèrent à Newton qui leur semblait réintroduire les puissances occultes en parlant d'attraction. Un corps immobile ne pouvait pas, d'après leurs principes, être un moteur, surtout il ne pouvait pas l'être à distance. En réalité, Newton introduisait la conception abstraite de la force, et bien que les expressions soient restées longtemps défectueuses, en fait, les savants ont généralement, depuis Newton, conçu la force comme une abstraction, telle que je l'ai définie. Cette conception, il suffit de la formuler en termes con venables pour que le principe d'inertie et le principe de l'indépendance des effets des forces soient manifestement des jugements analytiques.

Reste le principe de l'égalité, de l'action et de la réaction.

On ne fait aucun usage de ce principe tant qu'on traite de l'équilibre et du mouvement d'un point matériel libre. Il ne trouve son application que dans le cas de points matériels assujettis à ne se mouvoir que d'une certaine manière, ou ce qui revient au même, dans le cas de systèmes de points entre lesquels on imagine des liaisons.

Soit un point M, assujetti à se mouvoir selon une direction fixe xy, qu'il ne peut quitter. Il est soumis à une force F, son poids par exemple.

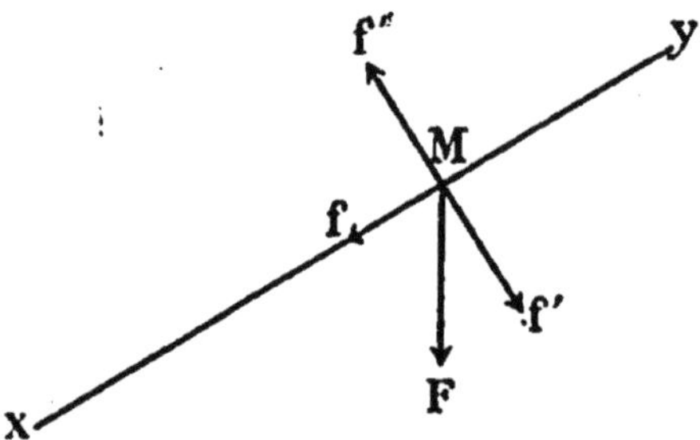

On peut décomposer cette force en deux autres, l'une f qui est la possibilité d'une certaine vitesse selon la direction xy, la seule possible par hypothèse ; l'autre f' perpendiculaire à xy. Comme la force f' n'a pas de composante selon xy, seule direction possible du mouvement du point M, elle ne déterminera aucun mouvement. Or, l'*impossibilité* d'un mouvement, quand il existe une force tendant à le produire, c'est l'existence d'une autre force f'' égale et directement opposée ; en d'autres termes, c'est la possibilité simultanée de deux vitesses dont la résultante est nulle. Admettre que le point M ne peut quitter la ligne xy, c'est donc admettre que toute force normale à cette ligne est équilibrée par une autre force égale et directement opposée. Cette force est la *réaction* de la ligne xy sur le point M. En même temps que le point M tend à se mouvoir suivant Mf', à déprimer ou à pénétrer la ligne xy, la ligne exerce sur lui une impulsion ou une pression égale, c'est-à-dire ne se laisse pas déprimer ni pénétrer. La réaction est donc une hypothèse qu'on introduit, par le fait même qu'on suppose le mouvement du point M assujetti à une condition. C'est cette condition même. On pourrait dire : nous faisons cette convention, que toute force normale à xy est constamment équilibrée par une force égale et directement opposée ; c'est exactement ce que signifie cette expression : le point M est assujetti à se mouvoir suivant xy.

Un cheval tire un chariot. La traction qu'il exerce est la possibilité, pour la masse du chariot, d'un certain mouvement, déterminé en vitesse, direction et sens, mouvement que le chariot prendrait en effet, s'il n'était soumis à aucune autre force. Je puis, par la pensée, réduire le cheval à un point, le chariot à un autre point, et supposer invariable la longueur du trait, c'est-à-dire la distance des deux points. Supposer cette distance invariable, c'est supposer que toute force qui tend à la faire varier est équilibrée par une force égale et directement opposée. Or, quand le cheval se déplace, il tend à s'éloigner du chariot, à allonger le trait ou à le rompre. Cette force est, par hypothèse, constamment équilibrée par une force égale et directement opposée, qui maintient invariable la longueur du trait, et qui s'appelle la réaction du chariot sur le cheval.

Les réactions sont donc des notions introduites conventionnellement ; elles font partie de l'hypothèse. Il n'est nullement besoin d'avoir recours à l'expérience, ce qui d'ailleurs serait impossible, pour affirmer que l'action et la réaction sont égales, puisque, par définition, la réaction est la force égale et directement opposée qu'on convient d'admettre toutes les fois que certaines forces entrent en jeu. Le principe de l'égalité de l'action et de la réaction est donc, comme les précédents, une tautologie.

Comme on le voit, une définition convenable de la force permet d'éliminer de la mécanique rationnelle les trois principes fondamentaux qu'on considère ordinairement comme empiriques.

7. — L'histoire de la mécanique nous la montre confondue longtemps avec la physique et l'astronomie, expérimentale et inductive comme elles. Le calcul y tient dès l'origine une grande place, mais il s'y applique, comme en physique, à des lois expérimentalement établies. Progressivement, la mécanique se dégage de l'expérience et se fait de plus en plus « rationnelle ». Aujourd'hui l'évolution est accomplie. Une trace de l'empirisme originel subsiste encore : l'usage de demander à l'expérience la notion de force et les trois principes de la dynamique, mais c'est là une imperfection qu'il est possible et qu'il est temps

de faire disparaitre, en introduisant une définition abstraite du concept de force.

Comme la science de la quantité, comme celle de l'étendue, la mécanique rationnelle commence par établir des propositions spéciales, et procède par généralisations successives. En cinématique, on ne considère que les vitesses actuelles ; la dynamique introduit la notion de force qui est plus générale, puisque c'est la notion d'une vitesse actuelle *ou possible;* beaucoup de théorèmes de dynamique sont de simples généralisations de théorèmes de cinématique. La statique, qui est la partie la plus élémentaire de la dynamique, est l'étude du cas privilégié de l'équilibre. Il n'est pas une proposition de statique qui ne puisse se tirer par syllogisme d'une proposition de dynamique, en faisant les résultantes nulles; mais ces cas spéciaux ont le privilège de pouvoir être démontrés par des raisonnements plus courts, et il faut passer par eux pour s'élever aux cas généraux. C'est toujours la même méthode de généralisation, non pas expérimentale et inductive, mais abstraite et déductive.

CHAPITRE IV

COSMOLOGIE

Les mathématiques, y compris la mécanique rationnelle, sont des sciences déductives ; pour être toujours d'accord avec l'expérience, elles n'ont pas besoin de se fonder sur l'expérience. Un fait qui ne serait pas conforme aux lois mathématiques est une impossibilité.

Au contraire, les sciences physiques sont expérimentales et inductives dans leur état actuel ; mais elles sont destinées à devenir déductives ; il faut pour cela qu'elles dégagent leurs concepts fondamentaux, ceux qui permettent de formuler les définitions essentielles ; et nous allons voir que tel est précisément le but le plus élevé auquel tendent plus ou moins consciemment les physiciens et les chimistes.

I

Mais auparavant, il est nécessaire de s'étendre sur la distinction de la physique et de la chimie, fort confuse dans la plupart des traités. En pratique, nul ne confond un phénomène physique avec un phénomène chimique ; pourtant, on se contente souvent, pour les caractériser, de remarques un peu vagues, ou d'exemples. Les phénomènes chimiques, dit-on, consistent en des modifications de la *nature intime* des corps ; les phénomènes physiques sont ceux que les corps peuvent présenter sans éprouver de changement dans leur composition.

Mais qu'appelle-t-on nature intime d'un corps ? Et à quoi reconnaît-on qu'un changement éprouvé par un corps n'a pas altéré sa composition ? Il est d'ailleurs inexact que les corps puissent toujours être échauffés, électrisés, éclairés, etc., sans que leur composition en soit altérée.

On arrive à un meilleur résultat en illustrant par des exemples la différence d'un mélange et d'une combinaison. La poudre grise qu'on obtient en porphyrisant ensemble de la fleur de soufre et de la limaille de fer est un mélange : c'est du soufre et du fer. Sous l'influence de la chaleur, les deux corps mélangés se combinent, un corps nouveau apparaît ; ce n'est ni du soufre ni du fer, c'est du sulfure de fer. L'oxygène et l'hydrogène, d'abord mélangés dans l'eudiomètre, sont combinés quand l'étincelle électrique a passé : ce n'est plus de l'hydrogène ni de l'oxygène, c'est de l'eau. En un mot, il y a combinaison ou décomposition quand les corps considérés se transforment en d'*autres* corps caractérisés par des *propriétés différentes*.

Mais jusqu'à quel point les propriétés doivent-elles être différentes pour que l'on admette la formation d'un corps nouveau? Tout changement n'est-il pas l'apparition ou la disparition de quelque propriété?

Les changements d'état et les dissolutions sont des modifications profondes. Les premiers sont pourtant considérés comme des phénomènes physiques. On peut souvent hésiter si une dissolution[1] est un mélange ou une combinaison. Les dissolutions se font ordinairement avec absorption, les combinaisons avec dégagement de chaleur (c'est une raison qu'on invoque souvent, pour dire que l'union de l'acide sulfurique et de l'eau est une combinaison et non un mélange); mais cette distinction ne suffit pas dans tous les cas, car il y a des combinaisons endothermiques.

C'est seulement la loi des *proportions définies* qui donne un sens précis à la notion de combinaison chimique. Il conviendrait donc d'en renverser les termes ; au lieu de dire : Quand divers corps se combinent, ils s'unissent en proportions définies, il faudrait dire : Quand divers corps s'unissent en proportions définies, leur union est une combinaison.

Nous savons maintenant ce qu'est un phénomène chimique ; mais les phénomènes physiques ne sont guère définis que par exclusion : sont phénomènes physiques ceux qui ne sont pas phénomènes chimiques. Mais alors pourquoi l'usage a-t-il fait de la physique et de la chimie deux sciences distinctes? La physique comprend déjà plusieurs divisions :

(1) Le mot *dissolution* est souvent employé avec peu de rigueur ; on dit couramment que le zinc d'une pile *se dissout* dans l'eau acidulée.

Barologie, étude de la gravité ou attraction mutuelle des masses;

Thermique, étude de la chaleur;

Optique;

Acoustique;

Electrologie, dans laquelle il faut comprendre depuis Ampère, le magnétisme;

Etude des actions moléculaires.

Pourquoi n'y joindrions-nous pas la chimie? ou plutôt n'est-elle pas une simple subdivision de la science des actions moléculaires? Les forces attractives intermoléculaires s'appellent *cohésion* quand elles s'exercent entre des atomes ou molécules de même nature; elles prennent le nom d'*affinité chimique* quand elles tendent à unir des atomes ou molécules de nature différente (Chevreul).

Cependant l'usage a raison : la physique et la chimie sont deux sciences distinctes. Mais la chimie n'a pas pour objet les *phénomènes* chimiques; elle est la science des *espèces* chimiques. Chevreul en a donné la meilleure définition, et il est étrange qu'appuyée d'une telle autorité, elle ne soit pas plus usitée : « L'objet qu'elle se propose, dit-il, est de distinguer la matière en types appelés *espèces chimiques*, caractérisées chacune par un ensemble défini de propriétés physiques, chimiques et organoleptiques[1]. » L'histoire d'une espèce chimique comprend « *toutes* ses propriétés, *toutes* ses qualités, *tous* les rapports qu'elle a avec quoi que ce soit, en un mot, *tous* les attributs qu'elle possède ». La chimie ne se borne donc pas à déterminer, pour chaque corps, ses propriétés chimiques, mais aussi ses propriétés physiques et organoleptiques.

Le physicien, au contraire, prend une à une les diverses *propriétés* de la matière; et il les étudie partout où elles se rencontrent. S'il veut connaître, par exemple, la *densité*, « il va l'étudier dans des espèces chimiques prises à l'état solide, à l'état liquide, à l'état gazeux; il l'étudiera comparativement dans chacune d'elles... L'étude du physicien étant comparative pour la même propriété existant dans tous les corps soumis à son examen, on voit que le but qu'il se propose d'atteindre appartient essentiellement à l'*abstrait*, c'est-à-dire à une propriété considérée, à l'exclusion des autres ». C'est donc là ce qui distingue la *physique* de la *chimie*... Ces deux sciences

(1) Chevreul. *De la méthode a posteriori expérimentale*, § 9, p. 30.

« traitent des mêmes propriétés, l'une au point de vue concret, l'autre au point de vue abstrait[1] ».

Par contre, l'affinité chimique, envisagée abstraitement, est du domaine de la physique, et non de la chimie. « Une propriété chimique, à l'exclusion de toutes autres, peut être étudiée dans une suite d'espèces chimiques qui la possèdent, au point de vue abstrait, et comme l'est une propriété physique par le physicien. L'étude de la propriété chimique faite à ce point de vue permet de distinguer les chimistes qui s'y livrent, d'avec les chimistes dont l'étude est restreinte, soit à l'analyse, soit à la recherche d'un certain nombre de propriétés chimiques, qu'ils examinent sans les séparer par l'esprit de l'espèce; cette dernière étude rentre évidemment dans le *concret*. Scheele, Margraff, Vauquelin ont particulièrement envisagé les espèces chimiques sous cet aspect, tandis que Berthollet, dans sa *Statique*, en considérant plutôt des propriétés générales chimiques, que les propriétés spéciales aux espèces chimiques, s'est ainsi rapproché de l'étude du physicien[2]. » Osons dire plus : l'affinité chimique est une puissance naturelle, au même titre que la chaleur, la lumière, l'attraction; c'est une espèce d'attraction moléculaire; c'est une forme de l'énergie : elle peut se transformer en chaleur, en lumière et réciproquement. Il est donc juste de la considérer comme une force physique; étudier l'affinité chimique en elle-même, la suivre partout où elle se rencontre, la saisir sous toutes ses formes avec les circonstances qui la produisent, la détruisent, ou la modifient, comme on étudie la lumière ou la chaleur, ce n'est pas faire de la chimie, mais de la physique. Les systèmes périodiques inventés par Lecoq de Boisbaudran, Mendeléef, Lothar Meyer, le groupement des métaux en familles d'après leurs atomicités, la relation générale entre les poids atomiques et les chaleurs spécifiques, le classement des composés organiques en séries, d'après la constitution des hydrocarbures dont ils semblent dériver, la distinction des composés cycliques et acycliques, la thermochimie, la stéréochimie, toutes ces conceptions d'ensemble, qui ont plus d'une fois conduit à prévoir l'existence de corps non encore observés, et que l'on réunit souvent sous le titre de *chimie générale*, doivent être attribuées à la physique. Ce sont encore des lois

(1) Chevreul. *De la méthode a posteriori expérimentale*, p. 39.
(2) *Ibid.*, § 10, p. 41.

empiriques, dont quelques-unes sont contestables, mais elles tendent à rendre compte de toutes les combinaisons et décompositions par des vues générales sur la constitution de la matière.

Etudier une espèce chimique, en déterminer toutes les constantes, poids spécifique, chaleur spécifique, module de dilatation, point de fusion, point d'ébullition, température et pression critiques, tension de vapeur, indice de réfraction, pouvoir absorbant, formes cristallines, affinités, etc. ; — étudier ainsi une à une *toutes les espèces* de matière, tel est l'objet de la chimie.

Dans chacune des grandes divisions de la science de la nature, biologie, sociologie, nous retrouverons la même distinction entre le point de vue abstrait ou général et le point de vue concret ou spécial. L'analyse expérimentale dégage d'abord des relations constantes, puis la raison aperçoit les relations nécessaires, les lois auxquelles les faits doivent se ramener pour être intelligibles, mais à côté de la science abstraite ou *pure*, subsiste la science concrète ou *appliquée ;* elle consiste à envisager les faits dans l'ordre qu'ils présentent réellement. La science pure n'est pas directement utilisable ; un intermédiaire est nécessaire, c'est la science appliquée, que nous ne confondons pas avec la science pratique.

Elle se subdivise en trois groupes :

1° Sciences *systématiques* ou *spéciales*, classification des êtres naturels en genres et en espèces ;

2° Sciences *descriptives*, distribution des êtres dans l'espace ;

3° Sciences *historiques*, évolution des êtres dans le temps.

Le classement des espèces est fondé sur la subordination des caractères et les relations abstraites des propriétés ; c'est donc une application de la science pure. La description et l'histoire ne se bornent pas à exposer dans quel ordre les phénomènes sont juxtaposés et successifs ; elles prétendent, autant qu'il est possible, rendre compte de cet ordre, c'est-à-dire montrer qu'il résulte tout entier de lois générales qui sont celles de la science pure. Toutes les lois appartiennent aux sciences abstraites ou pures, et nous sommes fondés à donner aux sciences concrètes le nom de sciences appliquées.

Ainsi la cosmologie pure, abstraite ou générale, la PHYSIQUE, déduira quels systèmes matériels sont possibles et quelles sont les propriétés de chaque structure moléculaire.

La cosmologie appliquée ou concrète fera connaître à quels systèmes matériels nous pouvons avoir affaire dans notre expérience et dans notre pratique.

Elle s'occupera de les classer en genres et en espèces ; c'est la cosmologie *spéciale* ou *systématique*, la CHIMIE.

Elle décrira leur distribution dans l'espace ; c'est la cosmologie *descriptive*. La structure de l'univers matériel est l'objet de l'ASTRONOMIE ; elle rend compte de l'aspect des corps célestes, de leurs mouvements, de leurs phénomènes lumineux, thermiques, magnétiques, etc., par application des lois physiques. Un astre nous intéresse plus que les autres et peut-être mieux connu, c'est le nôtre. La GÉOGRAPHIE PHYSIQUE est un chapitre restreint, mais particulièrement fouillé de l'astronomie générale, et, comme elle, une application de la physique et de la chimie.

Le ciel et la terre se transforment ; leur aspect actuel est le résultat transitoire de leur évolution antérieure. L'astronomie et la géographie sont étroitement liées à l'histoire du monde. Tout notre savoir sur l'évolution du système des astres se borne à des hypothèses plus ou moins plausibles ; la cosmologie historique ou COSMOGONIE est plus ou moins conjecturale, mais l'histoire de la terre, ou plutôt de l'écorce terrestre est mieux documentée : c'est la GÉOLOGIE. Est-il besoin de remarquer qu'elle est purement cosmologique : les fossiles n'y interviennent que comme signes distinctifs des terrains qui les contiennent ; ils sont étudiés comme espèces biologiques en paléontologie.

Les arts dits *mécaniques* utilisent surtout des connaissances cosmologiques ; on ne saurait les faire dépendre de la seule mécanique rationnelle, toutes les forces données étant des forces physiques, c'est-à-dire des *agents* plutôt que des forces.

COSMOLOGIE THÉORIQUE				ARTS MÉCANIQUES
PURE, ABSTRAITE OU GÉNÉRALE	*Appliquée ou concrète.*			
	Systématique ou spéciale.	Descriptive.	Historique.	
Physique.	Chimie. Minéralogie.	Astronomie. Géographie physique.	Cosmogonie. Géologie.	Arts qui utilisent plus spécialement des connaissances cosmologiques.

II

Ces distinctions faites, considérons l'objet de la science abstraite, c'est-à-dire de la physique.

Tous les phénomènes sont des états de conscience. Les sons et les bruits, la lumière et les couleurs, le chaud et le froid sont des sensations; leur étude appartient donc à la psychologie. Ces sensations se produisent lorsque les terminaisons sensorielles et sensitives sont excitées d'une certaine manière. L'étude des organes et des conditions dans lesquelles ils peuvent être excités appartient à la physiologie. Ce qui est du domaine de la physique, ce sont les agents extérieurs, susceptibles d'exciter les terminaisons nerveuses, mais non pas comme tels, car pour le physicien, il y a du son même quand il n'y a pas d'oreille pour l'entendre, de la lumière même si nul œil ne la voit, de la chaleur, même là où il n'y a nul être qui ait chaud ou froid. L'une des difficultés qu'il rencontre est d'exclure de son étude ce qui, dans les phénomènes sensibles, doit être attribué à nos organes et est physiologique, et ce qui est propre à notre faculté de sentir et est psychologique. Cette analyse est loin d'être achevée. Comme c'est à titre de sensations que le son, la lumière, la chaleur sont connus, c'est lentement et avec effort que l'esprit parvient à la notion abstraite des agents physiques; et dans l'état actuel de la science, l'acoustique, l'optique, la thermique sont encore imparfaitement distinguées de la physiologie et de la psychologie.

1. — Ainsi, c'est dans les traités de physique qu'on enseigne et qu'on prouve que les sensations auditives sont produites par des vibrations de corps élastiques, que l'intensité d'un son homogène dépend de l'amplitude des ondes, que leur fréquence en détermine la hauteur, que le timbre est dû aux harmoniques, autrement dit à la forme des ondes. Ces vérités et ces expériences appartiennent à la physiologie. Helmholtz a exposé sa découverte de l'explication du timbre dans un traité qui porte très justement le titre de *Théorie* PHYSIOLOGIQUE *de la musique*. Il ne s'agit pas de la propriété qu'ont les corps élastiques d'entrer en vibration d'une manière déterminée, mais de la propriété qu'a le nerf auditif d'être excité par ces vibrations. Les recherches de Savart, de Despretz, de Marloye sur

les limites des sons perceptibles sont des expériences de psycho-physiologie. Elles ont révélé que les vibrations, pour être perçues, doivent avoir une amplitude minima, et que cette amplitude est plus grande pour les vibrations très lentes ou très rapides; elles se rapportent donc à la détermination du seuil des sensations conscientes.

Assurément la musique n'est pas une branche de la physique. Sous le nom de *Théorie physique de la gamme*, dans tous les traités d'acoustique, on établit cette loi fondamentale : *l'oreille n'est agréablement affectée* par des sons homogènes, successifs ou simultanés, qu'autant qu'il existe un rapport simple entre leurs nombres de vibrations dans le même temps, loi sur laquelle repose toute la science musicale. C'est là une théorie du plaisir et de la peine, en tant que ces émotions accompagnent des sensations auditives; c'est donc en réalité un chapitre de psychologie.

La fréquence, l'amplitude, la forme des vibrations qu'exécute un corps donné dépend de diverses conditions relatives à ce corps; déterminer ces conditions, c'est faire de la physique. Mais, dans cette détermination, on ne se préoccupe pas si ces vibrations sont perceptibles ou non pour l'oreille humaine ni pour une oreille quelconque. Par conséquent, elles peuvent bien n'être pas des sons; en tant que phénomènes physiques, elles *ne sont pas* des sons, mais seulement des vibrations. Le physicien cherche comment la nature des vibrations (fréquence, amplitude, forme) est déterminée par les diverses propriétés des corps vibrants, comment les ondes se comportent à l'égard des obstacles et des milieux, comment elles se réfléchissent, se réfractent, interfèrent, etc. Mais il devient physiologiste dès qu'il tient compte de l'excitation de l'organe auditif par ces vibrations, et il devient psychologue s'il s'occupe des sensations produites par cette excitation, c'est-à-dire des sons.

2. — Toute la science de la chaleur repose sur la thermométrie, et la thermométrie repose à son tour sur cette loi : tous les corps se dilatent sous l'influence de la chaleur. Mais qu'entend-on par ces mots : *sous l'influence de la chaleur?* Ils paraissent clairs parce qu'ils nous suggèrent immédiatement des faits de commune expérience. Soumettre un corps à l'influence de la chaleur, c'est, par exemple, l'exposer aux rayons du soleil ou à la flamme d'un foyer. On veut dire au fond ceci : tout corps présente un accroissement de volume

dans tous les cas où, à sa place, nous éprouverions, nous, une sensation de plus grande chaleur ou de moindre froid; il présente une diminution de volume dans le cas contraire.

Nous ne pouvons percevoir le chaud et le froid qu'entre des limites assez resserrées; les corps continuent à se dilater ou à se contracter sous l'influence de chaleurs et de froids auxquels nous ne pouvons soumettre nos organes. L'expérience montre aussi que, dans les mêmes conditions extérieures, nous n'éprouvons pas toujours les mêmes sensations de chaud et de froid, tandis qu'un même corps, dans les mêmes conditions, subit des variations de volume identiques[1]. Enfin nos sensations de chaud et de froid sont, pour nous, hétérogènes; la continuité de la dilatation prouve qu'elles sont produites par un agent physique unique, variable seulement en quantité.

Le physicien a donc pu substituer à l'étude de phénomènes subjectifs, chaleur et froid, l'étude de phénomènes objectifs, dilatation et contraction. Toute la partie expérimentale de la thermique, calorimétrie, conduction, rayonnement, absorption, réflexion, réfraction, a pour objet de déterminer dans quelles conditions des corps s'échauffent ou se refroidissent; mais comme on mesure toujours l'échauffement et le refroidissement au moyen de thermomètres, ce qu'on cherche dans tous les cas, c'est dans quelles conditions les corps se dilatent ou se contractent.

Ces variations de volume sont les effets les plus commodément observables et mesurables d'un agent physique, et c'est cet agent que les physiciens nomment chaleur. Lavoisier lui attribuait encore une existence substantielle, et inscrivait le « calorique », avec la lumière, sur la liste des corps simples. On sait aujourd'hui que la chaleur est un mouvement vibratoire des molécules des corps. Seulement, les caractères de ce mouvement ne pouvant s'expliquer entièrement par les propriétés des corps pondérables, on a été conduit à admettre l'existence d'un milieu élastique pénétrant tous les corps, répandu dans les espaces célestes, et dans tous les espaces que nous appelons vides. Ce milieu est impondérable : peut-être est-il absolument indifférent à l'attraction newtonienne; peut-être a-t-il des phénomènes d'attraction qui échappent, à cause de sa faible den-

(1) Pourtant les thermomètres varient après la fabrication. En général le zéro baisse.

sité, à tous nos moyens de mesure; il n'oppose d'ailleurs aucune résistance sensible aux mouvements des astres.

L'objet de la thermique est donc d'expliquer comment ce mouvement vibratoire des corps élastiques se produit, se comporte à l'égard des milieux et des obstacles, modifie la cohésion des corps, les dilate, les fond, les vaporise, les décompose, les combine, etc. La thermique n'est donc pas plus la science du chaud et du froid que l'acoustique n'est celle du son. En se dégageant de la psycho-physiologie, ces deux branches de la physique se rapprochent et se rencontrent : elles ont pour objet l'une et l'autre des vibrations des corps élastiques, pondérables ou impondérables.

3. — La lumière et les couleurs sont encore des faits subjectifs. L'optique s'est assez rapidement dégagée de la psycho-physiologie en prenant d'abord pour objet les directions selon lesquelles se propagent les rayons lumineux. L'optique dite géométrique a pu être commencée de très bonne heure et poussée très loin. Mais quand on s'est occupé de la qualité de la lumière, on a rencontré la même différence que pour les sons et la chaleur. C'est dans les traités de physique qu'on démontre que la lumière blanche est composée de lumières colorées élémentaires diversement réfrangibles pour un même changement de milieu, que les corps nous apparaissent colorés parce qu'il transmettent ou réfléchissent en partie, absorbent en partie les radiations. Ce sont là des propositions de psycho-physiologie. En dehors de nous, il y a des rayons inégalement réfrangibles ; il n'y a pas de rayons colorés, tant qu'il n'y a pas d'œil pour les voir. Les physiciens préfèrent d'ailleurs les désigner par leurs longueurs d'onde. C'est au physiologiste à expliquer comment les éléments rétiniens sont excités par des longueurs d'onde différentes, et au psychologue, comment cette excitation produit les sensations optiques.

D'ailleurs, toutes les radiations ne produisent pas de sensations optiques ; on en est même arrivé récemment à parler de « lumière obscure ». Les rayons infra-rouges ne peuvent être manifestés que par des procédés thermométriques ; les rayons ultra-violets se révèlent par des réactions chimiques, à moins que leur longueur d'onde ne soit modifiée, et qu'ils ne redeviennent visibles, par la présence d'un verre d'urane ou de toute autre substance fluorescente. C'est un problème de psychologie que de déterminer le *seuil* des sensations lumineuses, c'est-à-dire les maxima et les minima de la fréquence et de l'amplitude des ondes perceptibles.

Ainsi l'optique n'a pas pour objet la lumière et les couleurs, pas plus que la thermique et l'acoustique n'ont pour objet le froid, le chaud et les sons. Elle est aussi la science des vibrations moléculaires et des ondulations d'un milieu élastique [1]. Ce milieu ne pouvant être l'air, ni aucun corps pondérable, on est encore conduit à l'hypothèse d'un éther, le même sans doute qui transmet déjà les vibrations thermiques. Les ondes sonores, thermiques, lumineuses, se propagent, se réfléchissent, se réfractent, interfèrent d'après des lois identiques. Le son, la chaleur, la lumière ont des équivalents mécaniques, sont des formes diverses d'une même énergie, peuvent être produits par transformation d'énergie cinétique et se transformer en énergie cinétique. Ils sont un seul et même objet d'étude.

Les terminaisons nerveuses auditives, optiques et sensitives sont excitables par des ondes de fréquence et d'amplitude diverses, mais cela ne regarde pas le physicien. Les ondes lumineuses sont longitudinales, les ondes sonores et calorifiques sont transversales : cela revient à dire que, de toutes les ondes, les longitudinales seules impressionnent le nerf optique. D'ailleurs une onde quelconque n'est en général ni longitudinale ni transversale, mais elle produit certains effets mécaniques, physiques, chimiques ou organoleptiques par ses composantes longitudinales, et certains autres par ses composantes transversales. C'est ainsi qu'un même phénomène peut se manifester à la fois par des effets sonores, thermiques et lumineux. Quand une corde de piano se brise, il se produit à la fois un son, un échauffement, et une lueur (sans doute aussi un phénomène électrique) ; la décharge électrique présente aussi la réunion de ces quatre sortes d'effets. Il n'est donc pas probable que l'acoustique, la thermique et l'optique restent séparées comme elles le sont aujourd'hui par la différence des sensations produites en nous, différence qui tient moins à la nature des agents extérieurs qu'à notre organisation.

4. — Pour l'électricité et le magnétisme, nous n'avons pas de sensations spécifiques; ces phénomènes n'ayant jamais été

(1) On peut réserver le nom de vibrations au mouvement de la matière pondérable qui est la source sonore, thermique ou lumineuse, et celui d'ondulations aux mouvements du milieu de transmission.

subjectifs, la physique n'a pas eu, à leur sujet, à se séparer de la psycho-physiologie. Ce sont des effets (attraction et répulsion des corps légers, déviation de l'aiguille aimantée), qu'il était impossible d'attribuer aux agents connus. Aussi, tandis que les physiciens croyaient connaître la lumière et la chaleur, parce que nos sens les perçoivent, l'électricité et le magnétisme parurent longtemps des forces mystérieuses. Le mystère était aussi grand dans un cas que dans l'autre, puisque quand nous croyons connaître la lumière et la chaleur, ce sont nos propres modifications que nous connaissons.

La théorie dynamique de l'électricité est loin d'être aussi avancée que celle de la chaleur ou de la lumière. Mais si les physiciens ne sont pas encore fixés sur la nature des mouvements auxquels il faut attribuer les phénomènes électriques et magnétiques, ils s'accordent à penser que ce sont des modes du mouvement. Des faits innombrables révèlent la transformation du mouvement en électricité, et celle de l'électricité en mouvement. C'est uniquement comme force motrice que l'électricité se manifeste, puisque ses effets lumineux, calorifiques, chimiques, physiologiques même sont, en réalité, des mouvements. En outre, comme les mouvements de la matière pondérable ne peuvent expliquer tous les phénomènes électriques, on est conduit à admettre que l'électricité, comme la chaleur et la lumière, est un mouvement de l'éther.

Est-ce aussi un mouvement vibratoire ? On en pouvait douter avant les expériences de H. Hertz. Ce savant, sitôt enlevé à la science, a pu, au moyen de ses *vibrateurs*, manifester des ondes électriques ; il a pu les réfléchir, les réfracter, les faire interférer comme des ondes lumineuses ; au moyen des interférences, il en a mesuré la vitesse de propagation : elle est de 300.000 kilomètres par seconde, précisément celle de la lumière. Or, comme la vitesse de propagation dépend uniquement de l'élasticité du milieu, on peut en conclure que les ondes électriques sont propagées par le même milieu que les ondes lumineuses. Enfin pour compléter l'analogie, H. Herz a montré qu'un réseau de fils de cuivre tendus parallèlement dans un plan intercepte le rayon électrique si les fils sont parallèles aux vibrations, et le laisse passer s'ils sont perpendiculaires. Le rayon électrique est donc polarisé par ce réseau, de la même manière qu'un rayon lumineux par une tourmaline. Le rayon électrique ne diffère du rayon lumineux que par la durée de la période ; la longueur d'onde des rayons visibles est d'environ 0,000 000 5, celle des rayons électriques serait au moins un million de fois plus grande.

Ces phénomènes ne concernent que l'induction électrique, comparable au rayonnement de la chaleur et de la lumière. Mais en quoi consiste le mouvement qui se passe dans les conducteurs ?

Il y a quelque difficulté à le concevoir comme un mouvement vibratoire, il se comporte plutôt comme un fluide dans un canal. Cette loi, que dans un rhéophore de section variable, la température varie en raison inverse du carré de la section, s'explique mal en supposant un mouvement vibratoire à l'intérieur du fil. « Lorsqu'un mouvement vibratoire rencontre un obstacle qui rétrécit le milieu où il se produit, dit le P. Secchi, il se réfléchit dans la masse du milieu, mais il ne se presse pas dans le pertuis ouvert devant lui ; ce sont les fluides animés d'un mouvement de translation qui augmentent ainsi de vitesse en traversant les passages étroits[1]. » Aussi quelques physiciens pensèrent-ils que le mot de *courant* était parfaitement juste, l'électricité circulant dans les conducteurs comme un fluide dans un canal. Or, comme rien n'a pu déceler dans ce cas aucun transport de matière pondérable, ils proposèrent d'admettre un flux continu de matière éthérée passant à travers les masses métalliques dans les intervalles de leurs molécules.

Les expériences de H. Herz conduisent à une tout autre explication. Au moyen du vibrateur, il détermine des ondes dans un fil rectiligne isolé. Elles se réfléchissent à son extrémité; on peut obtenir ainsi des ondes stationnaires dont on mesure facilement la vitesse de propagation. On trouve qu'elle est constante quel que soit le fil, et qu'elle est la même que pour l'air. On est alors conduit à cette conséquence que la propagation se fait par l'air et non par le fil. H. Herz a imaginé un dispositif aussi simple qu'ingénieux, pour le démontrer directement. Ainsi, l'expression de courant n'a décidément qu'une valeur conventionnelle ; aucune action électrique ne passe par l'intérieur du fil. Une partie de l'énergie pénètre dans le fil par sa surface, mais s'y convertit en chaleur. En revanche, l'expression de *conducteur* se trouve parfaitement exacte : la surface du fil est le guide suivant lequel se propage l'énergie électrique.

Comme la lumière et la chaleur, l'électricité est donc une vibration moléculaire de l'éther.

(1) *L'unité des forces physiques.*

5. — Le fait que tous les corps sont pesants n'a été connu que des physiciens modernes : les anciens admettaient des corps lourds qui tendent vers le bas, et des corps légers qui tendent vers le haut, et le haut et le bas étaient pour eux une direction absolue dans l'espace. Au commencement du XVIIe siècle, on reconnait qu'il n'y a pas de corps *légers*, mais que les corps qui montent sont des corps moins lourds, déplacés, conformément au principe d'Archimède, par des corps plus lourds. Puis Newton, s'emparant d'une idée entrevue par Képler, Bacon, Galilée, Hooke, démontra que tous les corps s'attirent ; que la pesanteur terrestre n'est qu'un cas de cette attraction ; que la direction de la pesanteur est essentiellement relative, et que, pour deux corps quelconques, c'est la ligne qui joint leurs centres de gravité.

L'attraction proportionnelle aux masses et à l'inverse du carré des distances, est donc une propriété commune à tous les corps qu'on appelle pondérables. Toute la barologie s'en déduit analytiquement. Une fois la loi de Newton prouvée, les expériences n'y sont plus nécessaires, sinon à titre de vérification. On pourrait appliquer cette loi à tous les cas imaginables ; en fait, il est intéressant d'étudier précisément les hypothèses les plus analogues aux cas que la nature présente.

De là les divisions usuelles de la barologie : pesanteur en général ; pesanteur des corps solides, liquides, gazeux (hydrostatique et hydrodynamique des liquides et des gaz). Or, on définit le solide, le liquide et le gaz, et ces définitions sont aussi abstraites, aussi théoriques, aussi indépendantes de la réalité de leurs objets que celles de la géométrie : il n'y a pas de cohésion invincible, de liquide sans viscosité, de gaz parfait. De telles hypothèses sont de tout point comparables à celles qu'on fait en dynamique, quand on suppose des liaisons entre les points d'un système. La barologie est donc, sauf la loi de la gravitation dont elle se déduit tout entière, parfaitement abstraite et idéale, comme les mathématiques. Elle demeure pourtant une science expérimentale à cause de cette loi, qui est empirique ; il reste à expliquer comment il se fait que les corps s'attirent, ou plutôt, comme le remarque Newton lui-même, se comportent comme s'ils s'attiraient. Cette belle généralisation, qui soumet à une loi unique tous les mouvements des corps célestes, n'est pas un terme, mais une simple étape.

Ce grand problème n'a jamais cessé, depuis Newton, de provoquer des recherches et des hypothèses. Elles ne sont guère satisfaisantes, il faut l'avouer. Toutefois les expériences de M. Bjerkness sur les *vibrateurs* et les *pulsateurs*, ouvrent des aperçus intéressants. Deux « sphères pulsantes », c'est-à-dire deux sphères élastiques dont le volume peut être alternativement augmenté ou diminué par la condensation et la raréfaction périodiques de l'air qu'elles renferment, s'attirent quand elles sont immergées dans un liquide. L'attraction newtonienne ne se produit-elle pas d'une manière analogue ? Elle se distingue de toutes les autres actions à distance, en ce qu'elle est instantanée ; cette circonstance, qui était une pierre d'achoppement pour presque toutes les autres hypothèses, s'explique dans celle de M. Bjerkness, en supposant que le milieu universel est rigoureusement incompressible.

Il ne semble pas possible de faire aucune hypothèse vraiment satisfaisante dans l'état actuel de la science ; mais on accorde généralement que toute action à distance doit être considérée comme une action transmise par un milieu. En outre, Secchi avait déjà remarqué que le meilleur moyen d'expliquer que l'éther n'oppose aucune résistance appréciable aux mouvements des corps célestes, c'est de supposer qu'il est lui-même l'agent qui transmet ou produit l'attraction newtonienne. Le problème, d'ailleurs, est-il bien posé. Toute action s'exerçant immédiatement à distance semble impossible parce qu'un corps ne peut agir là où il n'est pas. A quoi Carlyle répondait : « Sans doute ; mais je vous prie, *où* est-il ? Ne conviendrait-il pas plutôt de dire qu'un corps *est* là où il *agit?* » Ce qui ne fait pas beaucoup avancer la question, il est vrai, mais montre au moins combien il est déjà difficile de la poser.

Quoi qu'il en soit, les phénomènes de la barologie, tels que l'expérience nous les présente, doivent avoir leur raison, comme les phénomènes acoustiques, thermiques, lumineux, électriques, dans des faits *inobservables*, propres à rendre compte de ce que nous observons. Tout ce qui est observable est sensation, et, comme tel, appartient à la psychologie et non à la physique.

6. — La physique moléculaire est encore pleine d'obscurité. La cohésion, — à laquelle il faut rattacher l'adhérence, la capillarité, la dialyse, l'osmose, qui en sont des cas spéciaux, les changements d'état et les dissolutions, qui en sont des modifications, enfin l'affinité chimique, — toutes ces forces sont des attractions moléculaires. Il semble exister en outre des forces

répulsives : dans les gaz, elles l'emportent sur les forces attractives; dans les solides et les liquides, elles maintiennent les molécules à distance les unes des autres, et font équilibre aux forces attractives. On admet généralement que les molécules des corps ne se touchent pas; on a même avancé, que relativement à leurs diamètres, elles sont aussi éloignées les unes des autres que les astres dans le système solaire.

Déjà tous les phénomènes relatifs à la capillarité ont pu être expliqués par la *tension superficielle*, et toutes les lois expérimentales se rapportant à cet ordre de faits se déduisent assez facilement des formules de Laplace et de Gauss. Tout se passe comme si la surface libre d'un liquide, ou, plus généralement, la surface qui le sépare d'un gaz ou d'un autre liquide était une membrane élastique tendue. Or on conçoit que les molécules de la surface libre ne soient pas dans les mêmes conditions d'équilibre que celles qui sont de toutes parts entourées par d'autres molécules semblables. Laplace, puis Gauss sont parvenus à rendre compte de la tension superficielle en supposant que chaque molécule exerce sur les molécules voisines une attraction proportionnelle aux masses, et en raison inverse du cube, ou de quelque autre fonction de la distance : cette fonction doit être telle que l'attraction décroisse très vite à mesure que la distance augmente.

Sous l'influence des vibrations thermiques, l'équilibre moléculaire est modifié. Si l'amplitude des vibrations augmente, les molécules s'écartent et le corps se dilate. Si elles s'écartent assez pour être en dehors de leurs « sphères d'attraction » mutuelles, la cohésion est profondément modifiée ou plus ou moins complètement détruite, le corps est fondu ou vaporisé. Récemment (1894) M. Van des Waals, en introduisant dans le calcul des attractions moléculaires la considération du volume, et en admettant que cette attraction varie en raison inverse du carré du volume, est arrivé à la notion de la *pression interne* des gaz. Plus le volume est petit, plus la pression interne du gaz est grande; quand cette pression devient égale à la pression externe, une action extérieure n'est plus nécessaire pour maintenir le volume et le gaz est liquéfié.

Vers la même époque aussi (1894) les lois de l'osmose ont été assimilées par M. Van t'Hoff à celles des gaz et des vapeurs. Il a montré que « la pression osmotique d'une dissolution de sucre a la même valeur que la pression qu'exercerait le sucre s'il occupait à l'état gazeux le volume occupé par la dissolution ».

Le même auteur a jeté quelque lumière sur la nature des dissolutions; il nous a appris à déduire théoriquement la constante relative à l'abaissement de leur point de congélation.

L'affinité chimique, considérée comme une propriété générale de la matière, est du domaine de la physique moléculaire. Une réaction chimique est le remplacement d'un équilibre moléculaire par un autre équilibre moléculaire plus stable. Ce changement est favorisé par diverses causes, choc, battement, frottement, dissolution, chaleur, lumière, électricité, etc., capables de diminuer la stabilité de l'équilibre initial. Aux lois empiriques de Berthollet, M. Berthelot a substitué des lois plus générales, qui peuvent se résumer en celle-ci (sauf le cas plus complexe des réactions « endothermiques ») : l'équilibre le plus stable, celui qui tend à se réaliser de préférence, est celui qui exige l'emploi de la moindre quantité d'énergie, autrement dit de force vive. Ainsi s'explique que dans la plupart des réactions, une certaine quantité de force vive, mise en liberté, se manifeste sous la forme de chaleur.

Il est remarquable que l'état gazeux semble être la forme la plus simple sous laquelle la matière se présente. Les découvertes de M. Van t'Hoff sur l'osmose ont consisté à retrouver dans les lois de ce phénomène celles des gaz et des vapeurs; les travaux mémorables de M. Van des Waals ont établi « la continuité des états gazeux et des états liquides ». En chimie, la théorie atomique doit toute sa simplicité lumineuse au rapport qu'elle établit entre les mesures volumétriques et les mesures pondérables; or les volumes, pour être comparables doivent être pris à l'état gazeux. Il semble que certaines théories sur la constitution de la matière tendent à faire dériver, par une voie plus ou moins détournée, les propriétés des liquides et des solides de celles des gaz. On peut donc entrevoir que la physique moléculaire est destinée à se présenter tout entière comme une extension de la plus ancienne et de la plus parfaite de ses théories; je veux parler de la théorie cinétique des gaz, qui, depuis Daniel Bernouilli, a été confirmée par tant de faits, a aidé à dissiper tant d'obscurités, qu'on ne la met plus guère en doute.

7. — Ainsi, dans toutes ses parties, la physique a pour objet, non le phénomène, c'est-à-dire la sensation, mais ce qui explique la sensation, ce qui est avant elle, avant même l'excitation de l'organe, et a lieu tout aussi bien en l'absence de l'or-

gane. Elle traite des vibrations et ondulations des milieux élastiques discontinus, et des diverses combinaisons que ces vibrations et ondulations peuvent présenter, selon la constitution des milieux où elles se produisent et se propagent. Ces vibrations ne sont, pour le physicien, ni sonores, ni calorifiques, ni lumineuses, ni électriques ; elles sont transversales ou longitudinales ; elles diffèrent par la fréquence, l'amplitude, la forme, la vitesse de propagation. Elles peuvent quelquefois, dans des cas déterminés, très limités, exceptionnels, produire des sensations, si elles impressionnent d'une certaine manière un organe approprié ; mais elles ne sont pas elles-mêmes des sensations ; donc elles ne sont pas des phénomènes. Le titre du célèbre ouvrage de Tait, la *Science de l'Invisible*, pourrait être celui de n'importe quel traité de physique. Le physicien a dû partir de l'expérience, c'est-à-dire de données psychologiques ; mais, par l'analyse, il en dégage des conceptions qui n'ont plus rien que de physique. La physique est expérimentale au même titre que les mathématiques l'ont été ; on prouve les lois par l'expérience faute de pouvoir les démontrer, comme les pythagoriciens avaient *constaté* que la somme des nombres pairs consécutifs est un nombre carré. Mais ces lois expérimentales, on s'efforce ensuite de les déduire de quelque conception très générale et très simple. La constitution de la matière, qu'on entrevoit aujourd'hui comme une conséquence lointaine d'inductions hardies et pénibles, semble destinée à devenir, dans un état plus avancé de la science, le principe des déductions, et partant l'objet unique de toute la physique.

III

Quand un chimiste décrit un corps, il en fait d'abord connaître les propriétés organoleptiques, couleur, saveur, odeur, etc. Ces propriétés sont d'un grand usage dans la pratique, parce qu'elles donnent une première idée des corps et les peignent aussitôt à l'imagination, mais elles ne sont pas vraiment des propriétés de la matière ; elles sont des sensations provoquées en nous par des propriétés physiques.

Restent les propriétés physiques et chimiques. On les constate et on les mesure ; on peut déjà quelquefois les déduire les unes des autres. Ainsi, en vertu de la loi de proportionnalité, la quantité d'un corps donné qui entre dans une combinaison détermine la quantité du même corps qui entre dans toutes les autres combinaisons qu'il peut former. Du poids moléculaire, on peut passer au volume gazeux, et réciproquement, en vertu de la loi de Gay-Lussac, et de celles d'Avogadro et d'Ampère. Par la loi de Dulong et Petit, le poids atomique conduit à la chaleur spécifique des éléments solides, et Hermann Kopp a découvert une relation analogue entre les poids moléculaires et les chaleurs moléculaires. De la composition et constitution chimiques, on peut, dans certains cas, conclure à certaines propriétés relatives aux formes cristallines, d'après les travaux de Mitscherlich ; aux temps de volatilisation, d'après ceux de Bunsen ; à la polarisation rotatoire, d'après ceux de MM. Lebel et Van t'Hoff[1].

Si imparfaites que soient encore nos connaissances à cet égard, on peut assurer qu'il existe une connexion nécessaire et rationnelle de toutes les propriétés d'un même corps. Il est possible que le module de dilatation, par exemple, et l'indice de réfraction ne dépendent pas directement l'un de l'autre ; au moins dépendent-ils certainement, d'une manière plus ou moins indirecte, de quelque propriété commune. Autrement les propriétés d'un corps se répartiraient en deux ou plusieurs groupes indépendants, dont la coexistence constante serait inexplicable; à moins d'admettre qu'une divinité les a attachés ensemble comme le Plaisir et la Peine dans le mythe du Phédon.

Si l'on connaissait le système dynamique qui constitue l'équilibre moléculaire d'un corps défini, on pourrait en déduire sa densité, ses coefficients et limites de ténacité, d'élasticité, ses constantes capillaires, etc. On saurait comment une telle molécule vibre quand elle est écartée de sa position d'équilibre, comment se comportent à son égard les ondes qui la rencontrent, c'est-à-dire toutes ses propriétés optiques, thermiques, électriques.

Si l'on connaissait de même la constitution moléculaire de plusieurs corps, on pourrait calculer quels systèmes en équilibre sont séparément possibles avec les mêmes éléments, lequel de ces systèmes est le plus stable, et tend par conséquent à se réaliser à l'exclusion de tous les autres, enfin dans quelles conditions extérieures il peut et doit se réaliser ; en un mot, on déduirait théoriquement toutes les propriétés chimiques.

(1) Ils ont formulé presque en même temps (1874) cette loi, que tous les corps doués du pouvoir rotatoire ont un carbone asymétrique.

La notion de chaque espèce de corps doit donc se ramener à un nombre progressivement décroissant de propriétés fondamentales, et, en dernière analyse, à une seule propriété, dont toutes les autres dépendent, et par laquelle on le définira. Cette définition, de tout point comparable à celles des mathématiques, je l'appelle *essentielle*, car toutes les autres propriétés peuvent s'en déduire, comme en géométrie toutes les propriétés d'une figure se déduisent de la définition de cette figure.

On pourra être amené à concevoir des corps que nous n'avons jamais vus. Déjà en chimie organique, les théories ont permis de prévoir l'existence d'un grand nombre de corps composés qu'on a découverts par la suite ; même les systèmes périodiques de Lecoq de Boisbaudran, de Mendéléeff et de Lothar Meyer ont conduit à imaginer des éléments inconnus, à les décrire, à les nommer ; l'expérience a confirmé ces prévisions pour le gallium, le scandium, le germanium. Bien plus, la théorie pourra sans doute établir la possibilité de corps qui n'existent pas, et les propriétés qu'ils auraient, s'ils existaient. Car il n'est pas probable que la nature ait réalisé tous les corps possibles, ni que nous ayons l'occasion d'observer tous ceux qui sont réels.

La cosmologie devient ainsi indépendante de la réalité de ses objets, comme les mathématiques, aussi abstraite, aussi déductive qu'elles. Certes un tel résultat n'est qu'un lointain idéal ; peut-être ne l'atteindra-t-on jamais. Les expériences qui conduiraient à de telles généralisations sont peut-être impossibles à l'homme, et, fussent-elles possibles, personne ne s'avisera peut-être jamais de les faire. Les *cas privilégiés* nécessaires à l'enchaînement des déductions n'existent peut-être pas ; s'ils existent, ils ne sont peut-être pas à notre portée ; s'ils sont à notre portée, nul n'aura peut-être jamais l'adresse de les trouver. Mais tant que l'impossibilité d'un tel idéal n'est point démontrée, comme il est seul capable de satisfaire les exigences de la raison, il faudrait que l'humanité reculât vers l'animalité ou la civilisation vers la barbarie, pour que l'esprit humain se lassât de le poursuivre.

IV

En devenant abstraite et idéale, la physique s'absorbe-t-elle dans les mathématiques ou bien demeure-t-elle une science distincte et originale? Après avoir éliminé de son objet tout ce qui est phénomène psychologique, sensation, qualité pure, le physicien n'a plus devant lui que des problèmes de dynamique. Mais cela ne veut pas dire que la physique ne soit qu'un chapitre de la dynamique ; de même la géométrie ne cesse pas d'être une science distincte parce qu'elle emploie le secours de l'analyse algébrique.

D'abord, rien ne prouve qu'on s'en tiendra à la conception atomo-mécanique de la matière. Elle présente les plus graves difficultés[1]. Entre le mécanisme de Descartes et de Hobbes, et le dynamisme de Leibniz, ajustés l'un et l'autre aux idées modernes, l'hésitation est au moins permise. La notion de l'atome, si elle n'est pas abandonnée, sera probablement dépassée.

Le mécanisme a subi, depuis Descartes, plusieurs rudes assauts. Loin de le confirmer, les plus grandes découvertes de la physique ont semblé plus d'une fois le condamner. L'attraction newtonienne, puis les attractions et répulsions moléculaires, auxquelles on ramène aujourd'hui toutes les forces physiques, enfin l'élasticité du milieu ou des milieux où se meuvent les molécules, sont autant de défaites pour le mécanisme. Pourtant ce sont des coups dont il se relève en se transformant, en perdant peu à peu sa belle simplicité primitive.

On n'a jamais désespéré de ramener l'attraction newtonienne au mécanisme. Newton lui-même a eu soin de dire que *tout se passe comme* si les corps s'attiraient. Cette action à distance pourrait bien être une action transmise d'une manière continue à travers un milieu. L'attraction serait ainsi le résultat apparent de forces qui, en réalité, seraient impulsives.

Mais, outre l'attraction newtonienne, qu'il ne faut plus appeler universelle, puisqu'elle est caractéristique des molécules pondérables, on admet aujourd'hui des forces diverses, attractives et répulsives, dont seraient douées toutes les molécules pondérables et impondérables. Ce sont des forces immenses ; et Tyndall a pu dire que ces actions mutuelles des plus petites particules des corps, produisant notamment la cohésion et l'affinité chimique, sont des *géants déguisés*. Les forces répulsives peuvent être éliminées ; car l'expansibilité des gaz, dans la théorie cinétique, s'explique suffisamment par la

(1) Voy. J.-B. Stallo. *La Matière et la Physique Moderne*, Bibl. scient. intern.

seule force vive des molécules, et les autres semblent pouvoir être dérivées de leurs vibrations thermiques. Quant aux forces attractives, elles seraient toutes proportionnelles aux masses, mais décroîtraient avec la distance beaucoup plus rapidement que l'attraction newtonienne.

Les attractions moléculaires offrent à la théorie atomo-mécanique la même difficulté que l'attraction newtonienne : ce sont des actions à distance.

Quelle que soit la manière dont elle varie avec la distance l'attraction proportionnelle aux masses semble faire de la masse une propriété active : toute masse attire les autres masses. Dans un problème de mécanique rationnelle, la liaison de la force à la masse est toujours une hypothèse ; elle n'est jamais en cause; on dit : soit un point matériel de masse *m*, auquel est appliquée une force *f*. En physique, on affirme que tout corps agit par sa masse, qu'il est une force dès qu'il a une masse. Mais nous ne voyons pas qu'il doive nécessairement en être ainsi. Admettra-t-on que l'attraction a été universellement liée à la masse par un décret éternel de la Toute-Puissance? Ce serait introduire le mystère dans la science. On ne peut donc pas se dispenser de chercher une liaison rationnelle entre ces deux termes, et comme l'un ne saurait se déduire de la définition de l'autre, il faut bien admettre entre eux un ou plusieurs intermédiaires que nous n'apercevons pas, une propriété ou un système de propriétés inconnues, auxquels ils sont tous deux séparément, mais logiquement reliés.

Les phénomènes acoustiques, thermiques, optiques, électriques sont des vibrations et des ondes, se produisant et se transmettant dans des milieux élastiques. Des milieux élastiques sont encore nécessaires à la transmission des attractions newtonienne et moléculaire ; il en résulte que toute matière, pondérable et impondérable, est élastique. Mais on ne saurait, ni dans la doctrine mécanique, ni dans aucune autre, tenir pour définitive une théorie où l'élasticité serait considérée comme une propriété primitive de la matière. C'est une notion qu'il s'agit de réduire.

On dit qu'un corps est élastique, lorsque, après avoir été déformé par une force extérieure, sans dépasser certaines limites, il tend à revenir de lui-même à sa forme initiale, dès que cette force a cessé d'agir. S'il faut une force extérieure pour le déformer, c'est qu'il y a des résistances à vaincre, et des résistances finies, donc des forces intérieures tendant à maintenir la forme initiale. Le retour du corps à son premier état étant un mouvement, il existe en lui une force capable de le produire ; cette force est précisément la même qu'il a fallu vaincre pour produire la déformation.

On est donc conduit à concevoir toute molécule pondérable ou impondérable comme un système en équilibre stable. Quand cet état d'équilibre est rompu, le système tend à y revenir et le dépasse, donnant ainsi une série d'oscillations, à moins toutefois que les conditions de l'équilibre n'aient été bouleversées, ce qui a lieu quand la limite d'élasticité est franchie. Telle est la conception de Lamé [1], et il est à remarquer que le cas du pendule, par exemple, y est compris, bien que le pendule soit composé d'éléments théoriquement inélastiques. L'action de la pesanteur est, il est vrai, nécessaire à son fonctionnement ; mais on peut construire avec des matériaux inélastiques, des systèmes, tels que les gyrostats, qui reproduisent tous les faits d'élasticité, grâce à la seule force vive qui leur a été une fois communiquée. Diverses hypothèses, parmi lesquelles on connaît surtout celles de sir W. Thompson, ont été faites sur les équilibres moléculaires ; et, de fait, il ne paraît pas impossible de se représenter toutes les molécules pondérables et impondérables comme de petits gyrostats, ce qui fait de l'élasticité une propriété dérivée et réductible.

Mais ces équilibres moléculaires sont constitués par des forces attractives et répulsives. Ainsi, en éliminant l'action à distance, nous introduisons l'élasticité, et en éliminant l'élasticité, nous revenons à l'action à distance !

Au surplus, ce qu'il s'agit d'exclure d'une conception purement mécanique de la matière, ce n'est pas seulement l'idée d'action à distance et celle d'élasticité, mais aussi celle de toute *force* quelconque. Une force ne peut pas exister ; une force est une abstraction, une simple possibilité. Ce qui peut exister, c'est une certaine quantité de *force vive*. Une force n'est rien de plus qu'*un cas* dans lequel un mouvement se produit ou peut se produire. L'hypothèse de Boscovich est doublement condamnable : elle réalise deux concepts, celui du point géométrique et celui de la force. Elle crée la physique en disant : que la physique soit ! On dit qu'un corps est soumis à une force quand il se meut ou tend à se mouvoir ; et il tend à se mouvoir,

(1) *Mémoire sur les conditions d'équilibre d'un fluide éthéré*, Journal de l'École polytechnique, t. XIV.

quand il se mouvrait réellement s'il n'en était empêché; et il en est empêché, quand les circonstances peuvent se partager en deux groupes tels que chacun d'eux déterminerait un mouvement de sens contraire, s'il était seul. Or pour qu'il y ait un mouvement, il faut qu'il y ait une certaine quantité de force vive ; et comme la force vive ne saurait être ni créée ni détruite, dire qu'un corps est soumis à une force, c'est dire qu'une certaine quantité de force vive, actuellement présente, peut lui être communiquée par un autre corps, dans des conditions définies ou à définir. Toute théorie physique est donc imparfaite et provisoire, tant qu'elle n'est pas arrivée à expliquer tous les faits par de simples communications de forces vives. Les notions de forces attractives et répulsives conduisent, il est vrai, à des formules qui permettent de prévoir des effets et de les calculer; mais la tâche du physicien n'est pas finie; il reste à expliquer comment naissent ces attractions et ces répulsions, c'est-à-dire comment elles peuvent être produites par de simples communications de forces vives.

Or l'élasticité et l'action à distance sont des forces qu'on ne parvient pas à éliminer à la fois ; mais quand on veut réduire l'une d'entre elles à des transports de force vive, on suppose l'autre.

Ces difficultés ne sont pourtant pas suffisantes pour condamner définitivement la théorie mécanique. Toujours combattue, elle se défend et se relève toujours, déployant des prodiges d'ingéniosité pour se concilier avec les faits. L'esprit humain semble porté dans cette voie par un courant irrésistible. Ce courant n'est autre chose que le progrès naturel et régulier de la science elle-même. Si l'on jette un coup d'œil d'ensemble sur l'évolution historique de la physique, et sur le développement de chacune de ses théories, on voit que l'explication des phénomènes de la matière comporte trois stades successifs :

1° Découvrir et exprimer des relations *constantes* entre les faits observés. La physique est alors tout expérimentale, et imparfaitement séparée de la psycho-physiologie;

2° Se représenter ces relations comme existant uniquement entre des forces et des masses. Ces relations apparaissent alors comme nécessaires, et se déduisent; mais l'existence des forces elles-mêmes est établie par l'expérience et l'induction, sous forme de lois empiriques très générales;

3° Tout réduire à des masses et à des forces vives, les unes et les autres invariables en quantité, mais les forces vives susceptibles de se transmettre d'une masse à une autre.

En arriver là, ce ne serait point encore absorber la physique dans la dynamique.

La physique est la science de la *Matière*. Mais ce mot doit être affranchi de toute signification ontologique. La matière n'est pas une réalité, c'est un concept abstrait : ce qui peut être donné, ce sont les Corps, non la Matière. Il existe un parallélisme parfait entre les notions fondamentales des sciences précédentes, de la géométrie par exemple, et celles de la cosmologie, entre l'*Espace* et la *Matière*, entre les *Figures* et les *Corps*. La matière est la possibilité indéfinie des corps, comme l'espace est la possibilité indéfinie des figures.

Or il y a dans l'idée de corps quelque chose qui ne peut pas se construire avec des éléments empruntés à la seule dynamique. La géométrie traite déjà des corps, mais elle ne voit en eux que des figures. En mécanique, le corps a une masse. Tantôt on fait abstraction de sa figure pour ne considérer que sa masse, et le corps se réduit à un *point matériel*, tantôt on tient compte de sa figure, et le corps se définit alors un système de points matériels entre lesquels on imagine des liaisons. En physique, le corps a une *existence*. Il est une *chose*. Sa figure est la limite qui sépare le plein du vide. Aussi l'atome est-il une conception qui s'impose nécessairement à l'esprit du physicien ; car si l'on écarte la distinction du plein et du vide, la matière s'évanouit. Si tout est vide, le géomètre pourra encore peupler l'espace pur de ses figures inconsistantes, les mouvoir pour les comparer, les déformer, les transformer ; le dynamiste pourra encore attribuer à ces figures des masses et leur appliquer des forces, puisque ces masses ne sont que des coefficients donnés, et ces forces des possibilités de mouvements définis. Mais la Physique n'a plus d'objet. Elle n'en a pas davantage si tout est plein, car les corps n'auraient plus de limites, à moins de se différencier par des qualités internes, des *perceptions* et des *appétitions*, notions étrangères à la physique. Dans le plein *uniforme*, il n'y a plus ni figure ni mouvement, et « un état des choses est indiscernable de l'autre »[1].

Le corps, c'est l'espace occupé, par opposition à l'espace vide. Occupé par quoi ? Il n'appartient pas au physicien de le dire. Le corps, le corps élémentaire, c'est-à-dire l'atome, est

(1) Leibniz. *Monadol.*, 8.

pour lui le *quelque chose*, par opposition au *rien*. Il s'interdit de pénétrer dans son intérieur, sous peine de sortir du domaine de la physique.

Quelles sont donc les propriétés fondamentales de l'atome?

Il n'a pas de propriétés sensibles.

Il n'a ni température, ni couleur, puisque la chaleur et la lumière sont dues à des mouvements. Nous ne dirons pas non plus qu'il est résistant; la résistance des corps est une sensation du toucher, et le toucher est le moins connu et peut-être le plus complexe de tous les sens : un jour sans doute on saura distinguer pour les sensations tactiles, comme pour les sensations auditives, thermiques et lumineuses, le fait physio-psychologique de l'agent physique qui le produit. La résistance des corps est assurément dans la dépendance des attractions et répulsions intermoléculaires dont la nature nous échappe encore à peu près complètement; elle n'est pas une propriété intrinsèque de l'atome. On s'est demandé s'il ne pourrait pas être fluide aussi bien que solide! Il n'est pas plus solide que fluide : ces deux propriétés, effets de la cohésion, concernent les relations des atomes entre eux. Ce qui le dérobe à nos sens, ce n'est pas son exiguïté; c'est que nos sens sont excitables, non par ses qualités propres, mais par ses combinaisons et ses mouvements.

Il est *indivisible*.

Non pas qu'il soit doué d'une cohésion invincible; une telle hypothèse est doublement impossible : d'abord on ne saurait concevoir une force infinie; ensuite, si toute force est la possibilité d'une communication de force vive, toute force est interatomique et non intra-atomique. La conception atomistique implique donc que toute division effective consiste à séparer des atomes, et tombe dans leurs intervalles.

Il est *étendu*.

Beaucoup de savants sont encore disposés à réduire, avec Boscovich, les atomes à des points géométriques, centres de forces attractives et répulsives; ils seraient situés, mais ils ne seraient ni étendus ni figurés. A la notion d'étendue et de figure se substitue celle de la « sphère d'action » des forces attractives et répulsives. Mais nous avons vu que l'analyse ne saurait s'arrêter à la notion de force comme à un terme premier et irréductible. Etrange conception qui fait d'une force une entité, qu'on lie mystérieusement à une autre entité, qui est un point! Ajoutons que, d'après la théorie cinétique des gaz, les atomes ont à la fois des mouvements de translation et des mouvements de rotation ; il ne semble pas qu'on puisse se passer de ces mouvements de rotation pour expliquer certains faits, par exemple l'élasticité. Or la rotation d'un point est inconcevable. Il faut donc admettre que l'atome est étendu.

Enfin il est *impénétrable*.

Ce n'est pas l'expérience qui nous apprend que l'impénétrabilité est une qualité essentielle de la matière. Nous voyons constamment les corps se pénétrer : les mélanges et les dissolutions sont des pénétrations apparentes ; mais nous aimons mieux croire que les éléments sont juxtaposés, et demeurent distincts, quand il nous est devenu impossible de les distinguer. La résistance est une notion expérimentale, l'impénétrabilité non. Les corps sont résistants, mais pénétrables ; les atomes ne sont pas résistants, mais impénétrables.

Deux êtres, conçus sous la forme de l'étendue, ne sont deux pour l'esprit que si l'esprit peut les distinguer. Leibniz a raison de penser que toute dualité, toute pluralité est différence. On peut pourtant imaginer deux êtres entièrement identiques à tous égards : au moins faut-il, pour qu'ils soient deux, qu'ils diffèrent de situation, qu'ils soient en dehors l'un de l'autre. Ce principe que l'atome est impénétrable n'est donc au fond que cette proposition identique : deux atomes sont deux atomes.

Nous pouvons sans peine faire coïncider deux formes purement géométriques. Une fois transportées l'une sur l'autre, elles ne sont plus deux figures coexistant dans le même lieu, mais une seule figure ; et c'est précisément parce que deux figures peuvent, sans se déformer, se confondre en une seule, qu'elles sont égales. Au lieu de deux *figures*, supposons deux *êtres figurés*. Il n'est plus possible de les faire coïncider, parce qu'il n'est pas possible que deux êtres soient un être. C'est la propriété la plus fondamentale et la plus générale de l'être de ne pouvoir s'absorber et se fondre en un autre. L'idée d'impénétrabilité n'est autre chose que l'idée d'être, réduite à son attribut le plus général et le plus simple.

Le corps élémentaire, ou l'atome, est donc l'*être étendu*, l'*étendue impénétrable*, en quoi il se distingue du non-être, ou du vide, qui est l'étendue pénétrable. Ainsi conçu, et bien qu'il se définisse par l'idée d'être, l'atome n'a pas de réalité ; affirmer son existence par la raison que l'idée d'être est contenue dans sa définition, c'est renouveler l'argument ontologique. L'existence qui est contenue dans une idée ne peut être que l'idée d'existence. Ce qui est réel, c'est le concret, avec *toutes* ses déterminations. Il est inépuisable en qualité, mais la science isole ces qualités pour les étudier séparément ; elle a donc nécessairement pour objet des abstractions qu'il faut se garder de réaliser. Il ne faut pas se demander *s'il y a* des atomes, mais si les phénomènes physiques sont réductibles à des communications de force vive entre des atomes ; et le physicien, quand il y aura réussi, n'aura saisi qu'un aspect des choses. La conception ontologique de l'atome risquerait de fausser les principes de la physique et d'en arrêter les progrès, comme la conception ontologique de la force a fait chanceler les premiers pas de la dynamique. L'atome est un concept abstrait, aussi bien que les quantités pures, les figures purement géométriques, les points matériels sans figure et sans grandeur, mais doués de masse et soumis à des forces. Ajoutons à ces abstractions un élément de plus, l'impénétrabilité, ou le plein, ou l'être, et nous avons l'atome ; et nous passons de la Dynamique à la Physique.

La Physique n'a pas besoin, pour être vraie, que l'atome existe en soi et en dehors de tout esprit qui le pense ; de même que la géométrie n'est pas reléguée dans le domaine des chimères par les philosophies qui n'admettent pas la réalité objective de l'espace. Pour Leibniz, l'être n'est ni étendu, ni situé ; toute qualité est perception, toute force appétition. Mais un être quelconque ne peut percevoir ou se représenter les qualités ou perceptions d'un autre être, que comme des figures ou des mouvements, et les forces inhérentes à cet être, que comme des forces motrices. Toute conception du monde extérieur prend donc nécessairement, même pour un leibnizien, la forme de la figure et du mouvement. Il est donc à la fois légitime et nécessaire de substituer à la monade ontologique l'atome du physicien : c'est précisément cela qui s'appelle faire de la physique. Puisque cette science consiste à considérer les choses du dehors, et part des qualités sensibles, on pouvait prévoir qu'elle aboutirait à la conception d'un être dont la nature intime resterait indéterminée, et qui n'aurait que des propriétés extrinsèques. Les séduisantes doctrines de la Monadologie n'ont rien à voir avec la Physique.

L'atome est donc une abstraction qu'il faut bien se garder de réaliser, un artifice logique propre à relier tous les faits physiques en un système intelligible. L'analyse scientifique décompose les choses, et sépare les points de vue desquels on peut les envisager et les comparer; elle considère successivement, en allant du plus général au plus spécial, les relations quantitatives, géométriques, dynamiques, physiques, ces dernières n'étant pas moins abstraites et idéales que les premières.

CHAPITRE V

BIOLOGIE ET PSYCHOLOGIE

I

La biologie se divise en abstraite ou générale, et concrète ou spéciale. Chaque *propriété vitale* ou *fonction* doit être étudiée à part, dans tous les êtres où elle se rencontre : c'est la biologie générale ou *physiologie*. La biologie spéciale, *botanique* et *zoologie*, est l'étude des *espèces vivantes*, chacune avec tous ses caractères morphologiques et toutes ses fonctions. Cette division répond à celle que nous avons trouvée en cosmologie, entre la physique et la chimie.

Je ne saurais accepter la conception de Cl. Bernard, d'une physiologie *générale*, science des « phénomènes communs aux animaux et aux végétaux », et de physiologies spéciales — végétale, animale, — des vertébrés, des invertébrés, etc., — peut-être même de physiologies individuelles, allant jusqu'à l'étude des idiosyncrasies. On ne parle pas d'une physique générale, science des phénomènes communs à tous les corps, et de physiques spéciales pour chaque espèce de matière. La physiologie générale est *toute* la physiologie, car c'est l'étude de chaque propriété vitale, dans tous les cas qu'elle peut présenter, même les plus spéciaux, même les plus singuliers. Les lois de la vie sont les mêmes pour tous les vivants, sans quoi elles ne seraient pas des lois ; ce sont les vivants qui sont différents, non les lois qui les régissent ; de même que des corps différents présentent des phénomènes différents, bien qu'ils obéissent aux mêmes lois physiques [1].

(1) Au fond, Cl. Bernard n'a pas très nettement défini la *physiologie générale*. Par cette expression, ou par celle de physiologie *cellulaire*, qu'il préféré quelquefois, tantôt il entend une branche de la physiologie totale, tantôt une manière d'envisager la physiologie totale.

On divise communément la biologie en anatomie et physiologie. Cette division est fort utile dans la pratique, mais elle ne saurait être conservée quand il s'agit de l'ordre rationnel des connaissances.

Il faut, comme chacun sait, être bon anatomiste pour aborder utilement la physiologie. Tous les grands progrès en physiologie ont été précédés de découvertes en anatomie. Les dissections des Alexandrins ont suscité les travaux physiologiques de l'école de Galien. La découverte de la circulation du sang est suggérée à Harvey par celle des valvules des veines (Fabrice d'Acquapendente), et, en général, toute la physiologie moderne ne devient possible qu'après les découvertes anatomiques des XVIe et XVIIe siècles (Vesale, Fallope, Sylvius, Fernel, Morgagni, Mascagni, Sténon, Glisson, etc.). Enfin la création de l'histologie (Anatomie générale, de Bichat) et l'examen microscopique des tissus (Schwann, etc.) préparent l'œuvre de Magendie et de Claude Bernard.

Mais l'anatomie toute seule n'est pas une véritable science, car il ne suffit pas d'observer les structures ; il faut les expliquer ; or c'est la physiologie qui les explique.

L'anatomie proprement dite décrit l'organisme adulte, elle le prend après le développement terminé, avant la venue de la sénilité ; mais comme tout vivant se transforme sans cesse, depuis l'unique cellule du germe maternel jusqu'à la décrépitude finale, il y a une anatomie pour chaque âge. C'est ce que Sappey appelle l'*Anatomie des âges*. L'embryologie descriptive est partie intégrante de l'anatomie ; la structure s'éclaire déjà par l'histoire du développement. L'évolution individuelle suit une marche régulière caractéristique de chaque espèce ; l'individu ne se comprend pas sans l'espèce ; l'espèce, à son tour, ne se comprend que par les espèces antérieures d'où elle dérive et par les espèces voisines dont elle s'est différenciée. Déjà prolongée par l'embryologie, l'anatomie a donc encore pour complément nécessaire l'anatomie comparée ou *morphologie*. Ses descriptions doivent embrasser la continuité de l'évolution ontogénique et phylogénique de tous les organismes.

Ainsi entendue, cette science est encore purement descriptive. Ce n'est pas encore expliquer que de suivre la continuité des formes successives. Nous connaissons les phases de la caryocinèse, qui n'en est pas moins un grand mystère. Nous assistons, dans le champ du microscope, au dédoublement et à la migration des centrosomes, à l'expulsion des globules polaires, à la fusion des pronucléus mâle et femelle, à la segmentation de l'œuf, à la formation des feuillets du blastoderme, mais nous ne comprenons pas le mécanisme de ces transformations. L'anatomie se constate, mais jusqu'à présent ne s'explique pas. Nous voyons bien les individus d'une même espèce présenter la même succession uniforme de phases évolutives, nous n'avons pas pour cela résolu le problème de l'hérédité. C'est que, si l'histoire du développement commence à être un peu connue, la physiologie du développement n'est pas commencée. Or évidemment les structures ont leur raison dans les lois physiologiques, encore cachées, de l'évolution individuelle et de la transmission héréditaire.

Beaucoup d'anatomistes protestent avec raison contre l'abus des explications fonctionnelles et finalistes des moindres détails de structure. Quelle est la fonction du ligament rond de l'articulation coxo-fémorale? Est-il destiné à limiter les mouvements d'adduction de la cuisse? Est-ce une gaine protectrice aux vaisseaux de la tête du fémur? M. Tillaux en fait un ligament d'arrêt, qui protège le fond de la cavité cotyloïde dans le cas d'un choc sur le grand trochanter. Le fait est qu'un tel choc détermine souvent la fracture du col du fémur, mais ne défonce jamais la paroi, pourtant très mince, de la cavité articulaire. Peut-être le ligament rond a-t-il réellement ces trois usages, mais ce sont là des effets, non des fins. Car l'anatomie comparée montre que cette lame fibreuse est, chez l'homme, le reliquat d'un tendon, qui, au cours de l'évolution, s'est séparé de son muscle; on le voit, chez certains vertébrés, par exemple l'autruche, se continuer par un corps musculaire, homologue du pectiné de l'homme.

La fameuse glande pinéale est un exemple mémorable de ces explications fonctionnelles et finalistes qui tombent devant l'explication morphologique. C'est le débris d'un œil médian, qui existe encore chez certains lacertiens.

L'erreur de ces théories finalistes n'est pas de chercher dans la physiologie la raison des structures anatomiques, mais de faire de mauvaise physiologie, de voir une fonction là où il n'y en a pas, et une adaptation chimérique à cette fonction imaginaire. C'est bien à la physiologie qu'il appartient de rendre compte aussi bien de la régression d'un organe devenu inutile que de la formation d'un organe devenu nécessaire.

Et il ne s'agit pas ici de la fameuse question de savoir si c'est l'organe qui fait la fonction ou la fonction qui fait l'organe.

Nous ne nous demandons pas si c'est l'activité propre d'un tissu, qui l'accroît, la différencie et l'adapte. La croissance, dans des conditions et en un sens déterminés, est une fonction, la plus générale et la plus essentielle de toutes, celle qu'on peut le mieux assimiler à la vie elle-même. « La vie, dit Claude Bernard, c'est la *création organique.* » Cette fonction créatrice est évidemment la raison des structures.

Ainsi l'anatomie, qui, dans l'ordre de la recherche, précède nécessairement la physiologie, en devient une conséquence, dans l'ordre rationnel des démonstrations. La dissection et la micrographie sont des études assez considérables pour être séparées ; elles exigent des installations spéciales et des maîtres spéciaux, mais cette séparation est pédagogique et non logique. La science des structures ne saurait avoir qu'une indépendance provisoire ; elle doit un jour s'absorber dans la physiologie.

La distinction de la physiologie et de la pathologie n'est pas plus profonde.

Pratiquement elle est fort utile. On connaît les états morbides par comparaison avec l'état sain, comme on se représente, par comparaison avec l'adulte, les formes de la vieillesse, de l'enfance et de la vie embryonnaire.

En outre, l'indépendance de la pathologie est une condition de ses progrès. A plusieurs reprises dans l'histoire de la médecine (empiristes alexandrins, vitalistes modernes), on a vu renaître cette doctrine, que la maladie échappe à toute loi, parce qu'elle est essentiellement anomalie, écart de la nature ; la vie normale est définie, parce qu'elle est l'organisation et l'ordre ; le désordre organique et fonctionnel n'a pas de lois. Une telle conception est la négation même de la pathologie. L'étude d'une maladie n'entre guère dans la période scientifique, que quand elle se révèle comme une *espèce morbide.*

Lorsque la tuberculose pulmonaire était encore confondue avec d'autres affections des voies respiratoires, quand les lésions tuberculeuses étaient autant de maladies différentes qu'elles atteignaient d'organes divers, les faits pathologiques n'étaient susceptibles d'aucune liaison ni d'aucune interprétation. Si les maladies sont spécifiquement distinctes les unes des autres, à plus forte raison se distinguent-elles de l'état normal. Cette distinction si légitime et si nécessaire dans la pratique, ne sépare deux sciences que tant qu'on ne connaît, tant qu'on ne cherche que des lois empiriques, simple expression et classement des faits; elle se réduit à sa juste valeur à mesure qu'on acquiert une connaissance plus pénétrante de ce qui se passe dans l'intimité des tissus.

Alors la pathologie a bien des lois, mais elle n'a plus de lois qui lui soient propres; de même les principes de la mécanique ne sont pas différents, selon qu'ils s'appliquent à une machine neuve ou à une machine usée ou faussée. Qu'une lésion endocardique s'oppose à l'adossement complet des valves de la mitrale au moment de la systole, une partie du sang, chassée par la contraction du ventricule, refluera dans l'oreillette; c'est en vertu d'une loi physiologique que le cœur, pour obtenir le même effet utile, exécute alors des contractions plus énergiques et plus répétées; c'est en vertu d'une loi physiologique qu'ils s'hypertrophie d'abord et se sclérose ensuite, sous l'influence de ce travail excessif; c'est encore en vertu des lois physiologiques que se produisent alors la dyspnée, l'œdème pulmonaire, les congestions de divers organes. Quant à l'insuffisance de la valvule, elle s'explique par les lois physiologiques de la nutrition en vertu desquelles un tissu cicatriciel rétractile se développe au lieu et place d'un tissu local profondément altéré par l'inflammation. Enfin, l'inflammation elle-même, à laquelle Broussais voulait ramener toute la pathologie, se trouve être, d'après les travaux récents, une fonction physiologique, un moyen de défense de l'organisme. D'une manière générale, la théorie d'une maladie est faite quand on peut en expliquer toutes les altérations fonctionnelles et toutes les lésions organiques par les lois physiologiques connues.

Quant à la tératologie, Geoffroy Saint-Hilaire l'a rattachée définitivement à la pathologie. Les altérations organiques congénitales sont, en réalité, des altérations acquises, mais acquises avant la naissance, pendant la durée de la vie embryonnaire. Il n'en est aucune qui ne s'explique par un arrêt de développement, sous l'influence d'une cause qui, pourvu qu'on remonte assez haut, est toujours extérieure. Tous les faits tératologiques s'expliquent donc par les lois physiologiques du développement, et résultent de ce que les conditions normales en sont imparfaitement réalisées.

Par conséquent, la physiologie est à elle seule toute la biologie générale, et absorbe en elle l'anatomie, l'histologie, l'embryologie, la morphologie, la phylogénie, la pathologie, la tératologie. Elle est la science de toutes les lois de la vie, ou plus simplement la science de la vie.

Nous sommes ainsi conduits à des divisions analogues à celles de la cosmologie :

BIOLOGIE THÉORIQUE				BIOLOGIE PRATIQUE
PURE, ABSTRAITE OU GÉNÉRALE	*Appliquée ou concrète.*			
	Systématique ou spéciale.	Descriptive.	Historique.	
Physiologie comprenant aussi l'anatomie, la pathologie et leurs diverses branches.	Zoologie. Botanique.	Géographie biologique.	Paléontologie.	Arts qui utilisent plus spécialement des connaissances biologiques : *Hygiène et thérapeutique.* *a*). Végétales (agriculture, silviculture, etc.). *b*). Animales (élevage, pisciculture, etc., médecine vétérin.). c). Humaines (médecine).

II

Examinons maintenant si la biologie est une science distincte, ou si elle se ramène aux sciences physico-chimiques; autrement dit, si, en passant de l'étude des propriétés de la matière en général aux propriétés spéciales à la matière vivante, nous ne faisons que poursuivre le développement d'une même science, abordant et résolvant, avec les mêmes concepts fondamentaux et les mêmes principes, des problèmes de plus en plus complexes, — ou si nous entrons dans une science nouvelle, caractérisée par des principes et des concepts nouveaux et irréductibles.

1. — Pour beaucoup de biologistes, tous les phénomènes vitaux doivent pouvoir se réduire à des phénomènes physiques et chimiques. Cette doctrine est souvent désignée sous le nom de *mécanisme*.

Pour d'autres, il y a dans la vie quelque chose d'irréductible au mécanisme physico-chimique. Le vitalisme et l'animisme sont aujourd'hui abandonnés; c'était expliquer *obscurum per obscurius* et renouveler les qualités occultes. S'il était intéressant, au point de vue clinique, de prendre en considération la « vitalité » plus ou moins grande de chaque individu, ce pouvoir inégal de résistance aux agents morbides, il était puéril ou suranné d'expliquer la vie par un *principe vital*, qui fait songer à la *vertu dormitive* de l'opium. Ecartons aussi l'organicisme de Rostan, pour qui l'être vivant est « une horloge remontée ». Elle marche; son mouvement est un pur mécanisme; mais à l'origine elle a été remontée par le grand Horloger de l'univers. Cette doctrine n'est pas vitaliste, elle est pire: elle est théologique; elle explique la vie par un principe surnaturel. Mais il faut prendre en considération une autre doctrine qui n'est ni métaphysique, ni mystique, d'après laquelle, dans la série des phénomènes vitaux, s'interposeraient des éléments qui ne seraient ni mécaniques, ni physiques, ni chimiques, mais proprement vitaux, c'est-à-dire psychiques.

Peut-être n'avons-nous pas besoin de choisir entre les deux hypothèses pour résoudre le problème de logique qui nous occupe. Si nous montrons que, même dans l'hypothèse du mécanisme, même si tout le détail des phénomènes dont se compose une fonction est mécanique, physique ou chimique, l'explication d'un tel processus exige des éléments d'une autre nature, il faudra faire de la physiologie une science distincte et originale.

On ne donne pas le nom de fonction à tous les phénomènes qui se passent dans les organismes, mais seulement à ceux que les organes présentent en tant qu'ils sont adaptés à une certaine fin. L'oxygène atmosphérique, dans le poumon, se dissout dans le plasma du sang, en une proportion qui dépend de la composition de ce plasma, de sa température et de la pression de l'oxygène dans l'atmosphère; c'est là un phénomène physique. L'oxygène se fixe sur le globule en formant avec l'hémoglobine un composé défini; c'est là un phénomène chimique. Le sang ainsi oxygéné chemine dans les veines pulmonaires; puis la contraction du ventricule le chasse dans la grande circulation; c'est là un phénomène mécanique. Ces trois phénomènes peuvent se produire en dehors des corps vivants; on peut, *in vitro*, dissoudre l'oxygène dans le plasma, oxyder et réduire tour à tour l'hémoglobine; on peut faire circuler le sang ou un autre liquide dans un appareil artificiel plus ou moins analogue au système circulatoire. Mais nous exprimons une loi de physiologie, si nous disons que la *fonction* du sang est de porter aux éléments anatomiques du corps tout entier l'oxygène dont ils ont besoin.

Les phénomènes qui s'accomplissent dans les organes sont des fonctions, quand la conservation ou le bien-être du vivant y est intéressé. Il y a fonction partout où il y a *adaptation*, et par ce mot il faut entendre une relation de convenance entre l'organe et l'organisme, entre l'organisme et son milieu.

Adaptation ne veut pas dire *finalité intelligente;* il semble même que le mot *adaptation* ait été inventé pour éviter celui de finalité. La finalité est un mode spécial d'adaptation, et justement ce n'est pas dans les faits biologiques qu'il se rencontre. Il y a finalité dans un processus d'adaptation quand ce processus a pour origine une *intention*, le désir conscient d'une certaine fin, désir secouru par un art savant. C'est le cas de toutes les machines artificielles. Le finalisme est impliqué dans la comparaison du vivant à une machine, et peut-être y a-t-il quelque inconséquence dans la pensée de beaucoup de savants qui sont à la fois adversaires de la téléologie et partisans du mécanisme vital. L'adaptation organique, même chez les êtres intelligents, n'a jamais le caractère de la finalité intelligente. Le travail de nutrition réparatrice et formative, de création morphologique, s'accomplit dans le vivant à son insu; quand ses actes sont intentionnels, il ignore les changements qu'ils apportent à son organisation, et que la concurrence vitale fixera peut-être chez ses descendants. Il poursuit, sans la connaître, la destinée organique de son espèce.

Loin d'exclure le déterminisme, l'adaptation le suppose et s'y ajoute. M. Paul Janet[1] a observé avec raison que le déterminisme n'est pas une objection contre la finalité, qu'il en est au contraire une condition. La série de phénomènes par laquelle une excitation détermine une réaction peut même être toute physico-chimique : les lois communes de la matière trouvent certainement aussi leur application dans la matière vivante, et suffisent dans certains cas à rendre compte de tout le détail des phénomènes. Ce détail est la seule chose à considérer dans l'ordre cosmologique, où il n'y a pas d'adaptation manifeste; mais quand il s'agit de concevoir la vie, il faut y superposer un

(1) *Les causes finales*, passim.

point de vue nouveau, une nouvelle manière d'envisager les séries causales.

L'adaptation n'est pas un fait, pas plus que le déterminisme. L'un et l'autre sont des relations que l'esprit conçoit et exige entre les faits. Ces deux relations sont de nature différente; la première est une nécessité, la seconde une harmonie. Le déterminisme est une condition d'intelligibilité commune à tous les faits, organiques et inorganiques; pour l'interprétation des phénomènes de la vie, deux conditions sont nécessaires : le déterminisme et l'adaptation.

L'esprit n'a aucune raison d'attribuer des limites à la série des faits tant qu'il n'en considère que le déterminisme; elle se prolonge indéfiniment dans les deux sens : il y a toujours des causes des causes et des effets des effets. Mais pour rendre compte d'une adaptation, soit dans une machine artificielle, soit dans un vivant, on est conduit à détacher de la série indéfinie, où règne d'ailleurs un déterminisme rigoureux, un segment qui a son unité, qui est un tout, qu'il est superflu de prolonger, et impossible de raccourcir. Le terme final, la *réaction* est un certain résultat nécessaire à la conservation, ou utile au bien-être de l'individu ou de l'espèce; le terme initial ou *excitation* est la mise en jeu de l'appareil propre à déterminer précisément la réaction appropriée. Objectivement et dans la chaîne des faits, le terme initial et le terme final sont des chaînons que rien ne distingue des autres chaînons; si l'un est initial et l'autre final, c'est au point de vue des exigences de la raison, et pour le genre d'intelligibilité que l'on cherche.

L'adaptation introduit des notions qui n'ont pas d'analogues dans les sciences physico-chimiques, celles du *mieux* et du *pire*, du *normal* et du *pathologique*, du *progrès* et du *regrès*. Au point de vue du déterminisme des phénomènes, rien n'est normal ni anormal, tout est naturel. Il n'y a dans le monde inorganique que des *changements;* dans le monde vivant, il y a *évolution* régressive ou progressive.

Le mécanisme physiologique fait de tout vivant un automate. Considérons quelques exemples bien nets d'automatisme fonctionnel.

Il faut que le sang des vertébrés soit toujours suffisamment chargé d'oxygène, et l'acide carbonique suffisamment éliminé. Or l'acide carbonique a la propriété d'exciter les centres respiratoires du bulbe, de sorte que si la veinosité du sang augmente, le rythme respiratoire s'accélère, si elle diminue, il se ralentit.

Chez les êtres qu'on appelait autrefois animaux à sang chaud, et qu'il faut appeler aujourd'hui animaux à température constante, la température ne peut varier sans danger qu'entre des limites étroites ; dès que le milieu extérieur se refroidit ou s'échauffe, les petits vaisseaux des tissus superficiels se contractent où se dilatent, empêchant ou favorisant la perte de chaleur par rayonnement. Or c'est justement la température extérieure, qui, excitant la sensibilité cutanée, détermine, par action réflexe, ces phénomènes de vaso-dilatation et de vaso-constriction.

C'est la présence d'un corps sur la langue qui excite la sécrétion salivaire nécessaire pour le déglutir et le digérer ; c'est le contact du sang sur les parois du cœur qui détermine les contractions cardiaques, la présence de l'urine dans la vessie qui provoque les contractions vésicales ; c'est l'action de la lumière, sur des terminaisons nerveuses appartenant au système du trijumeau, qui règle les mouvements de l'iris et l'ouverture de la pupille.

On pourrait multiplier presque indéfiniment les exemples. Ceux que nous venons de citer appartiennent au système nerveux. Ce sont des *réflexes*. L'automatisme fonctionnel existe aussi chez les êtres dépourvus de système nerveux ; tels sont le sommeil des plantes et les mouvements diurnes de leurs feuilles. Pendant la nuit, les feuilles opposées ou les folioles de certains végétaux se replient en s'adossant : ce mouvement a pour effet, sinon pour fin, de diminuer la perte de chaleur par rayonnement. Les feuilles de tous les végétaux, tant qu'elles sont en voie de croissance, s'inclinent sous l'influence de la lumière, de manière à placer leur limbe plus ou moins perpendiculairement à la direction des rayons lumineux. C'est la lumière même qui cause ce mouvement, en diminuant d'un seul côté l'activité nutritive et la vitesse de croissance des pétioles et des tiges ; cette inégalité les courbe, et fait prendre au limbe la position la plus favorable à la fonction chlorophyllienne.

De tels faits sont tout à fait comparables au jeu des machines dites *automatiques*. Pour obtenir de bonnes cultures bactériologiques, il faut des étuves à température constante. M. Roux a imaginé pour cela un ingénieux dispositif. L'étuve, chauffée par une rampe de gaz, renferme une longue tige métallique fixée par une de ses extrémités ; elle s'allonge quand la température s'élève et se raccourcit quand elle s'abaisse; son extrémité libre est articulée à un levier qui règle l'admission du gaz; c'est ainsi l'excès ou le défaut de chaleur qui diminue ou augmente automatiquement le chauffage.

On dit souvent *automatique* au sens très général de mécanique ou de machinal. Je propose de réserver ce mot, qui fait double emploi dans cette acception trop générale, pour les mécanismes qui fonctionnent sans qu'une volonté intelligente ait à intervenir une fois qu'ils sont mis en train. Toutes les machines artificielles ne sont pas automatiques, parce qu'elles sont au service de l'homme et qu'il les dirige. Avant l'invention de M. Roux, le bactériologiste devait surveiller le thermomètre et manœuvrer les robinets. L'invention tendait précisément à rendre cette surveillance inutile.

Une soupape de sûreté est une machine automatique, car c'est la pression elle-même qui, devenue excessive, ouvre passage à la vapeur, ce qui dispense de surveiller le manomètre. Il en est de même d'une soupape quelconque : elle est ouverte par le courant qui doit passer, fermée par le courant qui ne doit pas refluer. Le tiroir de la machine à vapeur, le *cuir embouti* de Brama, le pendule compensateur de Bréguet, celui de Graham, le régulateur de Foucault pour la lampe à arc, et en général tous les instruments de régulation, sont des machines automatiques. Ce qui caractérise de tels appareils, c'est qu'ils sont *mis en jeu par l'excès ou le défaut qu'il s'agit d'éviter*.

Par analogie, il y a automatisme fonctionnel toutes les fois que la *nécessité de la fonction détermine l'activité de l'organe*.

Il peut se faire que ces processus physiologiques ne contiennent en eux que des phénomènes physico-chimiques, absolument comme l'étuve à température constante de Roux, ou le pendule compensateur de Bréguet. Pourtant le mécanisme est impuissant à en rendre compte, comme il est impuissant à rendre compte même d'une machine. Il ne suffit pas, pour qu'une machine soit expliquée, de décrire la forme et le jeu de toutes ses pièces, et le déterminisme des phénomènes qui s'y passent, il faut remonter à son origine, et l'explication comprendra quelque chose qui n'est pas mécanique : le génie de l'inventeur et l'art de l'ouvrier. De même pour rendre compte de l'automatisme physiologique, il faut expliquer la genèse de l'organe adapté qui fonctionne automatiquement.

On admet généralement que les réflexes sont acquis; chez

les animaux un peu élevés en organisation, il n'est pas douteux qu'ils aient pour origine des actes conscients et intentionnels devenus inconscients et mécaniques. Les éléments psychiques, rendus inutiles par l'habitude, ont à peu près disparu; mais comme ils ont d'abord été nécessaires à la production du phénomène, ils sont encore nécessaires à son explication.

Une grenouille privée des hémisphères cérébraux retire sa patte si on la blesse, la frotte avec l'autre si on la brûle par un acide; elle est encore capable de maintenir son équilibre par des mouvements appropriés. Je tourne lentement la main qui la supporte, ses muscles agissent pour conserver au corps sa position naturelle, et quand vous croyez qu'elle va glisser, vous la voyez se réinstaller en une attitude nouvelle. Mais voici qui semble d'abord plus curieux, et, en réalité, ne l'est ni plus ni moins : si on a enlevé le manteau des hémisphères en respectant le mésencéphale, la grenouille est encore capable de happer au vol une mouche qui passe.

Deux interprétations de ces expériences sont possibles : ou bien l'activité psychique, qui, chez les animaux supérieurs, semble spécialement localisée dans l'écorce cérébrale est plus diffuse chez les animaux inférieurs; les noyaux gris du mésencéphale et de la moelle sont des centres de sensibilité et de volonté; la grenouille *sent* réellement la brûlure; elle sent avec sa moelle; elle *voit* réellement la mouche; elle voit avec son mésencéphale; la sensibilité générale et spéciale, avec ses réactions motrices habituelles, est encore possible sans le manteau des hémisphères. S'il en est ainsi, l'activité psychique intervient nécessairement dans l'explication de ces phénomènes.

Ou bien l'ablation de la substance corticale a supprimé toute activité psychique; la grenouille ne voit plus, ne sent plus, ne veut plus; l'excitation détermine la réaction appropriée par un processus purement physico-chimique. Un tel automatisme est un effet de l'*habitude*.

L'habitude est la transformation de l'organe par la fonction : *tout acte qui se répète s'accomplit chaque fois avec un effort moindre*, pourvu toutefois qu'il n'altère pas trop profondément les tissus. Cette diminution de l'effort s'explique naturellement par une diminution de la résistance, par une meilleure adaptation organique. Il n'y a peut-être dans un acte réflexe, et, en général, dans une fonction automatique, aucun élément qui ne soit physico-chimique, depuis l'excitation initiale jusqu'à la réaction finale. La grenouille brûlée par un acide n'a pas senti la brûlure ; le caustique en excitant les terminaisons nerveuses périphériques, a déterminé directement la réaction motrice ; l'animal frotte sa cuisse brûlée avec son autre patte par un mouvement involontaire et inconscient. Pareillement, la grenouille a happé la mouche sans le vouloir et sans la voir. Des ondes lumineuses ont excité la rétine, l'excitation a déterminé non la vision, mais le mouvement réflexe de préhension.

Mais pour expliquer ce fait, il ne suffit pas de considérer la série de phénomènes qui commence à l'excitation pour aboutir à la réaction ; il faut chercher comment s'est formée une telle adaptation organique. Accordons, si l'on veut, que la modification de l'organe peut bien n'être qu'un effet purement mécanique, ou physico-chimique de son activité ; mais l'explication doit remonter jusqu'à l'activité non habituelle qui est à l'origine. Pareillement pour expliquer la machine artificielle, il ne suffit pas de connaître de quelles pièces elle se compose et comment elle fonctionne ; il faut montrer comment elle a été construite, et remonter jusqu'au constructeur et à l'inventeur.

Donc, dans tous les cas, quand il s'agit d'automatisme physiologique, l'explication doit contenir des éléments psychiques, car la structure actuelle de tous les vivants est un effet de leur activité antérieure. Ce qui s'explique provisoirement par la structure et l'habitude, s'explique définitivement par l'activité non habituelle qui a déterminé la structure.

Il faut donc admettre qu'il est des fonctions vitales qui ne sont point automatiques, et qui exigent, je me garderai bien de dire la conscience, — mais la sensibilité et l'activité psychique. Il y a, même pour la plus humble des cellules, végétale ou animale — surtout pour la plus humble — un bien-être et un mal-être ; et le bien-être détermine le repos, le mal-être détermine l'action. Nombre de protozoaires sont sensibles à la lumière ; les uns la fuient, et se massent dans le coin le plus obscur de leur aquarium, d'autres la recherchent et se groupent dans la partie la plus claire ; pour d'autres enfin, il y a un optimum ; ils se concentrent dans une zone moyenne. Cela ne veut pas dire qu'ils voient. Mais ils s'agitent dans leur liquide tant qu'ils s'y trouvent mal, et s'arrêtent quand ils s'y sentent bien. Si on place dans une cellule soigneusement close entre une lame et une lamelle de microscope, une goutte d'eau contenant des bactéries bien vivantes, elles absorbent d'abord tout l'oxygène dissous dans leur goutte d'eau, puis elles meurent. Mais s'il se trouve dans la préparation une bulle d'air, on les voit se ranger en cercle tout autour, comme des grenouilles autour d'une mare. Si on chauffe légèrement le centre d'une lame de verre sur laquelle on a placé des spermatozoïdes, on les trouve, au microscope, morts et immobilisés en zone circulaire, comme s'ils avaient cherché à fuir. On ne peut songer à reconnaître dans des organismes et des éléments anatomiques aussi simples une activité intentionnelle, ni même une conscience comparable à celle des animaux supérieurs ; on ne peut pas davantage leur refuser la sensibilité, puisque l'automatisme, là où il existe, n'est pas seulement l'absence, mais la disparition de la sensibilité.

Nous admettrons donc que, dans l'explication d'une fonction quelconque, il y a toujours à tenir compte soit d'une sensibilité actuelle et présente, soit d'une sensibilité antérieure et disparue. Tout *organe s'adapte ou s'est antérieurement adapté* : il s'adapte quand un fait de sensibilité est un élément nécessaire de la série causale qui va de l'excitation à la réaction, c'est le commencement d'une habitude ; il s'est antérieurement adapté, quand cet élément affectif, rendu inutile par l'habitude, a disparu.

2. — Cl. Bernard, adversaire déclaré du vitalisme et de l'organicisme, refuse pourtant de se prononcer pour le mécanisme. Il pose en principe le déterminisme des phénomènes, sans lequel il n'y a pas de science ; ensuite, les phénomènes, objet de la physiologie, doivent être tous physico-chimiques, sans quoi ils se déroberaient irrémédiablement à nos procédés expérimentaux. Le déterminisme des phénomènes physico chimiques qui se passent dans les organismes vivants, tel est, pour lui comme pour les mécanistes, l'objet de la physiologie ; seulement il avoue que ce déterminisme est incapable de rendre compte de l'organisation et de la vie.

Le maître de la physiologie moderne a, sur ce point, des hésitations, des alternatives de hardiesse et de scrupules ; mais il préfère encore le finalisme au mécanisme. Il admet un *dessein*, un *plan organique*, une *idée directrice*. Il repousse toute téléologie « extraorganique », mais il pense que la conception de finalités *particulières*, *intraorganiques* peut être un « adjuvant pour l'esprit ». « Dans l'individu vivant seulement on peut voir une intention qui s'exécute. Le tube digestif de l'herbivore est fait pour digérer les principes alimentaires qui se rencontrent dans les plantes. Mais les plantes ne sont pas faites pour lui. — La nature ne condamne pas certaines espèces à être dévorés par d'autres, elle leur donne au contraire l'instinct de conservation, de prolifération, et des moyens de résistance pour échapper à la mort. Les lois de la finalité particulière sont rigoureuses, les lois de la finalité générale sont contingentes[1]. »

Cl. Bernard distingue deux sortes de phénomènes vitaux :

1° Des faits de *destruction vitale*, correspondant aux fonctions. L'organe s'altère en fonctionnant, c'est à l'énergie mise en liberté dans cette désintégration que sont dues les manifestations fonctionnelles. Ces phénomènes s'accomplissent sous l'influence de conditions dont nous disposons, et donnent prise à la recherche expérimentale ;

2° Des faits plastiques, ou de *création vitale*, correspondant au repos fonctionnel et à la régénération organique. Ceux-là sont plus difficiles à connaître.

Les anesthésiques suspendent les phénomènes proprement vitaux et respectent ceux de désintégration chimique. Le chloroforme ou l'éther paralysent le ferment figuré de la levure de bière, non le ferment soluble, qui n'est pas vivant; ainsi la levure chloroformée ne transforme plus le sucre en alcool, mais elle transforme encore le saccharose en glycose. La sensitive chloroformée ne replie plus ses folioles et ses pétioles ; le chou chloroformé ne fixe plus l'acide carbonique de l'air sous l'influence de la lumière ; mais ces plantes continuent à respirer. Les anesthésiques sont ainsi de véritables « réactifs de la vie » ; ils permettent de séparer les phénomènes physiques et chimiques qui se passent dans les vivants, des phénomènes qui sont la vie elle-même.

La *création vitale* est une double synthèse, chimique et morphologique. La synthèse chimique est difficile à étudier, parce qu'elle ne peut être réalisée artificiellement que par des voies très indirectes, mais elle est encore accessible à la recherche expérimentale. La synthèse morphologique est irréductible au déterminisme, autant dire inexplicable. Chaque vivant continue et répète ses ancêtres, obéissant à une sorte de « consigne » ; le germe « semble garder la mémoire » de l'organisme dont il procède. Sur ces lois morphologiques nous n'avons aucune prise : la zoologie et la botanique se bornent à

(1) *Leçons sur les ph. de la vie*, 8e leçon.

les « contempler[1] ». Cl. Bernard se résout ainsi à soustraire à la science et à vouer au mystère impénétrable toute une partie, et la plus importante, des manifestations vitales.

Il n'y a pourtant pas lieu de frapper d'interdit, ou de transférer à la métaphysique, tout un domaine dont la plupart des savants ne sont pas d'ailleurs, malgré l'insuffisance du savoir présent, disposés à se dessaisir. Le problème de la création morphologique n'est pas résolu, mais il n'est pas désespéré. Seulement le déterminisme des phénomènes est insuffisant pour en rendre compte; car la création morphologique, c'est l'adaptation.

Le déterminisme, on ne saurait sérieusement le contester, s'étend aux faits de création morphologique. On sait qu'il existe, chez les métazoaires, des cellules dites *indifférentes*, qui semblent pouvoir devenir, selon la place qu'elles occupent, cellules conjonctives, glandulaires, épithéliales ou autres, ou rester indépendantes et migratrices. Inversement les cellules fixes d'un tissu, dans des conditions déterminées, l'inflammation par exemple, subissent une sorte de fonte régressive, et redeviennent indifférentes. Ainsi, il y a une certaine ambiguïté dans la destinée future des éléments histologiques : des cellules identiques peuvent évoluer différemment, et chacune concourt, pour sa part, à la réalisation du plan morphologique. Mais elle y est contrainte par les circonstances dans lesquelles son évolution s'accomplit. Cela est plus intelligible qu'une consigne. Un embryon de chien est quelque temps indiscernable d'un embryon humain ; mais l'un se développe dans un utérus de chienne, l'autre dans un utérus de femme, sans parler des différences que le microscope et les réactifs ne révèlent pas. Toutes les transformations *possibles* d'un élément sont limitées par sa constitution propre, toutes ses transformations *effectives* sont déterminées, par les conditions propres, locales et temporaires, du milieu où il se trouve placé.

Le déterminisme ne souffre sans doute en biologie aucune exception; mais il n'y rend pas compte de tout. Il ne faut pas le nier : il faut le dépasser. Il explique la liaison des moyens; mais il faut tenir compte de la fin, c'est-à-dire terminer la

(1) « Nous séparons la *phénoménologie* vitale de la *morphologie* vitale. La morphologie vitale, nous ne pouvons guère que la *contempler*, puisque son facteur essentiel, l'hérédité, n'est pas un élément que nous ayons en notre pouvoir et dont nous soyons maîtres comme nous le sommes des conditions physiques des manifestations vitales ; la phénoménologie vitale au contraire nous pouvons la diriger » (*Ibid.*, 8e leçon, p. 312).

série causale à un état qui en est la raison d'être, parce qu'il est un *bien*. Au point de vue physico-chimique, la série des causes et des effets se prolonge indéfiniment; au point de vue physiologique, elle a un terme. Le professeur Balbiani a montré que la forme des protozoaires dépend de la composition chimique de leur protoplasma ; dès que cette composition s'altère, la forme change; dès qu'elle se rétablit, la forme primitive est restaurée. Or la composition s'altère et la forme change toutes les fois que la cellule fonctionne; l'une et l'autre tendent à se reconstituer, par absorption de certains matériaux et expulsion de certains autres, puis par un travail intérieur qui est l'*assimilation ;* ce dernier phénomène est sous la dépendance du noyau : c'est à peu près tout ce que nous en savons. Il y a donc pour la cellule un état chimique et morphologique, qui est son état normal, son *bien;* elle tend à y revenir quand elle s'en est écartée; elle se transforme jusqu'à ce qu'elle y soit revenue; et quand elle y est revenue, elle demeure en repos jusqu'à ce qu'une excitation nouvelle provoque à nouveau la fonction.

La création morphologique, l'adaptation, c'est proprement la physiologie même. Etudier les osmoses et les dialyses, les oxydations, réductions, dédoublements qui se passent dans les vivants, c'est faire de la physique et de la chimie biologiques, c'est-à-dire tout simplement de la physique et de la chimie. Ces recherches, indispensables à la physiologie, ne sont pas plus la physiologie que le calcul différentiel n'est la dynamique. On ne dit pas que la dynamique se confond avec l'algèbre parce que tout s'y réduit à des relations entre des quantités : car on cesse de faire de la dynamique si l'on ne considère plus que ces quantités sont des vitesses, des masses et des forces. De même on ne fait pas de la physiologie, si l'on ne considère pas que le déterminisme des phénomènes s'y dispose en processus d'adaptation.

3. — On est quelquefois porté à considérer le transformisme comme une explication complète et purement mécanique de l'adaptation. Il n'en est qu'une explication partielle, et cette explication n'est pas purement mécanique.

Il consiste, au total, à rendre compte de l'adaptation par la disparition de tous les individus non adaptés. On a souvent insisté sur les variations et les différenciations des espèces; il est bon de re[illegible]ter que l'élimination constante des imperfections organiques est également propre à faire comprendre la fixité relative du type spécifique. Tant que les conditions d'existence restent les mêmes, il se maintient, par élimination des écarts ; à mesure que les conditions changent, il tend à se modifier, par élimination des individus qui ne se transforment pas.

Mais cette explication toute négative est loin de suffire ; elle fait voir pourquoi des êtres non adaptés n'existent pas, non pourquoi des êtres adaptés existent. L'impossibilité du *contraire* n'est jamais une preuve ; on sait que si deux propositions contraires ne peuvent être toutes deux vraies, elles peuvent être toutes deux fausses. L'existence d'une espèce n'apparait pas comme nécessaire parce que toute autre espèce était impossible dans les mêmes conditions, car il était peut-être possible que celle-là n'existât pas davantage. L'adaptation se produit, nous dit-on, parce *qu'il faut* qu'elle se produise et que sans cela l'espèce disparaîtrait. Mais pourquoi ne disparaît-elle pas ? Il faut que des caractères nouveaux apparaissent. Mais comment apparaissent-ils ? Il faut que ces caractères se fixent. Mais comment se fixent-ils ? On rencontre ici les grands mystères de l'histogénèse et de l'hérédité, c'est-à-dire les aspects principaux de la création morphologique.

L'élimination des individus non adaptés est quelquefois considérable. La conservation de certaines espèces exige parfois des conditions trop complexes, des rencontres trop extraordinaires pour n'être pas exceptionnelles. Les ténias ne peuvent subsister que par un double parasitisme ; chacun d'eux doit traverser des animaux différents, parfaitement déterminés pour chaque espèce. Ainsi le Ténia Inerme vit d'abord dans le muscle du bœuf, où il ne peut se reproduire ; parvenu à un certain développement, il s'enkyste et meurt, à moins que la chair du bœuf, imparfaitement cuite, ne soit, juste à ce moment, ingérée par un homme ; alors commence une seconde vie parasitaire dans le tube digestif de l'homme ; les *cucurbitins* expulsés avec les excréments contiennent des œufs qui seront détruits avec le temps, à moins qu'ils ne soient avalés par un bœuf. Le cycle peut alors recommencer. Un ténia, parasite de l'intestin du porc, a pour hôte intermédiaire le rat ; la propagation de cette curieuse espèce a pour condition qu'un rat, qui ait préalablement mangé des excréments d'un porc infesté, soit à son tour mangé par un autre porc, circonstance assurément rare, le porc n'étant pas naturellement carnivore. Des espèces, dont la conservation est subordonnée à des conditions aussi étranges, n'auraient qu'une existence précaire, si le nombre prodigieux des œufs n'était suffisant pour assurer quelque probabilité de survie.

Nous comprenons bien que les seuls ténias qui existent doivent être doués de cette fécondité inouïe, parce qu'ils sont les seuls possibles. Beaucoup d'œufs périront, faute d'être ingérés par un animal, et par celui-là seul où ils peuvent se développer; beaucoup se fourvoient dans les tissus d'un hôte où ils peuvent commencer leur évolution, mais non la poursuivre; d'autres ne passeront jamais à la seconde vie parasitaire, ou ne la conduiront pas jusqu'à la maturité sexuelle. Aussi ces animaux, qui n'ont pas d'appareil digestif, pas d'organes respiratoires, un système de circulation très rudimentaire, ont des organes sexuels très développés, qui occupent presque tout le corps de chaque cucurbitin. Nous voyons bien qu'il faut que ce soit ainsi; nous voyons aussi qu'à mesure que les conditions de l'existence parasitaire devenaient plus étroites, plus spéciales, il fallait que la fécondité augmentât. Mais comment ces organes sexuels si développés, si complexes, se sont-ils formés, accrus? Comment se forment-ils aujourd'hui dans chaque animal? Les moins féconds ont disparu, soit; mais comment y en a-t-il eu de plus féconds? Comme il y a lutte pour la vie, il y a naturellement des blessés et des morts; mais comment y a-t-il des combattants?

Loin de ramener la science de la vie au déterminisme physico-chimique, le transformisme nous montre au contraire partout le spectacle de la sensibilité et de l'effort. Le vivant est un lutteur qui s'ingénie et s'évertue, qui répugne à la souffrance, qui aime la vie, et use de toutes ses ressources pour la conserver et pour l'accroître. Le transformisme est assurément l'une des plus belles conquêtes de la science; il élimine de la biologie la conception paresseuse de la finalité théologique, mais il n'exclut pas, il suppose au contraire l'existence d'un facteur psychique sans lequel ses explications, toutes négatives, sont incomplètes.

CHAPITRE VI

BIOLOGIE ET PSYCHOLOGIE (*Suite*).

1. — Tous les vivants sentent et agissent, même les animaux dépourvus de système nerveux, même les végétaux. Toute cellule est douée d'irritabilité, et un élément psychique s'interpose, — ou s'est interposé, — entre l'excitation et la réaction ; il ne fait défaut que quand il a été éliminé par l'habitude. Dans les industries humaines, à mesure que le travail se divise et s'organise, il devient de plus en plus machinal, et c'est alors qu'on remplace l'ouvrier qui comprend et qui veut, par une machine aveugle. De même la cellule qui réagit automatiquement à un excitant, a senti et voulu à l'origine. Les organismes les plus simples sont ceux où l'élément psychique a la plus grande importance relative, car ils sont les moins adaptés, les moins automatiques.

Mais s'il faut dire activité *psychique*, il ne faut pas dire activité *consciente*.

Ce que nous appelons conscience n'est pas un phénomène simple. La conscience, c'est la réflexion ; elle suppose toujours, à quelque degré, un effort et un retour sur soi-même. La sensation pure n'est pas consciente. Avoir conscience, ce n'est pas seulement sentir, c'est sentir que l'on sent. La conscience d'une souffrance, cela fait deux phénomènes, la souffrance et la conscience de souffrir. Je puis sentir sans le savoir, ne pas remarquer ma souffrance et ne pas m'en souvenir. Le plus souvent, sinon toujours, j'ai déjà commencé à sentir avant de m'apercevoir que je sens. Quand l'être sentant est tout entier à sa sensation, il ne sait pas qu'il sent ; pour savoir qu'il sent, il faut qu'il dégage de son expérience antérieure la notion du *moi*, qu'il compare son état présent à ses états passés. *Je sens*, cela veut dire : moi, qui pourrais ne pas sentir ou sentir autrement, et qui ai senti autrement, j'expérimente actuellement telle modification affective. La conscience est un phénomène aussi complexe, aussi différent de la sensation, que la perception extérieure elle-même. Elle suppose la mémoire; et le souvenir n'est pas seulement, comme on l'oublie trop souvent, le retour d'un état antérieur, c'est la *reconnaissance* de cet état comme antérieur, c'est-à-dire un jugement, qu'on peut appeler *jugement d'antériorité*, comme la perception est le *jugement d'extériorité*. On est donc fondé à dire que l'activité consciente n'est possible que grâce à une organisation spéciale, la plus complexe sans doute et la plus délicate qui se rencontre dans les tissus vivants.

M. Fouillée donne le nom de *conscience* à la forme commune de tous les états psychiques ; il appelle *idées* « tous les faits de conscience en tant qu'ils peuvent devenir objets pour la conscience même... Les états de conscience sont des idées virtuelles ou actuelles[1] ». Je souscris entièrement à la pensée de M. Fouillée, mais non à sa terminologie ; il me semble qu'il s'écarte de l'usage en appelant conscientes ces sensations qu'on éprouve sans les *connaître*, sans *savoir* qu'on les éprouve. Il proteste contre une conception purement intellectuelle de la conscience. « C'est, dit-il, réserver arbitrairement le nom de conscience à ce que Leibniz appelait l'*aperception*. » M. Fouillée oublie que c'est ce qu'a fait Leibniz lui-même : « ... La perception qu'on doit distinguer de l'aperception ou de la conscience[2] » ; il reconnaît que toute l'école anglaise depuis Hobbes jusqu'à Spencer, que M. Ribot et beaucoup d'autres, n'appellent conscience que la « conscience intellectuelle. » La conscience, en effet, est un mode de connaissance ; que serait-ce qu'une conscience qui s'ignore? La dénomination de *faits psychiques* est au contraire assez générale pour comprendre les sensations, sentiments, désirs dont nous sommes affectés à notre insu.

Ces réserves ne concernent que la terminologie de M. Fouillée. Son analyse n'en est pas moins pénétrante et juste. Il a raison aussi de remarquer que la loi des psychologues anglais : *la conscience ne peut saisir que des relations*, est une loi exclusivement intellectuelle. « Si, par hypothèse, un être, depuis sa naissance jusqu'à sa mort, éprouvait une douleur continue comme celle d'une pression ou d'un écrasement, une brûlure uniforme et monotone, une chaleur toujours la même, une céphalalgie continue, à qui persuadera-t-on qu'il ne *sentirait*

(1) *L'Evol. des idées-forces*, p. 1, note.
(2) *Monad.*, 14.

rien, que la brûlure ou le mal de tête reviendrait à la même chose qu'une absence de sentiment? Un tel être ne *distinguerait* pas, ne *percevrait* pas son état; il ne pourrait le *connaître*, il ne *saurait* jamais ce qu'il éprouve ; mais il ne l'éprouverait pas moins. Il n'y a pas besoin de comparer une céphalée continue à autre chose pour la sentir[1]. » La fameuse phrase de Hobbes : « sentir toujours la même chose revient à ne pas sentir, » n'est vraie que si sentir est pris au sens de percevoir, connaître, avoir conscience. L'expression équivalente de Spencer : « Une conscience uniforme est une absence totale de conscience », est exacte si l'on ne veut parler que de la conscience intellectuelle. Celle de M. Ribot : « Percevoir deux sensations, c'est, en réalité, percevoir une *différence* entre deux sensations » est encore irréprochable, s'il s'agit bien de *percevoir* et non de *sentir*. Mais on peut sentir sans comparer, être affecté sans distinguer ce qu'on éprouve, c'est-à-dire sans en avoir conscience. « Ce n'est pas la différence qui fait les termes, ce sont les termes qui font la différence... On ne compose pas des sensations avec des différences de sensations, pas plus qu'on ne compose un trésor avec des différences entre des nombres. Il est impossible d'accepter cet intellectualisme *qui résout les sensations en pensées*, cette logique abstraite, mise à la place du sentiment de la réalité, cette sorte de néo-pythagorisme ou de néo-platonisme qui compose les sensations avec des limites, des intervalles, des relations sans aucun contenu[2]. »

Un schéma (naturellement très grossier) aidera peut-être à concevoir cette distinction entre la sensibilité et la conscience : soit un neurone PG, dont le corps est une cellule ganglionnaire G, et dont le cylindraxe s'arborise en une terminaison périphérique sensorielle P. L'excitation en P détermine une sensation en G. Si à ce neurone s'en joint un autre GC, dont le corps cellulaire est une cellule corticale C, et dont le cylindraxe s'arborise en contiguïté avec l'épanouissement protoplas-

(1) *L'évolutionnisme des idées-forces*, p. 33.

(2) *Ibid.*, p. 35. — Dans le chapitre suivant, M. Fouillée discute et repousse l'hypothèse de phénomènes psychologiques inconscients, mais il distingue la « conscience purement sensible » et la « conscience intellectuelle » (p. 46). Nous n'en demandons pas davantage.

mique de G, l'excitation pourra déterminer une sensation en G, puis, en C, la sensation d'une sensation, c'est-à-dire la conscience. Si le neurone PG existe seul, ou est seul excité, je sens, mais je ne sais pas que je sens.

Mon œil voit, mais ne *se* voit pas. Si les rayons lumineux qui le frappent s'y réfléchissent vers un miroir, qui les réfléchit encore vers mon œil, alors mon œil *se* voit. La conscience est littéralement une réflexion, c'est-à-dire une complication spéciale et définie de l'activité psychique.

Une cellule ne peut pas avoir conscience, car la conscience suppose un moi, une personne, et la personnalité suppose la mémoire, c'est-à-dire une organisation très complexe. Une cellule n'a ni personnalité ni conscience, mais elle a une individualité et des sensations.

Toutes les objections contre la possibilité de phénomènes psychologiques inconscients semblent se résumer en celle-ci : Un phénomène psychologique inconscient ne peut être observé ni par la méthode objective, parce qu'il est psychologique, ni par la méthode subjective parce qu'il est inconscient; il ne peut donc être observé d'aucune manière, et par conséquent, il n'est pas un phénomène. On ne saurait le concevoir ; c'est introduire l'inconnaissable dans la science.

Cette objection semble facile à écarter. J'accorde qu'une sensation inconsciente n'est pas un *phénomène*, mais ce peut être un *fait*. Une onde de l'éther n'est pas un phénomène, mais c'est un fait. De ce qu'on ne peut l'observer, il ne résulte pas qu'elle soit inconnaissable. Je reprends la formule de M. Fouillée : « Les états de conscience sont des idées virtuelles ou actuelles » ; mais je lui demande la permission de la traduire : « Les états psychiques sont des faits de conscience virtuels ou actuels. » Ils ne sont donc pas inconnaissables ; seulement ils ne sont pas toujours connus. Ils ne peuvent être connus qu'en devenant faits de conscience, puisque la conscience est précisément le mode de connaissance qui leur est propre ; or ils sont justement susceptibles de devenir, dans des circonstances convenables, faits de conscience. En cela, ils sont de tout point comparables aux faits du monde extérieur ; le physicien sait la loi de la dilatation des corps par la chaleur ; pourtant lorsqu'un corps se dilate en s'échauffant, l'accroissement de volume ne peut pas toujours être constaté par le physicien ; un artifice est souvent nécessaire pour le manifester ou le reconnaître. Il n'y a pas plus de difficulté à admettre des faits psychiques inconscients qu'à admettre des faits visibles non actuellement vus ou discernés.

Mais voici une difficulté d'un autre genre. Nous n'avons conscience que de nous-mêmes et d'une faible partie de ce qui se passe en nous. Si, dans tout processus physiologique, il y a des éléments psychiques, la physiologie semble donc impossible ; Cl. Bernard a raison de dire que nous ne pouvons que « contempler » la création morphologique, et qu'il faut renoncer à la comprendre. L'effort que font tant de biologistes pour ramener la vie au mécanisme a justement pour but de donner à la science de la vie la parfaite objectivité des sciences cosmologiques.

C'est une difficulté ; ce n'est pas une impossibilité. Ne voyons-nous pas les physiciens aux prises avec une difficulté analogue, quoique moindre? Leur observation pénètre à une très faible profondeur dans l'écorce terrestre ; si elle s'étend à des millions de lieues dans les espaces célestes, ces espaces explorés sont « un trait imperceptible dans l'ample sein de la nature ». Enfin, dans les régions accessibles, il n'y a d'observable que ce qui peut exciter nos sens ; or, la matière a sans doute beaucoup de propriétés qui nous échappent, faute d'avoir des sens pour les observer. Et pourtant, la physique et la chimie ne sont point impossibles.

Qu'on veuille bien considérer par quels efforts d'abstraction et d'analyse on est parvenu à dégager les notions élémentaires de la physique et des mathématiques. C'est par des analyses encore plus délicates et plus subtiles des données de la conscience qu'on peut espérer parvenir aux notions fondamentales de la physiologie. Une douleur détermine la volonté d'écarter l'objet pénible ; voilà un fait très complexe, dont nous sommes aujourd'hui incapables de faire une analyse satisfaisante, et cependant, au point où nous en sommes, la répugnance de l'être sentant pour la douleur est, à tout prendre, une notion au moins aussi claire que le choc de deux atomes impénétrables.

2. — Selon le mécanisme vital, l'excitation d'une cellule détermine la réaction par un processus purement physico-chimique, et s'il existe un processus psychique corrélatif, comme dans les fonctions de certains centres nerveux, le processus physico-chimique n'en est pas moins complet en lui-même et indépendant. Quelques auteurs (Sergi, par exemple), vont jusqu'à dire que les mêmes processus pourraient indifféremment être accompagnés ou dépourvus de leur doublure psychique. La

conscience ne serait que l'éclairage d'un mécanisme, et, selon le mot de M. Fouillée, « un éclairage de luxe ». Une machine fonctionne dans un atelier obscur ; ouvrez les fenêtres : elle fonctionne exactement de la même manière, seulement on la voit fonctionner.

Les spirituelles critiques de M. Fouillée [1] ne portent guère que contre cette forme excessive du mécanisme : « Mozart eût aussi bien écrit *Don Juan*, s'il n'avait trouvé aucun plaisir à la musique. Leibniz eût aussi bien trouvé le calcul infinitésimal s'il n'avait aperçu par la pensée aucun lien entre les principes et les conséquences ; Pascal eût fait de la géométrie sans la conscience de l'accord entre les conclusions et les prémisses [2]..., etc. »

Non certes. La conscience a des conditions physiologiques ; si elles sont réalisées, elle existe, sinon elle n'existe pas. Les processus qui s'accompagnent de conscience et ceux qui en sont dépourvus ne sont pas identiques, sans quoi les mêmes faits dans les mêmes circonstances pourraient indifféremment se produire et ne pas se produire. Le mécanisme consiste seulement à dire que, dans le cas où il y a des phénomènes psychiques, ils accompagnent des phénomènes organiques sans contribuer en rien à les déterminer.

Deux hypothèses sont alors possibles : — Ou bien le mental est comme juxtaposé au physique ; ce sont deux séries parallèles qui se correspondent exactement, comme par une sorte d'harmonie préétablie, mais sans aucune interaction ; — ou bien le mental et le physique sont une seule et même chose, qui, pouvant être connue par deux voies différentes, les sens et la conscience, se présente sous deux aspects irréductibles.

La première hypothèse comprend toutes les formes du dualisme spiritualiste. C'est une hypothèse invérifiable, et d'ailleurs bien peu satisfaisante. Elle est métaphysique et extrascientifique ; elle est même théologique et anti-scientifique. Une harmonie préétablie suppose un *Deus ex machina ;* de cette façon on explique tout, et on n'explique rien.

La seconde hypothèse, au contraire, semble s'imposer à l'esprit. L'atome et le mouvement sont des représentations, des concepts ; le mécanisme est la forme abstraite que prend l'expérience sensible quand elle est systématisée, transformée en

(1) *L'évolutionnisme des idées-forces*, p. 158, sq. et *passim*.
(2) P. 262.

science. Il est bien vrai que l'Univers est un pur mécanisme, réductible à l'étendue, au mouvement et à l'impénétrabilité, mais cela est vrai de l'Univers représenté dans un esprit qui élabore une expérience sensible. L'Univers n'est pas réellement tel qu'il est représenté. Dès lors, si un observateur analyse les faits que l'observation externe lui révèle dans une cellule, et en fait la théorie, ces faits se réduisent pour lui au mécanisme ; mais ces mêmes faits sont, pour la cellule, en supposant qu'elle se connaisse elle-même, des faits psychiques, sensations, émotions, tendances, et, à un degré plus élevé, idées, volitions.

Le mécanisme revient donc à dire que *tout le réel est représensentable sous la forme de l'expérience externe.* Il n'y a pas de faits psychiques ni de relations entre des faits psychiques qui ne puissent être envisagés par leur aspect mécanique.

Soit; mais alors on se bornera à considérer le déterminisme indéfini des phénomènes ; on ignorera ou on niera l'adaptation. On verra se mouvoir la machine vivante, on ne la verra pas vivre ; il n'y aura plus pour elle de bien-être ni de mal-être, de progrès ni de regrès, d'évolution ni d'involution ; il n'y aura même plus de distinction entre la vie et la mort. — On dira peut-être que la cellule est morte quand elle ne réagit plus aux excitations : un leucocyte est mort quand il n'a plus le pouvoir d'émettre des pseudopodes, une cellule vibratile, quand ses cils ont perdu leur mouvement. — Mais la cellule, même morte; réagit toujours de quelque manière ; un stimulus y détermine toujours quelque changement. — On dira que, vivante, elle est dans un état d'*équilibre mobile,* elle est morte quand cet équilibre est rompu. — Mais il est constamment rompu pendant la vie : toute action du dehors le détruit, et c'est précisément l'énergie mise ainsi en liberté qui est la réaction fonctionnelle. — On insiste : tant que la cellule est vivante, son équilibre se reconstitue ; elle récupère par la nutrition l'énergie potentielle dépensée par la fonction. — Mais il n'est pas vrai que la cellule vivante demeure identique à elle-même ; elle évolue, se différencie et s'adapte. Elle présente des changements de forme et de propriétés pendant sa vie, elle en présente après sa mort. En quoi ces changements mériteront-ils le nom de phénomènes vitaux dans un cas et non dans l'autre ?

Ce qui seul peut distinguer la vie de la mort, c'est la propriété de s'adapter, et le déterminisme des phénomèmes ne suffit pas à en rendre compte. Ainsi, même dans l'hypothèse du mécanisme vital, la physiologie ne peut laisser de côté la considération de l'aspect psychique ; autrement elle ne serai plus la science de la vie, elle ne serait plus la physiologie, elle se réduirait à la physique et à la chimie biologique.

Dans l'état actuel de la science, le mécanisme vital, présenté sous une forme convenable, peut, à la rigueur, se soutenir; mais c'est une doctrine singulièrement paradoxale. L'activité psychique serait l'aspect interne des processus vitaux, mais cet aspect serait négligeable, et le déterminisme des phénomènes, sinon l'adaptation, pourrait se concevoir tout entier sans lui. Un charbon brûle ma main, et je la retire. L'altération du tissu par le charbon ardent commence une série de phénomènes physico-chimiques qui aboutit à un mouvement de recul, en vertu des seules lois de la mécanique moléculaire; tout cela pourrait s'expliquer sans tenir compte de la sensation de brûlure ni de la douleur. Les phénomènes organiques, histologiques, que les yeux, armés de bons microscopes et secourus par de bonnes méthodes, pourraient observer, se déterminent complètement les uns les autres, sans que l'aspect psychique de ces mêmes phénomènes soit nécessaire pour les comprendre. A vrai dire, il n'est pas raisonnable de soutenir que j'aurais retiré ma main tout aussi bien si je n'avais rien senti, car les phénomènes dont il s'agit sont tels qu'ils s'accompagnent nécessairement de sensation. Mais, sans tomber dans cet excès que nous avons déjà repoussé, on soutient que ma sensation et ma douleur n'ont nullement déterminé ma volonté. Certains phénomènes histologiques, qui, en fait, sont toujours accompagnés de douleur, ont provoqué d'autres phénomènes histologiques qui, au dedans, se manifestent à la conscience sous l'aspect de volition. Quand des acteurs jouent une scène sur un théâtre, la rampe projette leurs ombres sur la toile de fond. On ne peut pas dire que ces ombres pourraient indifféremment exister ou ne pas exister ; elles accompagnent nécessairement les personnages; mais ce ne sont pas elles qui parlent, qui se meuvent, qui jouent le drame. Ainsi ce n'est pas du tout parce que j'ai senti la douleur que j'ai retiré ma main ; le phénomène physico-chimique dont ma douleur est l'ombre a déterminé le phénomène physico-chimique dont ma volonté est l'ombre. Le psychique est un simple aspect, sans influence et sans efficace. C'est lui, il est vrai, qui est la vie ; c'est par lui, et pour lui, qu'il y a un bien et un mal, une évolution, une adaption; mais il ne contribue en rien à la détermination des phénomènes !

Bien au contraire, l'activité semble n'être consciente qu'autant qu'il est nécessaire qu'elle le soit ; à mesure que la conscience devient inutile, on la voit disparaître, et l'automatisme s'établir. Il n'y a pas conscience là où l'adaptation est parfaite, là où une réaction appropriée est déterminée d'une manière immédiate par l'excitation, là où un simple déclenchement suffit pour produire une transformation définie d'énergie potentielle en énergie actuelle. Il y a conscience là où il y a résistance, retard, incertitude, là où il est nécessaire que des énergies internes s'accumulent et se concentrent pour se dépenser au dehors, là où, en un mot, l'être, n'étant pas adapté, doit s'adapter pour réagir.

3. — Mais, si paradoxal qu'il soit, le mécanisme n'en est pas moins une doctrine séduisante, car il est un moyen d'esquiver une difficulté des plus sérieuses. Comment concevoir qu'un élément mental s'interpose dans la série des faits mécaniques? Il faudrait admettre qu'une excitation mécanique détermine un fait qui n'est pas un mouvement, que d'autre part un mouvement soit déterminé par quelque chose qui n'est pas mécanique, que de la force vive se transforme en ce qui n'est pas de la force vive, et inversement. C'est nier le principe de la conservation de l'énergie, admettre que de la force vive soit anéantie et créée, que le mouvement aille se perdre au sein du psychique inextensif, et naisse du psychique inextensif.

Cette difficulté est peut-être atténuée par les réflexions suivantes :

Le mécanisme n'est qu'un mode de représentation, et tout le réel n'est peut-être pas représentable sous la forme du mécanisme. C'est l'aspect externe de la réalité, mais non pas de toute la réalité.

Nous connaissons des modes *actifs* et des modes *passifs* de la conscience ; nous nous sentons *agir* et nous nous sentons *agis*. On peut admettre qu'il y a de même des modes actifs et des modes passifs de la vie psychique inconsciente. Or ces modes actifs ou passifs semblent correspondre à des faits de mécanisme intraorganique, comme l'aspect interne à l'aspect externe d'un même processus, l'endroit à l'envers d'une même étoffe. Le sentir, conscient ou inconscient, a lieu quand de l'énergie extérieure produit des changements dans la cellule ; le vouloir, conscient ou inconscient, a lieu quand de l'énergie potentielle, accumulée dans la cellule, redevient actuelle et produit des effets extérieurs.

Mais il y a aussi des modes de l'activité psychique en général, consciente ou inconsciente, qui ne sont *ni actifs ni passifs*, et par conséquent ne peuvent correspondre à aucun mécanisme. Ce sont le plaisir et la douleur. On a souvent remarqué qu'ils ne sont pas actifs ; on n'a pas remarqué qu'ils ne sont pas davantage passifs. Le plaisir accompagne l'acte, dit Aristote, mais ne le constitue pas, il n'est ni l'acte ni une qualité intrinsèque de l'acte ; il est un surcroît (ἐπιγέννημα) ; il s'y ajoute, « comme à la jeunesse sa fleur ». Pareillement, le plaisir n'est pas la sensation ni le sentiment ; il ne les constitue pas ; il s'y ajoute comme une qualité qui leur est inhérente. Dans une sensation agréable, je puis, par abstraction, considérer la sensation indépendamment du plaisir, mais je ne puis pas considérer le plaisir indépendamment de la sensation : il ne se sépare pas, il ne s'isole pas, même abstraitement. Si je fais abstraction de ma sensation, le plaisir s'évanouit avec elle. Par exemple, je puis imaginer une saveur sucrée en tant que sucrée, sans considérer si elle est agréable ou non ; mais si je fais abstraction de la saveur sucrée, je ne puis aucunement imaginer le plaisir qu'elle procure. Tout état agréable ou pénible est en même temps autre chose qu'agréable, le plaisir et la douleur ne sont ni l'agir, ni le pâtir, mais quelque chose qui s'ajoute, pour l'être sentant, à l'agir et au pâtir. Ils ne sont pas des phénomènes, mais des épiphénomènes, et par là il faut entendre, non des phénomènes additionnels, mais des caractères non isolables des phénomènes psychiques.

Ainsi le mécanisme est la représentation du réel avec les seules ressources, et dans le seul langage de l'expérience externe ; c'est une traduction, et une traduction incomplète. Les phénomènes ne sont réductibles au mécanisme que dans la mesure où ils sont des faits d'activité ou de passivité ; or ils sont en même temps autre chose. La traduction est fidèle pourtant, quant à ce qu'elle exprime ; mais elle n'exprime pas tout ; elle exprime les relations des êtres en tant qu'ils sentent ou qu'ils veulent, mais non en tant qu'ils jouissent ou qu'ils souffrent. A ce point de vue, le mécanisme perd ses droits ; les lois mécaniques ne sont pas fausses pour cela, et ne souffrent nulle exception ; mais, à cet égard, elles n'ont plus de signification. Un plaisir peut être lié à un mouvement, mais un plaisir n'est pas un mouvement. Il n'y a pas de représentation mécanique possible de cette loi, que tout être aime le plaisir et hait la douleur.

Peut-être existe-t-il, même pour l'atome inorganique, un

intérieur, un vouloir et un sentir, ou quelque chose de plus élémentaire dont pourraient sortir le vouloir et le sentir des êtres organisés. Peut-être l'étendue et l'impénétrabilité, la masse et le mouvement sont-ils l'aspect sous lequel des qualités intrinsèques, que nous ne pouvons concevoir autrement, sont représentées en notre expérience sensible. En tout cas, ils en sont les substituts légitimes; l'inertie de la matière est un postulat fondamental de la physique, et ce postulat signifie que tout corps est, comme on dit, *indifférent*, à son état de repos ou de mouvement, et qu'on peut rendre compte de tous les phénomènes qu'il présente, en tant que corps, par des considérations purement mécaniques. Autrement dit, si tous les atomes sont capables de jouir ou de souffrir, cela n'influe en rien sur leur manière de réagir. Bien qu'on ait tenté de se figurer l'atome pondérable comme un tout très complexe, fait d'atomes impondérables, il est encore trop simple pour que ses réactions puissent être ambiguës; il est un automate par la simplicité même de sa structure.

Mais quand il s'agit du vivant, il n'est plus possible de ne voir en lui que sa passivité et son activité; sans doute, il faut qu'il soit excité pour qu'il réagisse; convenons aussi que, dans un état déterminé, il ne peut réagir que d'une seule manière à une excitation déterminée; mais il est singulièrement difficile d'admettre que le plaisir et la douleur soient sans influence sur la réaction.

Le plaisir et la douleur sont des notions fondamentales sans lesquelles il n'y a ni psychologie, ni physiologie. C'est par elles qu'il peut y avoir bien et mal, état normal et états pathologiques, adaptation, organisation, vie et mort, notions que le mécanisme n'explique pas. Il ne paraît pourtant pas que plaisir et douleur soient ces concepts ultimes, parfaitement clairs et simples qui servent de vrai commencement aux séries déductives d'une science abstraite; mais ils sont irréductibles au mécanisme physico-chimique, et, par suite, leur présence indique que la physiologie est une science autonome.

4. — La conséquence de ce qui précède, c'est que la psychologie n'est point une science indépendante; si la physiologie est nécessairement psychologique, la psychologie, à son tour, est nécessairement physiologique. C'est par une sorte de violence qu'on sépare en deux la science des vivants, et cette scission a trop souvent pour conséquence de spécialiser les études de la

façon la plus artificielle et la plus funeste. Beaucoup de physiologistes dédaignent, quelques-uns veulent ignorer les travaux des purs psychologues ; ils emploient sans précision les termes de sensation, perception, image, souvenir, jugement, et tout le vocabulaire psychologique ; ils se contentent des explications les plus superficielles, font consister le jugement dans le simple rapprochement de deux images, et croient achevée la théorie de l'association des idées, de la mémoire et de l'imagination, parce qu'ils ont découvert des fibres commissurales entre les diverses régions de la substance grise corticale. De leur côté, certains psychologues prétendent se passer de l'anatomie et de la physiologie cérébrales, et faire une science sans autres données que celles de la conscience. Il nous reste à montrer que cette tentative est chimérique.

Elle s'appuie sur cet argument classique, que les faits connus par l'intermédiaire des organes des sens, et ceux dont nous avons cette connaissance immédiate qui s'appelle conscience, sont réciproquement irréductibles, ce qui est incontestable. Mais il ne suffit pas que des phénomènes forment un groupe spécifiquement distinct, pour qu'ils soient l'objet d'une science distincte ; il faut encore qu'ils aient en eux-mêmes toutes leurs conditions et puissent s'expliquer par leurs seules relations mutuelles. Il n'en est pas ainsi des faits de conscience. Ce sont des cimes lumineuses dont les racines plongent dans la nuit. Ce qui échappe à la conscience est nécessaire pour comprendre ce qu'elle saisit. Un psychologue qui prétend se rendre compte de ce qui se passe en lui par la simple introspection ressemble à un sociologue qui s'installerait à sa fenêtre pour observer les passants, et prétendrait, d'après cette seule observation, comprendre toute l'organisation sociale d'une grande cité. Ces passants, lui dirait-on, vous échappent au détour de la rue ; il vous faudrait les suivre dans les magasins où ils vont faire leurs achats, chez leurs amis à qui ils rendent visite, dans leurs ateliers, dans leurs bureaux, chez leur médecin, chez leur avocat, dans leur maison et à leur foyer. Il faut s'enquérir d'où viennent les vêtements qu'ils portent, comment ils se procurent l'argent qui est dans leur poche, comment ils le dépensent, comment ils ont acquis la langue qu'ils parlent, les croyances et le savoir qui sont dans leur esprit, les sentiments, les passions qui les animent ; et pour cela il faut bien considérer autre chose que ce qui passe devant votre fenêtre.

Tous les psychologues reconnaissent d'ailleurs que la méthode introspective ne saurait se suffire, que la méthode objective en est le complément nécessaire. La méthode objective, c'est l'observation du langage, des gestes, de la physionomie, des actes, de tous les phénomènes sensibles qui sont les *signes* de l'activité mentale ; mais tout cela est physiologique. Ce sont des effets très lointains et très indirects de l'activité psychique, d'une interprétation difficile par conséquent, et toujours hasardeuse et vague. Pour en rendre l'interprétation plus précise et plus certaine, il faut se rapprocher de leur origine, ne pas s'en tenir à l'extérieur et à la surface, prendre le scalpel et le microscope, faire des colorations, des dissociations, pratiquer des vivisections, observer des dégénérescences expérimentales ou pathologiques. Admettre la nécessité de la méthode objective, — et personne ne la conteste, — c'est, en réalité, admettre l'impossibilité d'une psychologie indépendante.

Si les faits conscients pouvaient s'expliquer par les seuls faits conscients, la psychologie serait bientôt faite ; elle n'aurait pas d'obscurités. Au contraire, tout problème psychologique, après quelques classifications et distinctions, quelques uniformités de succession, lois tout empiriques et superficielles, se transforme en un problème physiologique. On a vite atteint les limites de ce qui est conscient, ou peut le devenir par un effort de réflexion ; le passant ne tarde guère à tourner au coin de la rue, ou à se perdre dans l'éloignement.

On poursuit attentivement de tous côtés l'analyse expérimentale des conditions de la sensation ; on en étudie le seuil, les variations d'intensité, la durée, la discrimination, le contraste, etc., toutes observations qui se font par la méthode subjective, en même temps qu'on travaille, par la méthode objective, à l'anatomie et à la physiologie des organes des sens et des centres nerveux ; ainsi, des ouvriers entreprennent un tunnel par les deux côtés et s'avancent patiemment les uns vers les autres. On appelle cette étude la *psychologie physiologique*. On l'a crue spéciale ; or elle est destinée à devenir toute la physiologie et toute la psychologie.

Qu'est-ce, sinon une théorie physiologique, que celle de la relation du plaisir et de la douleur avec l'activité ? Quand il s'agit des *sensations* agréables et douloureuses, c'est bien l'activité organique que l'on veut dire, et l'on s'arrête devant ce problème, que la physiologie résoudra sans doute un jour : pourquoi la saveur du sucre, l'odeur de violette, ou une température de 20° sont-elles agréables, tandis que la saveur de la quinine, l'odeur de l'hydrogène sulfuré, ou une température de 60° sont désagréables? Mais c'est aussi à la physiologie de nous apprendre pourquoi une louange nous plaît, pourquoi nous souffrons d'une égratignure faite à notre amour-propre. La conscience ne nous dit là-dessus rien de plus que ce que chacun sait. C'est ailleurs qu'il faut chercher quelle activité est détournée de son but ou empêchée par quelques obstacle dans le second cas, et, dans le premier, quelle activité s'exerce et se dépense pour l'accroissement de l'être.

Ce que sont, en tant que faits de conscience, le *désir* et l'*aversion*, l'*amour* et la *haine*, chacun de nous sait, par son expérience individuelle, tout ce qu'on en peut savoir. Mais dans quelles conditions naissent ces sentiments? Comment surgissent-ils du fond obscur de notre être? Assurément ils existent déjà depuis longtemps au moment où nous les apercevons, si bien que nous sommes parfois les derniers à les connaître. C'est à l'épreuve, et dans une sorte de crise, que nous pouvons savoir si nous sommes ou ne sommes pas amoureux, jaloux, ambitieux, courageux. Si l'on peut contester la doctrine de W. James et de quelques autres, qui réduisent les sentiments aux sensations viscérales et tégumentaires, on ne peut nier leur liaison avec des états organiques sans lesquels il sera toujours impossible de les comprendre.

La *passion* est, dit-on, une inclination exagérée et pervertie, qui est devenue dominante, exclusive, aveugle; c'est une « rupture d'équilibre ». De quel équilibre est-il question ici, sinon de l'équilibre organique? Quand un homme en colère ne voit plus, n'entend plus, frémit et balbutie, c'est bien l'équilibre des fonctions cérébrales qui est rompu; l'analyse d'un tel phénomène consisterait à décrire les hyperhémies et ischémies locales, les paralysies, parésies, inhibitions dont il se compose.

On avouera peut-être aisément que la théorie de la sensibilité doit se faire à la fois par l'observation interne et par l'observation externe; la sensation, l'inclination, la passion ne sont-elles pas ce que l'Evangile appelle « la chair »? Mais la théorie des faits intellectuels semble relever de la psychologie pure.

Cependant l'association est une loi de physiologie. L'association, c'est l'habitude, c'est-à-dire la transformation de l'organe par la fonction. S'il y a association entre deux états psychiques, c'est que le phénomène cérébral qui correspond au premier est lié au phénomène cérébral qui correspond au second, de telle sorte que l'un provoque l'autre : c'est un réflexe intracérébral, et même intracortical. On l'accordera sans peine pour les associations par contiguïté. Ces associations d'une idée à une idée, sont, en effet, fort analogues aux associations d'une idée à un mouvement, et, par contre, le système des réflexes a été souvent nommé une mémoire organique. Mais en est-il de même des associations par ressemblance et par contraste? — Sans doute, puisqu'elles se réduisent aux associations par contiguïté. — Pourtant la mécanique et la physico-chimie cérébrales ne sauraient expliquer la perception d'une ressemblance ou d'un contraste. — Il est vrai ; mais une association par ressemblance ou par contraste n'exige pas le jugement de ressemblance ou de contraste.

L'association explique tout ce qui est machinal dans l'intelligence; mais le propre de l'intelligence est de percevoir des ressemblances et des différences et de reconnaître des relations logiques. On peut la définir une activité qui identifie et qui distingue. C'est là ce dont le mécanisme ne saurait rendre compte. Que deux sensations ou images coexistent dans la conscience, cela ne suffit pas, comme le voulait Condillac, pour faire une comparaison et un jugement; le rapport de sujet à prédicat ne se réduit pas à une simple coexistence.

C'est précisément pourquoi la physiologie du cerveau ne peut se faire sans psychologie. En regardant au dehors de soi, avec ses yeux, on ne verra pas ce qui, de sa nature, est invisible, une pensée, un phénomène mental. Mais inversement la psychologie de l'intelligence ne peut se faire sans physiologie du cerveau. En regardant en dedans de soi, on constatera que l'on pense, et rien de plus. Il faut regarder au dedans et au dehors, et établir la corrélation des deux ordres de phénomènes.

Un des premiers problèmes qui se posent, et l'un des plus importants, c'est d'expliquer l'existence d'un *sensorium*, d'une *cœnesthésie*. Ce problème, les localisations cérébrales semblent en accroître encore la difficulté. Comment des sensations de toute nature, optiques, acoustiques, tactiles, etc., transmises par des appareils distincts à des régions spéciales de l'écorce cérébrale, sont-elles perçues par un seul et même moi ? L'unité de l'organisme peut être un simple consensus, une harmonie, une adaptation réciproque des parties, quand il s'agit des fonctions de nutrition, de la sécrétion des glandes ou de la circulation du sang ; mais l'unité de la conscience est plus difficile à expliquer, car c'est une unité qui se saisit elle-même, une unité absolue, le prototype de toute unité concevable.

Par la conscience, nous ne pouvons guère que la constater; l'expliquer, c'est en chercher les conditions; les conditions sont antérieures au conditionné, donc antérieures à la conscience, donc cérébrales. Ce qui le confirme, c'est que cette unité s'altère dans certains états pathologiques. Nul ne songe à chercher ailleurs que dans la pathologie des centres nerveux la cause des phénomènes si connus de dédoublement de la personnalité, soit que deux *moi* se succèdent alternativement comme dans le cas de Félida, soit qu'ils coexistent sans se confondre, comme dans une observation de M. Pierre Janet; c'est aussi à la pathologie cérébrale que reviennent ces faits de *désagrégation mentale*, analysés avec tant de sagacité par le même Pierre Janet.

On ne découvrira jamais dans le cerveau, on ne verra, ni à l'œil nu, ni au microscope, le phénomène *attention;* mais c'est bien dans la physiologie cérébrale qu'on en trouvera les conditions. Cette loi, que l'attention ne se divise pas, a été *constatée* par des psycholoques, elle sera *expliquée* par des physiologistes. L'attention dépend de conditions physiologiques, puisqu'elle varie avec la veille et le sommeil, avec la nutrition, la circulation, la température du cerveau, les substances ingérées, alcool, morphine, café.

La question capitale de la théorie de l'intelligence, celle qui a donné lieu aux débats les plus étendus comme les plus ardents, est celle des principes fondamentaux de toute pensée et de toute vérité, de la *raison*. On ne soutient plus aujourd'hui la doctrine des idées innées, des idées toutes faites, des vérités aperçues dans toute leur lumière, avant toute expérience, même par le tout petit enfant. Il n'y a rien *dans* l'intelligence, *in intellectu*, avant l'expérience. Si quelque chose est antérieur à l'expérience, c'est *ipse intellectus;* c'est quelque chose de virtuel, non d'actuel. On ne peut pas davantage s'en tenir aux formes pures de Kant: le mode d'existence de ces catégories, de ces jugements synthétiques *a priori* qui sont dans l'esprit « quoiqu'on n'y pense point, » est tout à fait inintelligible.

Il est pourtant vrai que nulle perception, nul concept, nul jugement n'est possible que selon le principe d'identité et de contradiction, c'est-à-dire que l'esprit est une activité qui identifie et qui distingue. On ne peut affirmer et nier à la fois la même chose; l'affirmation et la négation s'excluent réciproquement, telle est la loi fondamentale du jugement. Il est vrai aussi que, si l'esprit peut concevoir la contingence, il ne saurait s'en contenter; comprendre, c'est se représenter les choses sous la forme de la nécessité ; à cela se réduit le principe de causalité. Toute l'activité de la pensée est sans cesse aiguillonnée par une exigence de nécessité, si impérieuse qu'on ne saurait y renoncer que par paresse, lassitude ou découragement, mais sans pour cela se déclarer satisfait.

On a vainement essayé d'expliquer ces deux lois de la pensée par une élaboration de l'expérience ; ce n'est pas ici le lieu de refaire la critique des Associations Inséparables de Mill, et de montrer que l'inconcevabilité d'un *carré rond* ne se réduit pas à une habitude intellectuelle. Le principe de contradiction est antérieur à toute pensée, puisqu'il est nécessaire à toute pensée ; l'exigence de la nécessité ne peut tirer son origine de l'expérience, qui ne nous révèle guère que des successions dont la nécessité nous échappe. L'erreur de l'empirisme est de vouloir placer dans l'activité consciente la genèse des lois de la pensée, tandis qu'elle est antérieure à la conscience. Ces lois ont leurs racines dans la constitution intime de l'être pensant ; et c'est à la physiologie cérébrale, à l'histologie comparée et à l'histogénie du tissu nerveux, tout aussi bien qu'à l'analyse introspective qu'il faudra demander ce qu'on peut espérer de lumière sur cet obscur problème.

Les diverses doctrines nativistes ont d'ailleurs soulevé une difficulté presque insurmontable : comment se fait-il que les lois de l'esprit s'harmonisent avec les lois des choses ? Si la raison ne vient pas de l'expérience, comment la raison est-elle applicable à l'expérience ? La Véracité divine, la Vision en Dieu, l'Identité substantielle de Dieu et du monde, l'Harmonie préétablie, la Législation de la nature par l'esprit, sont autant de vaines tentatives pour résoudre ce problème. Or le problème lui-même n'existe que parce qu'on a artificiellement posé l'esprit en face de la nature, tandis qu'il est évidemment une partie de la nature.

Si la théorie de l'intelligence était faite, on pourrait dire à quoi tient la diversité des intelligences, pourquoi les uns ont surtout « l'esprit de géométrie » et les autres « l'esprit de finesse », pourquoi ceux-ci ont plus d'ordre et de méthode, ceux-là plus de fantaisie et d'invention, pourquoi le tissu de la pensée n'est pas chez tous de qualité aussi parfaite, tantôt solide et tantôt fragile, tantôt rude et grossier, tantôt souple et soyeux, à quoi tiennent la rectitude du jugement, le goût artistique et littéraire, le génie. Le spiritualiste le plus intransigeant ne craindra pas de dire que les hommes diffèrent par leur organisation cérébrale ; par leur discipline aussi, mais c'est l'organisation cérébrale acquise. Ce n'est pas être matérialiste, que de dire avec Montaigne qu'un homme intelligent est « une tête bien faite ».

Reste la question de la volonté. C'est encore à la physiologie qu'appartient la distinction du volontaire et de l'involontaire. La volonté, c'est l'être qui s'adapte ; l'activité involontaire, c'est l'être qui s'est antérieurement adapté. L'habitude, — avec l'instinct, qui n'est qu'une habitude de la race ou de l'espèce, — est la fixation des modifications organiques produites par la volonté.

Et le libre arbitre ? On ne saurait en faire un problème de psychologie pure. Tous les processus physiologiques sont-ils réductibles au mécanisme vital ? C'est le déterminisme matérialiste. Ou bien au contraire le psychique, comme tel, a-t-il une influence ? Existe-t-il un mode de détermination spécial aux phénomènes intérieurs, aux processus où le plaisir et la douleur ont un rôle ? C'est ce que M. Fouillée a appelé le déterminisme idéo-moteur. Enfin existe-t-il, dans l'être envisagé par le dedans, de l'indétermination, de la contingence irréductible ? C'est l'indéterminisme que certaines écoles défendent sous le nom de libre arbitre. En tout cas, la question ne se pose pas seulement pour l'homme, ni même pour tout être doué de conscience ; elle se pose partout où il y a des faits psychiques, c'est-à-dire pour toute cellule vivante, et peut-être même pour le plus humble des atomes. Si la liberté peut être admise sans la contingence, elle n'est que la forme la plus élevée des processus psycho-physiologiques chez les organismes supérieurs. Si l'on admet la contingence, il est impossible de la circonscrire. La liberté ne saurait donc établir une distinction absolue entre le physiologique et le psychologique.

5. — Nous conclurons donc que, si distincts que soient les phénomènes psychiques, que nous connaissons par la conscience, des phénomènes physico-chimiques, que nous connaissons par les sens, il n'y a qu'une seule science de la vie, science à la fois psychologique et physico-chimique. Ces deux ordres de phénomènes qu'on observe dans les vivants, quoique irréductibles, sont inséparables, pour la science comme dans la nature, et ne peuvent s'expliquer les uns sans les autres. Isoler les phénomènes de leurs conditions, c'est se mettre dans l'impossibilité de les comprendre.

CHAPITRE VII

LA SOCIOLOGIE

1. — S'il est difficile de déterminer les concepts fondamentaux et les limites de la science de la vie individuelle, la difficulté semble plus grande encore pour la science plus récente, plus complexe encore et beaucoup moins avancée, de la vie collective. Quelques-uns en sont encore à se demander s'il y a, s'il peut y avoir une sociologie : chose étrange, c'est parmi les économistes que cette science a trouvé ses adversaires les plus décidés. Ecoutons M. Maurice Block :

« Il s'est trouvé un savant, Auguste Comte, pour opposer à ce travail séculaire d'analyse (l'économie politique) une tentative de synthèse qu'il présenta comme la « philosophie positive ». *Cette tentative n'a pas réussi*. Et pour ne parler que de la partie de son système qui nous intéresse plus particulièrement, de la *sociologie*, c'est une création de son imagination qui ne pourra jamais acquérir le caractère d'une science... Cette synthèse est la tâche journalière de l'homme d'Etat. Seulement ses efforts ne tendent pas à découvrir des vérités scientifiques ou d'une portée générale. Son but est plus modeste, il est purement pratique, il cherche des raisons pour agir et des indications sur la manière de procéder. Ses motifs peuvent être bas ou élevés ; en tous cas, ses arguments seront autant subjectifs qu'objectifs. De plus, chaque homme d'Etat, tout en s'inspirant des mêmes notions empruntées aux sciences « morales et politiques » influencé par les éléments subjectifs qui entreront dans ses raisonnements, conclura à d'autres actes ou à d'autres procédés. La sociologie, si l'on tient à retenir ce terme impropre, n'est donc qu'un art, et un art qui ressemble à s'y méprendre à la politique.

« Nous devons en conclure qu'il n'y a pas de science sociologique. Et *il n'y en aura pas*, parce que les plus éminentes facultés humaines ne suffisent pas pour pénétrer jusqu'aux moteurs de la vie sociale, pour en découvrir les lois[1]. »

Ce long passage exprime l'opinion de beaucoup d'économistes, jaloux du privilège dont jouit leur science parmi les autres sciences morales : seule elle manie des chiffres et formule des lois rigoureuses. Bien plus, pour plusieurs, l'économie politique n'est pas une science morale, mais une science *physique*[2], car ce qui distingue les sciences physiques, c'est qu'elles ont pour objet des phénomènes mesurables; or les phénomènes moraux ne le sont pas. En dehors des intérêts *matériels* des sociétés, il n'y a rien que de fuyant et d'insaisissable. Toute tentative de faire sortir la science sociale du cadre étroit où ils veulent la renfermer, rencontre chez beaucoup d'économistes une résistance obstinée. Les sciences morales ne sont pas et ne seront jamais des sciences, mais seulement des arts; ces sciences ne sont pas faites, donc elles sont impossibles.

Comment M. Block repousse-t-il, pour toute la sociologie, la distinction qu'il réclame pour l'économique, entre la science et l'art, la théorie et la pratique? Comment ne s'est-il pas aperçu qu'il soutient contre la sociologie précisément les mêmes arguments qu'il a réfutés dans les pages précédentes, quand ils étaient dirigés contre l'économie politique traditionnelle par l'école dite historique (représentée par quelques Allemands, MM. Roscher, Knies, Schmoller, etc.)? L'art n'est que la mise en œuvre de la science, et les préceptes ne peuvent avoir d'autorité que s'il se fondent sur des vérités. Il est vrai que l'art précède généralement la science; les généralisations pratiques, à forme de règles, apparaissent avant les généralisations théoriques[3], parce que la nécessité d'agir est plus impérieuse et souffre moins de délai que le besoin de comprendre; le calcul a précédé l'arithmétique; de l'arpentage est née la géométrie; la distinction est récente entre la mécanique rationnelle et la théorie des machines; l'astronomie est restée longtemps unie à la navigation et à l'astrologie; la physique et la chimie eurent longtemps pour objet l'empire de l'homme sur la nature plutôt

(1) M. Block. *Progrès de la science économique*, t. I, p. 52. Guillaumin, 1890.

(2) « *Il est maintenant généralement admis* que l'Economique est une science physique... » Mac Leod, *Principles of Economical philosophy*, 2e éd., 1873, ch. II.

(3) C'est justement pour cela que le même mot *loi* a les deux significations de prescription générale pratique et de vérité générale théorique.

que la connaissance de la nature; jusqu'aux temps modernes, la médecine a absorbé toute la biologie. Il est toujours possible de substituer l'observation méthodique et raisonnée à cet empirisme superficiel et contestable sur lequel se fondent les préceptes; si la science rencontre enfin une limite qu'elle ne peut franchir, elle doit déterminer exactement pourquoi et par quoi elle se trouve ainsi limitée; et si la certitude et la précision lui font défaut à mesure qu'elle s'en rapproche, elle doit apprécier, et, s'il se peut, mesurer, le degré de probabilité de ses hypothèses.

Si la sociologie rencontre ainsi une limite infranchissable, ce ne peut être que le libre arbitre de l'homme; mais le libre arbitre n'est pas prouvé; et le savant doit supposer le déterminisme. C'est pour lui un principe pratique, une sorte d'obligation intellectuelle. Un physiologiste suppose que les phénomènes de la vie sont explicables, puisqu'il en cherche l'explication, partant, qu'ils sont nécessaires. Il s'épargne ainsi la tentation d'attribuer à la spontanéité les faits dont la cause lui échappe. Pareillement, toute tentative d'explication dans les sciences morales suppose la croyance pratique au déterminisme, sous peine de se payer de mots, et de dire qu'il n'y a pas de lois lorsqu'on les ignore. Cet acte de foi est entièrement raisonnable. Au point de vue pratique, il se justifie assez par l'intérêt de la science, qui est la plus précieuse des choses humaines. Au point de vue spéculatif, il est légitime, puisqu'il n'est pas exclusif du doute, puisqu'on fait toutes les réserves nécessaires, nul n'étant obligé de confondre une probabilité résultant d'une induction par analogie, avec une évidence soit immédiate, soit démonstrative.

En sociologie, la confusion de l'art et de la science est particulièrement fréquente et naturelle, car les faits sociaux sont des actes humains ou dépendent d'actes humains. Dans les autres ordres de faits, il y a une séparation bien tranchée entre la nature et l'activité de l'homme qui la modifie. En sociologie, la nature, c'est déjà pour une part, l'activité de l'homme. Par exemple, les lois civiles étant des œuvres humaines, on a quelque peine à les envisager comme des phénomènes naturels, à les soumettre au déterminisme; elles semblent quelque chose d'artificiel et de modifiable, qui aurait pu, et souvent dû, être différent; on est enclin à les juger tout de suite, à dire : Est-ce bon ou est-ce mauvais? plutôt que : Comment et pourquoi est-ce ainsi?

Souvent, pour exclure le point de vue pratique, on ne voit guère autre chose à faire de se placer au point de vue historique. Quelques uns écartent systématiquement toute autre science des sociétés que l'histoire. Même en économie politique, il ne s'agirait que de décrire l'état économique d'un pays à un moment donné, et ses transformations successives. Pourtant, tout historien admet que l'histoire n'est pas tout hasard et toute contingence, qu'il y a des causes et des effets; il cherche à découvrir ce qu'on a appelé la *force des choses*, ou la *logique des événements*. S'il y a quelque chose de nécessaire dans l'évolution des sociétés, il y a aussi quelque chose d'universel, même s'il est vrai que l'histoire ne se recommence jamais. Ainsi la loi de la chute des corps est universelle et nécessaire, même s'il n'arrive jamais que deux corps tombent, ou qu'un corps tombe deux fois, exactement avec la même vitesse : la répétition identique des mêmes phénomènes n'est nullement impliquée dans une loi naturelle. C'est une nécessité et une universalité abstraites que la science théorique s'efforce de dégager.

S'il s'agit, par exemple, du droit, on peut se poser divers problèmes pratiques : Quelle loi est actuellement établie et exécutoire? C'est le problème juridique. — De quelle manière est-il possible et convenable de modifier la loi? C'est le problème politique. — On peut aussi se poser le problème historique : Quelle a été, en fait, l'évolution de la loi? — On oublie fréquemment le problème théorique : Qu'est-ce qu'une loi? Dans quelles conditions une volonté, individuelle ou collective, fixée par l'écriture, transmise oralement, ou simplement tacite, devient-elle contraignante ou obligatoire pour un groupe de personnes? En d'autres termes, comment la volonté du législateur agit-elle sur la volonté des sujets?

Il y a donc une science sociale théorique, distincte des sciences pratiques et de l'histoire. Nous allons essayer d'en préciser l'objet.

2. — Qu'est-ce qu'un phénomène social?

Pour résoudre cette question, au lieu d'envisager d'abord le problème dans sa généralité, nous considérerons une espèce de phénomènes sociaux, dont nous généraliserons ensuite la définition. Cette méthode s'impose, car l'esprit ne peut saisir les idées générales sans partir des faits et des espèces; mais elle a ses dangers : on risque, en généralisant d'après une espèce mieux étudiée que les autres, de méconnaître des caractères généraux, parce qu'ils sont peu apparents dans l'espèce choisie, ou de vouloir retrouver, par des analogies forcées, dans le genre, les caractères de l'espèce. On a un exemple de telles erreurs dans la mode si répandue d'attribuer à la sociologie les lois, les divisions, les méthodes de la biologie. Nous examinerons plus loin cette question. Cet écueil ne condamne pas la méthode : il suffit de le signaler et de l'éviter soigneusement.

Nous choisirons les phénomènes économiques, parce qu'ils sont les plus nets et les plus saisissables, et ceux qu'on a le plus et le mieux étudiés.

L'Economique est, à l'origine, mal distinguée de la politique. Dès le XVIIe siècle, le problème est ainsi posé : Quels sont les meilleurs moyens d'accroître et de conserver la richesse publique ? La distinction entre l'art et la science n'est faite ni par les Physiocrates, ni par Ad. Smith, ni même par J.-B. Say. Aujourd'hui encore, les traités d'économique sont surtout remplis de questions pratiques. On y discute les *avantages* et les *inconvénients* du libre échange et du protectionnisme, — du monométallisme et du bimétallisme, — de la fixation légale du taux de l'intérêt, — du meilleur système d'impôts — de la production par l'Etat et par l'industrie privée. Ce sont là des questions d'hygiène et de thérapeutique sociales.

Il est vrai qu'en cherchant des préceptes, on fut conduit à formuler des lois, et à les démontrer, pour justifier les préceptes. On sent aujourd'hui la nécessité de séparer les uns des autres. Courcelle-Seneuil en donna l'exemple : son *Traité théorique et pratique d'économie politique* (1859)[1] est divisé en deux parties : le premier volume traite de la science, sous le nom de *Ploutologie*, le second de l'art, sous celui d'*Ergonomie*. Sauf les termes, qui ne sont point entrés dans l'usage, son exemple a été souvent suivi. Beaucoup d'auteurs ont rejeté la désignation d'économie *politique*, qui rappelle la préoccupation pratique et réformatrice de leurs prédécesseurs. Nous dirons avec eux la Science économique, ou simplement l'Economique, pour désigner une recherche des lois naturelles qui régissent la production, la circulation et la consommation de la richesse, et cela, indépendamment du bonheur ou du bien-être des hommes. L'économique « existerait encore et ne change-

(1) Voir la Préface.

rait ni d'objet ni de but, si les richesses, au lieu de contribuer à notre bonheur, n'y entraient pour rien du tout, pourvu qu'elles continuassent d'être produites, de circuler et de se distribuer[1]. » — « Elle n'a, dit Cairnes, aucun rapport avec le *laissez faire*, ni avec le communisme, avec la liberté des échanges ou avec d'autres formes sociales[2]. » — « Elle enseigne, dit J.-B. Say, *ce que sont* les choses qui constituent le corps social, et ce qui résulte de l'action qu'elles exercent les unes sur les autres. »

C'est pour avoir mal distingué les problèmes théoriques des problèmes pratiques que les économistes se sont fait accuser d'être sans entrailles, d'encourager l'égoïsme, ou de prendre trop aisément leur parti des misères des pauvres. C'est pour cela qu'on a vu opposer à l'école traditionnelle des écoles humanitaires, et mêmes ces conceptions bizarres d'une économique spiritualiste[3], ou d'une économique chrétienne. La science théorique n'est ni humaine ni inhumaine, ni morale ni immorale, ni religieuse ni antireligieuse. Mais il faut en distraire tout axiome de gouvernement, tout système de réformation sociale.

3. — L'économique est la science de l'*Echange*.

Schæffle appelle *principe d'économie* ce principe, que l'homme tend à obtenir le plus grand résultat avec le moindre effort; et l'Economique est l'application de ce principe à la vie sociale. Or, appliqué à la vie sociale, ce principe n'est autre chose que la loi de l'Offre et de la Demande. Et en effet, il n'y a rien de plus dans toute l'Economique que cette loi et ses effets, et les Economistes ont coutume de rejeter tout ce qui n'en relève pas en dehors des frontières de leur science.

On a dit encore que l'économique est la science de l'*Utile*, ou des *Intérêts matériels*, ou des *Richesses*. De telles définitions veulent être expliquées.

On appelle richesse tout objet *matériel*, *utile* et *approprié*.

Ce qui n'est pas *approprié* n'est pas soumis aux lois économiques; c'est que ce qui n'est pas approprié, ou bien ne peut pas être acquis, ou bien peut l'être autrement que par voie d'échange. On ne demande que ce qu'on n'a pas, et qu'on peut

(1) A.-E. Cherbuliez, *Précis de la science économique*, 1832, p. 7.

(2) *The character and logical method of political economy*, 2e éd. 1875, p. 20.

(3) Rondelet. Le *Spiritualisme en économie politique*.

obtenir d'autrui. On s'impose un sacrifice, parce que celui qui possède le bien demandé ne s'en dessaisira pas sans compensation.

En second lieu, les richesses sont des objets *utiles*.

La notion d'utilité a une grande place dans les écrits des économistes, mais ils ont soin de nous avertir qu'ils attribuent à ce mot un sens spécial. Bien des objets sont dits utiles par les économistes, et tenus communément pour inutiles ou nuisibles. Un diamant est-il utile? Un tableau, une symphonie, un ballet? L'opium à fumer, dont le commerce en Orient est un phénomène économique d'une si grande importance, est un poison redoutable, un fléau destructeur, qui jette dans la misère et l'abjection des milliers de pauvres êtres hagards, émaciés et vidés. Pour un économiste, toutes ces choses sont utiles. Il n'a pas à apprécier le bien ou le mal qu'elles font, c'est la tâche de l'hygiéniste ou du moraliste. Les engins de destruction sont utiles; le poison qu'achète un désespéré pour se suicider lui est utile. Une chose est utile à celui qui la juge telle, ou, même la sachant nuisible, désire se la procurer.

D'autre part, on distingue l'utilité *gratuite* et l'utilité *onéreuse*. Mainte chose utile et même indispensable, comme l'air respirable et la lumière du soleil, ne se vend point, parce qu'en général, on peut se la procurer sans faire aucun sacrifice. Mais si je ne puis me procurer cet air et cette lumière qu'en faisant percer une fenêtre sur le jardin de mon voisin, ou en faisant abattre ses arbres, je serai obligé de l'indemniser de ce préjudice. L'air et la lumière seront devenus des utilités onéreuses. Les utilités gratuites ne sont pas des richesses; ce sont des biens, non des biens économiques. Est richesse tout ce qui a une utilité onéreuse. Or, ce qu'on désire se procurer, et qu'on ne peut se procurer que par un sacrifice, c'est ce qui est *demandé*. La notion d'utilité, détournée de son sens vulgaire, et prise au sens des économistes, est identique à la notion de *demande*.

La plupart des économistes sont d'accord pour exclure de l'économique la notion de *richesses immatérielles*. Le savoir du médecin, de l'avocat, du professeur, le talent de l'acteur, le prestige d'un grand nom, l'influence d'un haut dignitaire ne sont pas des richesses. Ce sont pourtant choses qui peuvent s'acheter et se vendre, qui sont offertes et demandées, pour lesquelles il y a concurrence et marché. L'une des principales raisons invoquées pour exclure les richesses immatérielles, c'est qu'elles ne peuvent être *inventoriées.* Faut-il donc rejeter en dehors de la science toute une classe de phénomènes, parce qu'on éprouve quelque difficulté à les observer. Si on veut évaluer le capital engagé dans une entreprise, on comptera les espèces en caisse, les créances, on expertisera les marchandises en magasin, les immeubles, les machines, les outils, mais on aura quelque peine à faire entrer en ligne de compte le savoir technique, l'habileté commerciale, la puissance de travail, la persévérance, l'autorité, la notoriété d'un entrepreneur ou d'un chef d'exploitation. Pourtant toutes ces choses ont une valeur, qui n'échappe pas toujours tout à fait à la mesure; dans une société industrielle, la part de bénéfices attribuée à chaque associé par le contrat d'association n'est pas toujours proportionnelle au capital matériel engagé par lui ; elle représente aussi, en partie, le prix que ses coassociés attachent à sa coopération, le sacrifice qu'ils ont consenti pour se l'assurer ; c'est la rétribution du capital total, matériel et immatériel, qu'il apporte avec lui et en lui. Le capital matériel est souvent tout aussi difficile à inventorier; pour évaluer les créances, par exemple, il faut en apprécier la solidité, et elle peut tenir à des qualités toutes personnelles des créanciers.

On dit aussi que les richesses matérielles passent par l'échange de main en main ; pour que l'un les acquière, il faut qu'un autre s'en dessaisisse. Au contraire, le professeur, l'acteur, l'ouvrier, après avoir travaillé pour celui qui les paie, conservent leur science, leur talent, leur adresse ou leur force. Mais cette distinction est plus apparente que réelle ; ce qu'ils ont vendu, ce ne sont pas les qualités et aptitudes inhérentes à leurs personnes, ce sont leurs services, et il est bien vrai qu'ils s'en sont privés ; ils ont donné, contre rétribution, leur temps et leur peine, qu'ils ont renoncé à utiliser pour eux-mêmes ou pour d'autres demandeurs. Quant aux qualités personnelles, elles sont de tout point comparables à cette classe de capitaux qu'on appelle *fixes ;* comme eux, elles restent en la possession du producteur ; comme eux, elles sont le fruit de l'épargne ; comme eux enfin, elles sont en partie naturelles, en partie produites par le travail humain.

Il y a d'ailleurs toute une catégorie de choses que nul économiste ne peut se refuser à considérer comme des richesses, et qui ne sont pas matérielles ; ce sont les *droits réels :* une servitude, une redevance, une concession, une clientèle, une situation, une raison commerciale, un nom, un brevet d'invention, un privilège. En présence de ces difficultés, quelques économistes ont proposé de rayer le mot de richesses du vocabulaire économique, comme n'étant susceptible d'aucune précision. Mais n'en est-il pas de même de presque tous les termes usités dans les sciences morales ? C'est d'ailleurs pour y substituer ceux de *biens* ou d'*utilités* qui ne sont pas plus clairs. Ces obscurités et ces équivoques ne tiennent pas à l'impropriété des mots, mais à ce que le domaine de l'économique est encore mal défini, et qu'elle s'isole par des frontières arbitraires et incertaines des autres territoires de la science sociale.

Mais voici un autre point de vue. On avoue maintenant que les faits compris sous la désignation de richesses immatérielles sont des faits économiques, sans être de véritables richesses. Quand on paye une consultation d'avocat, ou le plaisir d'une soirée théâtrale, cette transaction n'est pas entièrement semblable à l'achat d'un habit ou d'une pièce de vin, mais plutôt à la rétribution d'un travail. Les prétendues richesses immatérielles sont : 1° des qualités inhérentes aux personnes ; dans ce cas, elles ne peuvent s'acheter et se vendre qu'avec les personnes elles-mêmes ; or un esclave est une richesse matérielle ; — 2° des actes des personnes, et alors ce sont des services, c'est-à-dire du travail. Le travail et les services ne sont pas des richesses, mais des facteurs de la richesse ; et c'est jeter de la confusion dans les idées que d'assimiler ces deux choses : le produit matériel, et l'effort humain qui lui donne naissance ; c'est mêler deux chapitres distincts de l'économique, celui de la production et celui de la circulation.

Soit ; mais de quoi traite le chapitre de la production de la richesse ? Des actes humains par lesquels la nature est transformée, améliorée, adaptée aux fins humaines ? Nullement, c'est l'affaire de la technologie. *Produire* n'est pas *fabriquer*. « La théorie économique, remarque avec raison F.-B.-W. Hermann[1], ne traite pas des biens en eux-mêmes, elle ne s'occupe pas, comme on l'a dit souvent, de la production, distribution et consommation des biens. Ce sont là les tâches de l'exploitation des mines, de l'agriculture, de l'industrie, du commerce, de l'économie domestique, des associations coopératives, etc. » Les biens, richesses ou services, ne sont des phénomènes économiques que par une de leurs propriétés, la valeur, et ils n'ont de valeur qu'autant qu'ils sont échangeables. Que des

(1) *Staatwiss. Unters.* Munich, 1874, 2e éd.

biens changent de propriétaire, que des services soient rendus par un individu à un autre, si c'est par voie d'échange, ce sont des phénomènes économiques ; mais un don, un service gratuit, un acte de bienveillance, de générosité ne sont pas des phénomènes économiques. Les services, comme les produits, n'intéressent l'économiste qu'autant qu'ils sont échangés.

On ne peut pas considérer tous les services comme des produits ; c'est peut-être en somme tout ce que veulent dire les adversaires des richesses immatérielles ; mais on peut considérer tous les produits comme des services. Je puis commander à un ouvrier de me faire du pain ; je puis aussi acheter du pain chez le boulanger ; dans les deux cas, j'achète les services d'un ouvrier qui me fait du pain. Souvent il est difficile de distinguer si le fournisseur a exécuté une commande, ou si, l'ayant prévue, il m'a vendu un produit tout prêt. Ce qui s'échange, ce sont toujours des services ; seulement, tantôt le service est une relation personnelle entre celui qui le rend et celui qui le reçoit, tantôt il s'incorpore en un objet matériel, qui devient indépendant, et circule sans que les personnes soient directement en relation. On ne devrait pas discuter s'il y a des produits immatériels, a dit Ch. Dunoyer, car il n'y en a pas d'autres. Toutes les richesses, matérielles ou immatérielles, sont des services.

Sans doute, la valeur du produit se compose de deux parts, celle du travail humain et celle de la matière première ; quand celle-ci n'a pas de valeur, la valeur du produit est égale à celle du travail humain qu'il a coûté ; mais souvent la matière première, indépendamment de tout travail, même de transport, même d'extraction, a une valeur à cause de sa rareté, valeur qui fait partie intégrante de celle du produit. A ce point de vue encore, le produit peut être considéré comme un service. Le vendeur me rend le service de se dessaisir en ma faveur, contre rétribution, d'un objet qui était sa propriété, et qui devient la mienne. La notion de service est plus étendue que celle de travail. Il y a des services qui ne consistent pas en une opération, en un acte. Un homme qui jouit d'un privilège, d'un monopole artificiel ou naturel, et qui m'admet à y participer, me rend un service, même si ma participation n'entraîne de sa part aucun effort, aucune peine, aucune privation, par exemple les curiosités, les beautés naturelles qu'on laisse voir pour de l'argent. Travail n'est pas non plus synonyme d'effort ou de peine ; le travail peut n'être pas pénible ; le même travail ne l'est pas également pour tous ; il se mesure à ses résultats ; or tous ne font pas le même effort pour obtenir le même résultat.

Nous pouvons donc conclure que l'économique est la science de l'*échange*, et nous savons maintenant que ce qui s'échange, ce sont des *services*.

4. — L'économique n'est qu'une partie de la sociologie. Or, nous apercevons déjà un moyen d'étendre considérablement le champ des études sociologiques ; aux services *échangés* il faut joindre les services *gratuits*. Les services rendus à l'homme par l'homme, à cela peuvent se ramener tous les faits économiques, et aussi, semble-t-il, la plupart des autres faits sociaux. La société, c'est l'homme utile à l'homme. Ajoutons que la sociologie comprend aussi l'étude des faits *antisociaux*, l'homme nuisible à l'homme ; son objet pourrait donc bien être l'*action de l'homme sur l'homme*. Mais il y a des sociétés animales, et aussi société entre l'homme et les animaux. Généralisons encore, et nous serons sans doute bien près d'avoir défini le fait social en disant que c'est *toute action d'un individu ou d'une collectivité sur un individu ou une collectivité*.

Pour examiner ce que contient une pareille définition, reprenons la notion de *services*.

Échangés ou gratuits, les services se distinguent par la manière dont on se les procure. De combien de manières se procure-t-on des services quelconques ? Pour le savoir, étudions de plus près les mieux connus, les services échangés. Une classification est assez facile à établir, et peut-être pourrons-nous la prolonger, surtout si elle est progressive ; nous franchirons ainsi les limites de l'économique, et rencontrerons les services gratuits.

On se procure, par voie d'échange, un service :

1° Sous forme de *produit*, objet matériel où il est incorporé, et qui circule indépendamment du producteur ;

2° En rétribuant un service déterminé en nature et en quantité ; c'est le travail *à la pièce* ou *à la tâche ;*

3° En rétribuant un travail de nature et de durée déterminées, mais dont la quantité n'est pas spécifiée dans le contrat : c'est le *travail à temps ;*

4° En rétribuant une durée de travail déterminée, la nature du travail n'étant que vaguement spécifiée : c'est la *domesticité ;*

5° En achetant la personne même du travailleur : c'est l'*esclavage.*

Comment se procure-t-on les services gratuits ?

Ceux qui se rapprochent le plus des services échangés, sont les services *réciproques ;* il n'y a pas eu de contrat d'échange ; il a pu y avoir un calcul d'intérêt, mais le premier service n'a pas été conditionnel, subordonné au second. La réciprocité des services tient une grande place dans les relations mondaines, la civilité, la politesse, l'amitié, la famille, etc. On peut appliquer aux services réciproques une grande partie de ce que les économistes enseignent sur les avances, le crédit, la sécurité, les garanties. Présenter un ami dans une maison, n'est pas sans analogie avec endosser un billet. L'axiome *si vis amari, ama*[1] ressemble assez à une loi de l'Offre et de la Demande transportée aux choses du cœur.

Les moyens d'action par lesquels on se procure les services qui ne sont ni échangés ni réciproques peuvent se ramener à deux chefs : l'*influence* et la *contrainte.* L'influence consiste à faire naître des motifs et des mobiles qui déterminent la volonté à consentir au service qu'on lui demande. La contrainte est l'emploi de forces extérieures, auxquelles il faut céder, même contre son gré. Elle diffère de l'influence en ce qu'elle ne détermine pas la volonté, mais des mouvements.

Toute influence d'un homme sur un autre est un phénomène social. C'est à la sociologie qu'il appartient d'étudier les diverses espèces et les conditions de l'*autorité*, et par suite celles du *respect*, de l'*obéissance*, de la *soumission ;* une promesse, une menace, un argument, une preuve, la persuasion, l'éloquence, l'enseignement, l'éducation, tous les effets produits sur les individus, plus sûrement sur les foules, volontairement ou involontairement, par les idées, par les mots, par leur sonorité, leur liaison, leur rythme, par la physionomie, par le geste, etc., le fait même de la communication des idées et des sentiments, sont des phénomènes sociaux. La rhétorique est une science sociale. Elle est moins une science qu'un art, parce que, jusqu'à présent, c'est ainsi qu'on l'a traitée ; elle enseigne des moyens de persuader, d'intimider ou de séduire[2] ; mais elle repose sur un savoir empirique qui tend à devenir science théorique : son objet est le mécanisme de l'influence des paroles sur les jugements, les sentiments et les décisions des hommes.

(1) Sénèque, *Ad Luc.*, IX, 4.

(2) Ou simplement de plaire, mais alors elle n'est plus la rhétorique, et se ramène à l'esthétique. (Voir plus loin.)

La pédagogie est aussi un art, parce qu'on s'y est plus préoccupé de formuler des remèdes que des lois, et qu'on s'est contenté de les fonder sur un savoir empirique. Mais déjà la distinction tend à se faire entre la science et l'art. Comment faut-il s'y prendre pour donner à des enfants, d'un naturel et dans des conditions déterminées, telles connaissances, telles idées, tels sentiments, telles habitudes ? Tel est le problème de l'art. En vertu de quelles lois les enfants sont-ils influencés par leurs parents, leurs maîtres, leurs camarades ? Tel est le problème de la science.

Le langage, ou la communication des idées, est un phénomène social. D'après le rudiment des écoliers, la grammaire est un art, « l'art de parler et d'écrire correctement » ; et on pose en principe que le bon langage, c'est le langage usuel, que l'usage est *jus et norma loquendi*. Mais quelles sont les lois de cette force sociale qui se nomme l'usage ? Comment se forme-t-il, et comment évolue-t-il ? Comment s'impose-t-il à l'individu ? La *linguistique* n'est pas un art, mais bien une science théorique; et si l'on veut réserver ce nom à l'histoire des langues, ou à la philosophie de leur histoire, il y aura place pour une autre science, purement spéculative, des conditions et lois générales du langage ; cette science, entrevue déjà et même commencée bien des fois, puis discréditée, abandonnée, ou plutôt ajournée, on l'a appelée *grammaire générale*.

Parler, c'est exercer une influence sur autrui ; influence toute linguistique quand elle se borne à faire naître ou renaître une idée dans l'esprit de l'auditeur ; influence instructive, éducative ou persuasive, quand elle modifie les jugements, les sentiments et les décisions.

L'influence de l'homme sur l'homme peut s'exercer autrement que par la parole. La sympathie, l'exemple et les innombrables modes de ce que M. Tarde a nommé l'*imitation*, sont des phénomènes sociaux. Mais M. Tarde s'est appliqué à élargir l'espèce jusqu'à y faire entrer le genre. L'imitation est un phénomène social parce qu'elle est une forme de l'influence, mais toute influence n'est pas imitative. Sans doute la connaissance d'une manière d'agir est un motif qui tend à se réaliser en un acte ; c'est un commencement d'acte, qui s'achèvera s'il n'est retenu. L'activité s'exerce plus aisément dans le sens de l'imitation que dans celui de l'invention. Mais soutenir que l'homme ne puisse influencer que par l'exemple les jugements, les décisions et les actes de son semblable, c'est vraiment pousser un peu loin l'analogie entre l'espèce humaine et certaines autres espèces biologiques. Cette critique ne nous empêche pas de reconnaître ce qu'il y a d'excellent et de précieux dans l'ingénieux et brillant livre de M. Tarde.

Les divers modes de l'influence peuvent se ramener aux quatre suivants : expression, suggestion, intimidation, séduction.

La suggestion est un phénomène beaucoup plus général que ne l'ont cru d'abord les hypnotiseurs. Nous sommes tous plus ou moins suggestibles, à l'état de veille et de santé ; un ton impératif, un air digne, la majesté, le cérémonial, en imposent plus ou moins à tous les hommes. Le sujet hypnotisé est incapable, ou moins capable de résistance[1] ; il ne diffère de l'homme normal que par le degré. La suggestion, c'est le déterminisme idéo-moteur.

L'imitation n'est qu'une espèce de suggestion, la suggestion par l'exemple. On connaît un certain état hypnotique dans lequel cette sorte de suggestion est seule possible : le sujet imite tous les gestes, et, au lieu de répondre aux questions, les répète.

5. — Il faut aussi ranger parmi les phénomènes sociaux tous les faits de contrainte. Nous y sommes conduits par l'analogie. Un argument, avons-nous dit, est un phénomène social ; or un revolver peut être un argument.

Mais, objectera-t-on peut-être, société veut dire union, solidarité, coopération ; la société, c'est l'état de paix, la contrainte, c'est l'état de guerre ; les actes de violence, les faits de contrainte brisent le lien social ; ils sont *antisociaux*.

Ils sont donc aussi l'objet de la science sociale : « Les contraires, a dit Aristote, sont l'objet d'une même science. »

Ils sont antisociaux en ce sens qu'ils sont le contraire des services ; ils sont sociaux en ce sens qu'ils sont des moyens de se procurer des services. Si nous nous en tenons à cette définition, proposée par nous provisoirement : les phénomènes sociaux sont les *services ;* nous devons ajouter que la sociologie est l'étude des phénomènes sociaux et antisociaux ; ceux-ci ne sem-

(1) J'ai pu faire à cet égard quelques expériences. Mon sujet, d'une docilité extrême en toute circonstance, ne put jamais consentir à m'empoisonner ; il se décida sans peine à poignarder un ennemi imaginaire, avec tant de violence que le poignard (un couteau à papier) fit une entaille dans le mur ; mais il fallut lui dire que cet ennemi venait pour me tuer.

blent alors rentrer que par grâce dans le cadre de la science. Mais nous avons rectifié notre définition : les phénomènes sociaux sont *toute action de l'homme sur l'homme.* A ce point de vue, les phénomènes antisociaux sont des phénomènes sociaux. La science théorique n'a pas à faire de triage entre les actes louables ou blâmables, moraux ou immoraux ; elle constate des faits, les analyse, les classe et les explique, mais ne les juge pas. Dira-t-on qu'un coup de foudre ou un tremblement de terre ne sont pas des phénomènes naturels parce qu'ils sont destructeurs? que la nature, c'est l'ordre et l'harmonie de l'univers ; que ce qui est accident et désordre n'est pas naturel ? La distinction des faits sociaux et antisociaux n'est pas plus légitime, c'est introduire la considération de nos fins et de nos intérêts dans la science théorique. L'instruction cesse-t-elle d'être un phénomène social quand l'instituteur enseigne une erreur ? L'éducation, quand elle est mal dirigée ? Un contrat d'échange cesse-t-il d'être un phénomène économique parce que l'un des contractants est dupe ?

Par contre, M. E. Durkheim définit le fait social par la seule contrainte. Mais il ne suppose pas que la contrainte soit exercée nécessairement par des forces physiques externes. Il semble donc comprendre sous ce mot tout ce que nous avons appelé influences. La loi, l'opinion, les mœurs exercent bien une contrainte sur l'individu ; s'il veut résister, cette contrainte devient ordinairement très manifeste : ou elle empêche l'acte, ou elle l'annule, ou elle en obtient la réparation, ou bien elle le fait expier, ou bien enfin elle exclut son auteur de la société[1]. Mais, tous les faits qui ont le caractère d'une influence n'ont pas celui d'une contrainte, même morale. La langue que nous parlons nous est imposée par notre milieu social, mais à son tour la communauté de la langue crée une sympathie, un attrait mutuel entre tous ceux qui la parlent. De là ces grands mouvements d'opinion : le Pangermanisme, le Panslavisme, l'Union des races latines (improprement nommée, car il s'agit d'un lien linguistique et non ethnique). — La religion n'a pas toujours, et tend à avoir de moins en moins le caractère d'une contrainte, à n'être que l'alliance de tous ceux qui ont les mêmes croyances. La tradition, l'enseignement religieux sont de moins en moins autoritaires, de plus en plus librement acceptés ; on peut, on pourra toujours plus aisément, sortir d'une religion et

(1) *Les règles de la méthode sociologique.*

y entrer. A mesure qu'elle perd son caractère de contrainte, la religion semble perdre aussi celui de phénomène social, pour devenir affaire de conscience individuelle. Il n'en est rien : la religion la plus libérale reste encore une *communion ;* seulement ce n'est plus une autorité extérieure qui fait la communauté des croyances, c'est la communauté des croyances qui crée une solidarité. — « Un sentiment collectif, dit M. Durkheim, n'exprime pas seulement ce qu'il y avait de commun entre tous les sentiments individuels, il est quelque chose de tout autre [1]. » Nous sommes vingt qui voyons le même objet, la similitude de nos vingt perceptions n'en fait pas un fait social, si chacun voit individuellement comme s'il était seul. Mais la solidarité peut exister entre nous de deux manières. Nous sommes vingt que le même objet impressionne de la même manière, parce que nous ne sommes pas étrangers ni indifférents aux sentiments de nos voisins ; notre sentiment n'est plus le même que si nous étions seuls. D'autre part, ayant découvert que nous avons des sentiments communs, nous nous sentons attirés les uns vers les autres, nous nous unissons pour renforcer et multiplier ce sentiment commun ; dans ce cas, il est évident que nous agissons les uns sur les autres, et que pourtant nous ne nous subissons pas les uns les autres. — L'enseignement des sciences est bien une action exercée par le maître sur l'élève, mais cette action n'est pas une contrainte quand l'enseignement est libéral, c'est-à-dire démonstratif. Ce qui contraint l'esprit et force la conviction, c'est l'évidence, et non une force externe, le rôle du maître est d'aider, de secourir et de diriger. La contrainte est essentiellement opposée aux tendances naturelles ou à la volonté de l'individu ; l'influence peut s'y ajouter, agir dans le même sens, y coopérer. Si je tends une perche à un homme qui se noie, j'agis sur lui, mais dans le même sens que lui-même, et non contre lui. Or, les faits sociaux sont bien souvent, et fort heureusement, des faits de secours, d'aide, d'assistance, de communion, de synergie, non de contrainte. Autrement, la liberté consisterait à se dégager du lien social, et se confondrait avec l'individualisme ; tandis qu'elle est possible dans et par la société, et peut-être seulement par la société.

6. — Une autre erreur de grande conséquence consiste à

(1) *Les règles de la méthode sociologique.*

confondre le fait *social* avec le fait *collectif*. C'est la tendance ordinaire des sociologues qui, partis de l'histoire, de la politique, du droit ou de la morale, conservent toujours à leurs études le caractère de ce point de départ trop spécial ; c'est l'écueil que nous avons signalé en commençant. En histoire, on ne considère que des phénomènes collectifs : mœurs, civilisations, guerres, traités ; les actions individuelles n'ont d'intérêt qu'autant qu'elles affectent les destinées d'un peuple, ou qu'elles révèlent des faits communs : mœurs, traits de caractère d'un peuple ou d'une époque. La politique ne s'occupe que des rapports de l'Etat avec les individus ou avec d'autres Etats. Le droit et la morale sont essentiellement des manifestations de la conscience collective. Ceux qui sont partis de ces études spéciales conçoivent difficilement que l'action de l'individu sur l'individu soit un phénomène social.

A. Comte et H. Spencer n'ont considéré comme faits sociaux que les propriétés collectives des sociétés, et M. E. Durkheim, sans être bien explicite sur ce point, suppose partout, comme une chose qui va sans dire, que le sociologue n'a à considérer que les faits communs à tout un groupe humain. Les faits sociaux sont pour lui « des manières d'agir, de penser ou de sentir qui existent en dehors des consciences individuelles » et « qui sont douées d'un pouvoir de coercition en vertu duquel elles s'imposent à l'individu [1] ». Il suppose que ces manières d'agir, de penser et de sentir ne peuvent s'imposer à l'individu que parce qu'elles sont générales ; parfois même, il le dit en propres termes, mais incidemment, comme si ce n'était pas contesté : « Chaque fait social consiste soit dans une croyance, soit dans une tendance, soit dans une pratique, *qui est celle du groupe pris collectivement* [2]. » Le fait social, c'est la difficulté ou l'impossibilité de faire exception à la règle communément admise et pratiquée. Il en arrive ainsi à le définir par un caractère qui n'est propre à aucun ordre de faits, mais commun à tous, l'inéluctabilité de toute loi : « Industriel, rien ne m'interdit de travailler avec des procédés et des méthodes de l'autre siècle, mais si je le fais, je me ruinerai à coup sûr. » Ceci n'est pas caractéristique des faits sociaux. Rien ne m'interdit non plus de me nourrir d'aliments de mauvaise qualité, mais je ruinerai ma santé. Rien ne m'interdit de semer, de

(1) *Règles de la méth. sociol.*

(2) Ibid.

planter sans tenir compte des terrains, des climats, des saisons, mais je ne récolterai pas. *Naturæ parendo imperatur*. Toute tentative qui n'est pas d'accord avec les conditions de possibilité des choses doit avorter. Ce qu'il faudrait dire, c'est pourquoi il est difficile ou impossible de se soustraire à la règle communément admise et pratiquée, et pourquoi certaines manières de juger, de sentir ou d'agir sont communes.

De même, pour M. Tarde, un fait n'est social que s'il est imité, et, en général, un fait n'est scientifique que s'il est répété. La science a pour objet trois espèces fondamentales de répétitions : l'ondulation, l'hérédité, l'imitation. Le fait nouveau, initial n'est pas objet de science. En sociologie, il s'appelle invention; quand il est imité, il devient coutume, mode, règle, loi.

L'imitation est assurément un phénomène social, car c'est une influence de l'homme sur l'homme. Mais le premier exemple, avant d'être imité, et même s'il ne doit jamais l'être, peut bien être déjà un phénomène social, s'il est une action de l'homme sur l'homme. Et si, après cela, il est imité, il est deux fois phénomène social.

Il faut bien admettre qu'un fait social peut-être une relation entre deux individus, puisque nul ne conteste ce caractère aux faits économiques, les mieux connus de tous, et qu'un échange ou un contrat ne suppose que deux contractants. La confusion que je viens de signaler entre le fait social et le fait collectif entraîne une grave erreur de méthode, celle de considérer d'emblée des phénomènes complexes et pour ainsi dire massifs, et de s'interdire de les analyser, par la persuasion que ce serait les faire évanouir. Les mœurs, les lois, la morale, la famille, l'État, ces phénomènes resteront inintelligibles tant qu'on n'aura pas expliqué ces autres plus simples : l'exemple, l'autorité, le respect, la sympathie; et pour les bien étudier, il convient de les considérer comme des relations entre deux individus seulement. L'exemple de l'économique est instructif à cet égard. C'est en partant de l'étude des transactions entre des individus qu'on est arrivé à rendre compte de phénomènes très généraux et très complexes, comme le crédit public. S'il faut protester contre l'exclusivisme de certains économistes, qui nient la sociologie, et veulent que leur science soit toute la science sociale, il faut remarquer d'autre part que le dédain de l'économique porte malheur aux sociologues.

7. — Nous résumerons dans le tableau suivant les diverses manières dont on peut se procurer des services :

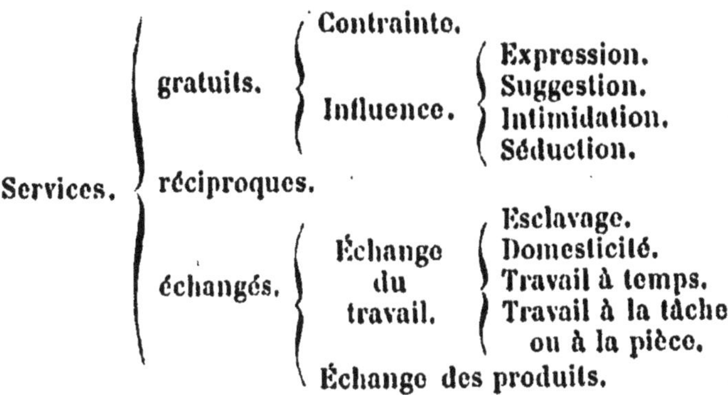

Les services échangés sont des relations bilatérales, les services gratuits des relations unilatérales.

Il y a opposition complète entre les deux termes extrêmes : le service obtenu par contrainte n'est nullement échangé ; le service échangé sous forme de produit n'est nullement contraint.

Il y a continuité entre les deux termes extrêmes : quand les services ne sont pas échangés sous forme de produits, il se mêle à l'échange une part d'influence ou de contrainte. Ce qui distingue l'achat d'un produit de l'achat d'un travail, c'est que, dans le premier, le travail est effectué avant le contrat d'échange ; dans le second, le contrat d'échange précède le travail. Par suite, dans le premier cas, le producteur est indépendant de celui à qui il rend service, n'étant lié à lui par aucun contrat ; il ne dépend de lui que par la nécessité de prévoir, à ses risques et périls, la demande. Au contraire, le travailleur salarié dépend personnellement de celui qui l'emploie, car celui-ci, après avoir traité, doit encore prendre des mesures pour que le contrat soit exécuté à sa satisfaction. Dans le travail à la pièce ou à la tâche, l'indépendance du salarié est encore aussi complète que possible ; toutefois l'employeur n'a pas seulement *demandé*, il a *commandé*, il se réserve le droit, soit de surveiller l'exécution, soit de refuser le travail. Dans le travail à temps, la nature, l'époque, la durée du travail sont bien stipulés dans le contrat, mais le patron devra se contenter de la quantité du travail exécutée pendant le temps fixé ; il doit donc disposer de moyens autres que l'échange pour s'assurer les services du travailleur qu'il emploie, user de contrainte ou d'influence ; ses procédés pourront être durs, violents, ou humains et doux : la crainte, le respect, la sympathie, le dévouement qu'il inspire, l'émulation qu'il sait établir entre ses ouvriers. S'il donne une prime à celui qui produit le plus ou le mieux, s'il s'est réservé le droit de réduire le salaire en cas de travail insuffisant, c'est un contrat mixte qui tient à la fois du travail à la tâche et du travail à temps.

L'influence et la contrainte ont une part plus grande dans la domesticité et les contrats analogues. Ils ne subsistent guère chez nous que pour les travaux de la maison, trop divers, trop impossibles à prévoir pour être stipulés d'avance ; de là les *bonnes à tout faire.* On sait quels tracas elles causent, combien de qualités diverses et de vertus on leur demande, combien on préfère s'en passer autant qu'on le peut, quelle subtile diplomatie il faut déployer pour s'assurer leur respect, leur dévouement ou leur affection. Le contrat de louage est le premier en date des moyens de se procurer de tels services ; il reste ensuite à accomplir une série d'actes beaucoup plus complexes et plus difficiles.

Enfin, l'esclave acheté, il reste à le faire travailler, ce qui est affaire de contrainte et d'influence.

Les faits proprement économiques sont donc étroitement unis à des éléments non économiques : les lois de l'échange ne s'appliquent rigoureusement qu'aux transactions relatives à des produits matériels. Dans le marché du travail, leurs effets se composent avec ceux de l'influence et de la contrainte. De là les difficultés relatives aux lois du travail, et la tendance des économistes rebutés à se renfermer dans l'étude des richesses matérielles. Quoi de plus digne, cependant, des efforts d'un esprit chercheur que le rôle de cette action personnelle du patron sur les ouvriers, même en omettant volontairement le côté philanthropique de la question pour s'en tenir aux intérêts ? Un socialiste trop peu connu, qui fit d'excellente pratique avant de faire de mauvaise théorie, Robert Owen, est à cet égard bien intéressant. Appelé au commencement du siècle, à diriger la filature de New-Lanark près de Glasgow, il sut par des mesures judicieuses d'hygiène, de moralité, d'instruction, d'émulation, transformer radicalement en quelques années la population de tout un village ; il s'assura le concours des meilleurs ouvriers sans augmenter ses charges, élimina les mauvais sans avoir à les chasser, sans agir sur eux par la contrainte ou la menace, sans supprimer ni réduire leurs salaires ; il sut avoir une influence personnelle considérable, inspira à tous l'attachement et le respect, si bien que les services de ses ouvriers ne furent pas seulement des services échangés, mais encore des services réciproques et des services gratuits. Par ces moyens, il releva la prospérité d'une entreprise qui périclitait, enrichit ses actionnaires et fit personnellement une grosse fortune.

Pourquoi le savoir empirique sur lequel se fonde l'habileté de ces manieurs d'hommes ne deviendrait-il pas science objective, exprimable et vérifiable? Tous les services où le travailleur est directement en relation avec l'employeur sont en partie échangés, en partie gratuits ; le marché du travail ne dépend pas exclusivement des lois économiques. On ne peut donc se refuser à reculer les bornes de l'économique, à entreprendre une science des services en général, gratuits aussi bien qu'échangés. Cette science, c'est la sociologie.

CHAPITRE VIII

LA SOCIOLOGIE (*Suite*)

1. — Toutes les sciences, à leur origine, ont semblé avoir des objets multiples et se subdiviser en sciences partielles. Plus tard, quand les faits sont mieux connus, les analogies profondes apparaissent, les vérités éparses se relient, l'unité du système se révèle, en même temps que l'objet de la science devient plus abstrait.

Ainsi les objets de la physique étaient d'abord très divers et pouvaient sembler irréductibles : le mouvement, la chaleur, la lumière, le son, l'électricité, le magnétisme, etc. Ils apparaissent tous aujourd'hui comme des modes d'un même phénomène fondamental. Toute la cosmologie pure est la science de l'atome et de ses mouvements. — En physiologie, il y a autant de chapitres distincts que de fonctions en chaque espèce ; mais on tend de plus en plus à substituer à la physiologie des organes la physiologie des cellules, et les fonctions spéciales d'un organe ou d'un tissu se ramènent toutes aux fonctions élémentaires de toute cellule, et en dérivent par différenciation. — De même, sans doute, la diversité présente des sciences sociales se ramènera un jour à l'unité : il y a un fait social essentiel dont tous les autres ne sont que des formes diverses, comme la lumière, le son, la chaleur sont des espèces d'ondes, comme la contractilité, la neurilité, la sécrétion, la caryocinèse sont des modes de l'irritabilité. Une science se dissémine d'abord en des territoires juxtaposés, puis elle se condense en un système, enfin, devenue déductive, elle se développe en une série progressive de démonstrations.

La classification des services que nous avons donnée plus haut est peut-être un aperçu du plan de la sociologie future, d'une sociologie plus abstraite que celle qu'il est possible de faire aujourd'hui. Il est d'ailleurs destiné, à mesure que les faits seront mieux analysés, à se préciser, peut-être à se prolonger. Le progrès de la science ne se fait pas par simple addition des connaissances nouvelles. A chaque acquisition, elle est remaniée dans son organisation intérieure ; elle ne croît pas à la manière d'un minéral, par accession de parties, mais, comme un vivant, par *intussusception ;* elle se nourrit, et sa nutrition comporte deux temps, comme celle d'un vivant : absorption, assimilation.

Avant donc de connaître les lois abstraites des divers modes d'action de l'homme sur l'homme, il y aura longtemps encore une sociologie de l'Etat, une sociologie de la famille, une science du droit, une science du langage, une science de la religion, etc.

Il est encore impossible de faire une classification méthodique et surtout exhaustive de ces diverses branches de la sociologie, parce qu'elles ne sont pas des divisions définitives ni rigoureuses. Mais nous pouvons dès maintenant énumérer quelques groupes de connaissances, quelques sciences commencées, et examiner si elles appartiennent à la sociologie, à quel titre et dans quelle mesure.

2. — L'*économique* est l'une des plus avancées. Il n'est pas indifférent de remarquer que son principal fondateur n'a pas été exclusif, comme ses successeurs le sont si volontiers ; il eut l'idée distincte d'une science plus étendue des phénomènes sociaux. Dans la *Richesse des nations*, il a étudié la lutte des intérêts, dans la *Théorie des sentiments moraux* les effets de la sympathie. Sa doctrine économique est la théorie des services échangés, sa doctrine morale inaugure celle des services gratuits.

3. — La *politique* est plus ancienne que l'économique, mais les anciens ne l'ont jamais séparée de la morale, et même aujourd'hui elle existe à peine comme science théorique. Hobbes, Locke, Rousseau n'ont guère fait que des doctrines pratiques, mais ils ont dû, pour les soutenir, formuler des thèses, et ont appelé la discussion sur le terrain théorique, par leurs diverses conceptions d'un contrat social. On peut dire que la politique a pour objet d'expliquer la cohésion du groupe social. L'idée que l'origine de l'Etat est un contrat ne se défend plus aujourd'hui. Il faudrait que la société fût déjà organisée, et son organisation fort avancée, pour que ce contrat fût possible ; au

moment où il peut y avoir un contrat ou pacte quelconque, il y a déjà un groupe politique défini. Il est vrai que la relation de l'individu et de l'Etat peut prendre, en partie, chez les peuples les plus avancés, la forme contractuelle, et tend à se rapprocher d'un échange de services ; mais c'est là le terme et non l'origine de son évolution.

Néanmoins, la raison d'être de l'Etat est, dès l'origine, un service. M. E. Durkheim, dans son livre de la *Division du travail social*, a opposé la soladirité « organique » fondée sur la division du travail et la spécialité, à la solidarité « mécanique » qui est le simple agrégat d'individus similaires. Il a montré que les individus sont d'autant plus semblables, par leurs fonctions sociales, et même par leur structure anatomique, que le groupe humain est plus près de son origine. La solidarité organique ne peut même s'établir qu'aux dépens de la solidarité mécanique ; la cohésion du groupe homogène primitif est un obstacle à la division du travail. Cette cohésion, M. Durkheim la compare à celle d'un minéral formé de molécules semblables, d'où le nom de solidarité mécanique.

Il semble pourtant qu'elle soit déjà un premier degré de la division du travail. Il n'y a pas de cohésion quand il n'y a pas de différenciation fonctionnelle. L'hypothèse d'une multitude humaine sans nulle cohésion, d'individus absolument indépendants les uns des autres, est sans doute une hypothèse abstraite, qui n'est et n'a jamais été réalisée nulle part. L'origine première de la société semble antérieure à l'espèce humaine elle-même. Si l'on pouvait remonter assez haut dans son passé pour trouver une multitude qui ne fût pas encore une société, les êtres qui la composeraient ne seraient pas encore des hommes. Mais dès qu'il y a un groupe social, même homogène, et composé d'éléments tous pareils, il y a déjà division du travail et spécialisation fonctionnelle : il y a les fonctions de l'individu, et la fonction ou les fonctions du groupe. Les individus sont solidaires parce que certains services ne peuvent naître que de leur union ; ils se défendent par leurs efforts individuels contre certaines causes de destruction, tandis qu'ils résistent *par leur masse* à certaines autres. Les oiseaux de passage ne présentent, pendant leur séjour, d'autre société que la famille, mais à l'époque des migrations, ils s'unissent pour le grand voyage.

On ne peut donc concevoir comment il existerait une solidarité quelconque, même « mécanique », comment s'établirait cette cohésion d'une multitude, en quoi même elle consisterait, s'il n'y avait pas une activité commune, distincte des activités individuelles. Quoiqu'en dise M. Durkheim [1], H. Spencer n'a pas tort de dire qu'il n'y a pas de société sans coopération.

Même dans le règne minéral, la cohésion n'existe que par une sorte de différenciation fonctionnelle. Bien que les molécules soient identiques, elles ont un rôle différent suivant qu'elles sont intérieures ou superficielles. Pour faire évanouir cette différence, il faudrait supposer une masse de gaz qui ne serait contenue dans aucune enceinte, qui se répandrait librement dans un vide indéfini, hypothèse abstraite qui ne semble pas pouvoir trouver place dans la nature ; mais alors il n'y aurait aucune cohésion. Les molécules d'un gaz contenu dans une enceinte ont des rapports avec cette enceinte, exercent une pression sur ses parois, les frappent et s'y réfléchissent. La cohésion est plus grande dans un liquide ; mais les molécules qui le limitent ne supportent pas les mêmes relations que les molécules intérieures ; ou elles adhèrent à la paroi des vases qu'elles *mouillent*, ou elles n'adhèrent pas, et présentent alors le phénomène de *tension superficielle ;* en un mot leurs conditions d'équilibre sont différentes selon qu'elles sont en rapport de toutes parts avec des molécules de même substance, ou avec des molécules de substance différente. Nous connaissons mal l'état moléculaire des solides, mais il est probable que la différence entre l'équilibre des molécules intérieures et des molécules superficielles y est encore plus grande que dans les liquides.

Nous pouvons appeler phénomènes politiques les services que l'homme se procure par le fait de la cohésion ou de la solidarité. Ces services peuvent être gratuits ou échangés ; ils sont nécessairement gratuits avant d'être échangés ; beaucoup d'entre eux seront peut-être toujours, sont peut-être nécessairement gratuits : ce sont des faits de contrainte ou d'influence.

4. — Le *Droit* est une science pratique et une science historique. Mais il y a place pour une science théorique du droit. Le fait qu'il s'agit ici d'analyser, c'est l'autorité, la vertu coerci-

(1) « Une société, dit H. Spencer, au sens scientifique du mot, n'existe que lorsqu'à la juxtaposition des individus s'ajoute la coopération. » *Sociol.*, III, p. 331. — « Ce prétendu axiome, dit M. Durkheim (*Division du travail social*, p. 308), est le contre-pied de la vérité. »

tive de la loi. Le droit ainsi entendu est une subdivision de la politique.

5. — Aucun phénomène social n'a exercé la sagacité des sociologues autant que la *famille*. Ce protée insaisissable n'a pu encore être fixé en aucune définition. Ce serait une prétention ridicule que de vouloir esquisser ici en quelques lignes une Sociologie de la famille ; mais en dépit de la variété et de la complexité des relations qu'elle présente, on peut indiquer ce qui la constitue essentiellement : c'est la nécessité de nourrir et d'élever l'enfant. Dans les sociétés primitives, l'enfant a bientôt fait de devenir égal et semblable aux autres individus, mais dans les sociétés plus avancées, il ne peut se suffire qu'après une adaptation longue et complexe. Le développement de l'individu dans le sein maternel, se continue après la naissance, par l'allaitement, puis par l'éducation et l'instruction. Engendrer, nourrir et élever des enfants, tel est le principe et la raison d'être de toutes les relations *proprement* familiales. Mais la famille est une puissance, et, une fois constituée, elle peut acquérir des fonctions étrangères à son objet primitif. Le *paterfamilias* romain est d'abord et essentiellement mari et père ; mais son autorité n'est pas exclusivement maritale et paternelle, elle est aussi domestique (*familia*, de *famulus*) ; aux membres de la famille se sont joints des étrangers, et la maison est devenue une petite cité dont il est le roi. Cette cité peut même avoir ses faubourgs et sa banlieue ; elle devient métropole, elle a ses colonies. C'est ainsi qu'à la maison romaine, demeure soigneusement close, à entrée unique, aux rares fenêtres extérieures, sont annexés des ateliers et des boutiques, adossés à ses murs comme les faubourgs aux murailles des villes ; là le chef de famille fait ouvrer et vendre les produits de ses domaines ruraux. Puis à la famille se subordonnent d'autres familles qu'elle protège et qui font sa force ; les clients sont à la famille romaine ce que sont les tributaires à la cité ou les colons à la métropole. Ainsi aux fonctions paternelles se sont jointes les fonctions les plus diverses, économiques, judiciaires, morales, religieuses et même militaires ; ces fonctions se sont organisées dans la famille parce qu'elle existait, à la faveur de l'autorité paternelle (ou maternelle dans le matriarcat) et conjugale ; elles tendent ensuite à s'en séparer en vertu du principe de la division du travail.

Ces fonctions accessoires peuvent même, dans certains cas,

devenir si importantes, qu'elles subsistent même si les fonctions essentielles sont absentes. Par l'*adoption*, le père exerce les autres fonctions paternelles sur des personnes qu'il n'a ni engendrées, ni même élevées. La famille peut prendre ainsi les formes les plus inattendues. Il arrive aussi que la famille entre en conflit avec d'autres formes d'association qui empiètent sur son domaine. C'est ainsi que, tandis que dans la cité grecque et surtout romaine, la famille est l'organe essentiel, dans lequel presque toutes les fonctions se constituent, qu'elle augmente sans cesse de volume et de puissance, que ses attributions se diversifient et se compliquent, dans d'autres sociétés au contraire, on la trouve restreinte, réduite à ses fonctions essentielles, parfois même atteinte dans ses fonctions essentielles. C'est qu'elle entre en conflit, en concurrence avec des associations non fondées sur la consanguinité, qui tendent à accomplir les mêmes fonctions. Telle paraît être la principale signification du *totémisme*. Sans aller si loin, nous trouvons chez nous le conflit de la famille et de la patrie ; la concurrence entre la *res familiaris* et la *res publica* au point de vue des intérêts matériels ; la limitation de la puissance paternelle par la loi ; l'antagonisme entre l'amour maternel et le devoir militaire, etc. L'éducation même devient une tâche si considérable que la famille n'y suffit plus ; elle exige des aptitudes spéciales ; aussi la famille s'assure-t-elle les services d'auxiliaires étrangers, maîtres, précepteurs, professeurs, éloigne les enfants de la maison pour les rapprocher de ceux à qui elle a délégué ses fonctions essentielles. A son tour, la grande société ressent le besoin d'« adapter à son état présent et à son idéal d'avenir les jeunes générations qui la renouvellent de jour en jour » (M. Espinas), et pour cela s'efforce de les soustraire en partie à la famille. Ainsi l'éducation, fonction essentielle et raison d'être de la famille, peut devenir, pour une partie importante, fonction de l'Etat et phénomène politique, enjeu d'une lutte entre l'Etat et la famille. Mais la famille est atteinte là dans son essence, et si l'éducation lui était entièrement soustraite, il n'est pas douteux qu'elle disparaîtrait. Je ne pense pas qu'il existe un seul exemple d'accaparement total de l'éducation par l'Etat, ailleurs que dans la république imaginaire de Platon ; or la suppression de la famille en est la conséquence logique. Dans la cité grecque, la famille est moins puissante que dans la cité romaine ; c'est que l'éducation est privée à Rome, tandis qu'elle devient publique pour les jeunes Grecs dès qu'ils peuvent se passer des soins des femmes. Il ne serait pas malaisé de montrer que l'autorité parternelle va s'affaiblissant dans notre société à mesure que l'éducation publique devient plus générale et plus complète.

Pour comprendre la sociologie de la famille, il faut donc, dans tous les types qu'elle présente ou a présentés, distinguer, par des analyses sévères, la fonction propre et essentielle de la famille de ses fonctions accessoires et accidentelles, et tenir compte du conflit entre la solidarité familiale et les autres formes de solidarité qui lui font concurrence dans la même société.

Dans les phénomènes politiques, et surtout dans les phénomènes familiaux, se mêlent et s'enchevêtrent toutes les sortes de relations sociales : services gratuits, contrainte, influence, réciprocité ; services échangés, échange du travail, échange des produits ; — services matériels qui tendent à prendre la forme de l'échange, services immatériels, qui peut-être répugnent par nature à cette forme. — L'État, la famille sont des faits de cohésion sociale. La religion, dont nous parlerons tout à l'heure, la langue, la race, et un grand nombre d'autres causes, peuvent aussi former des groupements sociaux, qui tantôt se confondent avec l'État ou avec la famille, tantôt en restent ou en deviennent indépendants. Ces groupements sont fondés d'abord sur quelque fait essentiel, répondent à un besoin qui en est la raison d'être primitive : la nécessité de se défendre fait naître l'État et la Loi ; la nécessité de perpétuer la race et les traditions crée et maintient la famille ; des croyances et des aspirations communes forment des communions et associations diverses. Ces groupes, souvent fortement organisés, sont des puissances sociales toutes prêtes à se charger de fonctions accessoires, qu'aucun autre organe ne peut accomplir aussi bien. Ils se transforment alors pour s'adapter à ces fonctions nouvelles. Essentiellement, l'État est *producteur de sécurité*, mais de quoi ne finit-il pas par s'occuper ?

Les rois, à l'origine, sont faits pour les peuples ; mais ils se persuadent aisément que les peuples sont faits pour les rois, et les peuples arrivent à le croire. La fonction du père de famille est d'avoir et d'élever des enfants ; mais il devient souvent chef d'exploitation, juge, prêtre. La religion est la communauté de foi, mais elle reste difficilement confinée dans le spirituel, et se fait puissance politique, légifère, juge, enseigne, s'organise en société commerciale, industrielle, financière. Ainsi l'origine et le rôle premier du groupement social peuvent devenir méconnaissables. On trouve aussi dans les organismes vivants des organes dont les fonctions acquises n'ont qu'un rapport très lointain, ou même n'ont aucun rapport avec la fonction originelle qui les a primitivement différenciés. La vessie natatoire des poissons devient le poumon des vertébrés aériens et terrestres.

Il faut analyser ces phénomènes complexes, et les résoudre en leurs relations élémentaires. Ils ne doivent pas fournir à la sociologie ses divisions. De même, on ne divise pas la physiologie d'après les organes, mais d'après les fonctions. La respiration, par exemple, peut s'accomplir par des organes très différents par leur structure et leur origine : un poumon, une branchie, un système de trachées, une feuille.

6. — Il existe un ordre considérable de faits sociaux, souvent délaissés par les sociologues, mais déjà bien étudiés par des philosophes et des savants qui parfois ne se savent pas sociologues, c'est la communication des idées et des sentiments. Ces faits peuvent se ramener à quelques groupes assez définis, mais qu'on ne saurait donner comme une classification.

La *sympathie* est un phénomène social. S'il s'agit de cette loi, que nous éprouvons en nous-mêmes les sentiments dont nous sommes témoins en autrui, on en pourra rendre compte en disant que l'image est de la même nature que la perception, qu'imaginer un sentiment, c'est l'éprouver soi-même ; qu'ainsi, ou bien les signes extérieurs des sentiments ne sont pas compris; ou bien, s'ils sont compris, ils déterminent dans le témoin les sentiments qu'ils signifient. Jusqu'ici, nous sommes sur le terrain de la psychologie ; mais comment les sensibilités agissent-elles les unes sur les autres? Comment les sentiments s'expriment-ils par des signes extérieurs? Comment ces signes sont-ils interprétés ? On a déjà étudié la psychologie des foules, mais il n'est pas nécessaire, pour qu'un fait soit social, qu'il intéresse une multitude, il suffit qu'il soit une relation entre deux personnes ; il n'est pas même nécessaire que cette relation soit bilatérale ; il suffit qu'elle soit une action d'une personne sur une autre. La sympathie a ce caractère.

Quand la sympathie mutuelle est devenue particulièrement aisée, soit par une convenance naturelle des caractères, soit par une longue fréquentation, elle crée des solidarités spéciales :

amitié, amour, affections de famille, patriotisme, philanthropie, et toutes les formes si variées de l'altruisme; attachement de l'individu à sa classe ou à sa caste, de l'ouvrier à sa corporation, du moine à son couvent, du croyant à sa communion religieuse, de l'incrédule même parfois à la communauté dont il ne fait plus partie que de naissance ou de souvenir, car cet attachement peut subsister quand la foi a disparu. La société s'empare si bien de nous, que notre vie n'est pas tout entière dans notre personne individuelle ; ce n'est point au figuré que nos amis, nos parents, notre patrie sont une partie de nous-mêmes ; notre organisme se termine à notre épiderme, mais notre personne intellectuelle et affective s'étend au delà. Nous nous mêlons les uns aux autres, et si intimement avec quelques-uns, que nous ne pouvons plus agir, penser ou sentir sans eux. Les « inclinations sympathiques » sont assurément des phénomènes psychologiques, mais surtout des phénomènes sociaux; c'est l'invisible réseau aux innombrables mailles par lequel la société nous tient; ce sont les liens qui se nouent au plus profond de notre être intime, qui sont de la chair vive, et ne peuvent se briser sans laisser des plaies saignantes.

7. — La sympathie suppose elle-même d'autres relations sociales : les divers modes de l'expression des idées et des sentiments. Une science, non historique, mais théorique, du langage devrait embrasser tout ce qui tend à rendre perceptibles à autrui des phénomènes intérieurs. On pourrait étendre un peu le sens d'un mot assez récent, et nommer *sémantique* la science de l'expression et de la signification en général. La linguistique ne s'occupe des signes que quand ils sont des mots, et elle comprend aussi la phonétique; elle est donc à la fois plus spéciale et plus étendue que la sémantique.

Les lois de la sémantique ne sont pas sans analogie avec celles de l'économique. Les langues sont des classifications d'idées. Pour que les idées soient exprimables, il faut qu'elles soient classées, et classées à peu près de la même manière dans tous les esprits qu'elles mettent en communication. Or ce classement est un effet de la concurrence. Une langue est assimilable à un marché. Les mots entrent en conflit les uns avec les autres, et se limitent mutuellement. Le sens de chacun d'eux s'étend aussi loin que possible, et s'arrête là où il ne soutient plus la concurrence d'un autre meilleur et plus significatif. Les mots sont *offerts* et *demandés*. Celui qui les emploie tend à en enrichir la signification, soit en extension, soit en compréhension; selon les besoins de la cause, il généralise ou il spécialise. On sait combien cette tendance est marquée chez les enfants : leur naïveté, à cet égard, est la même que quand ils veulent acheter un palais avec une pièce blanche. Au contraire, celui qui écoute tend à interpréter le mot dans le sens trop étroit ou trop vague, auquel il est le plus accoutumé, à en appauvrir soit l'extension, soit la compréhension. Il en résulte que les mots ne transmettent jamais tout ce qu'on leur confie : ce sont des vases qui fuient. La pensée d'autrui ne m'arrive pas tout entière dans ses paroles, ses sentiments encore moins; nous ne percevons sans doute, dans les vers d'un poète, qu'une faible lueur de la poésie qui illuminait son âme.

Les mots sont la *monnaie* de la pensée, et la *valeur* d'un mot s'établit à peu près comme celle d'une monnaie. On ne peut pas lui donner cours forcé. Pour les mots, comme pour les monnaies, l'usage est souverain, et tout autre souverain légifère vainement contre l'usage. Cette analogie de la sémantique et de l'économique ne doit pas nous surpendre; le langage est un échange ou tout au moins une réciprocité de services. Je vous rends le service de vous parler comme vous me rendez le service de m'écouter; je vous suggère des manières de penser et de sentir que vous n'aviez pas, je vous enrichis intellectuellement et moralement. En revanche, si je me fais comprendre, et surtout si je vous persuade, vous me rendez le service de sentir et de penser comme j'ai besoin, ou comme je désire que vous sentiez et pensiez. Assurément, il y a des paroles qui ne rendent aucun service à celui qui les écoute ni à celui qui les prononce; mais n'y a-t-il pas aussi des spéculations économiques qui ne réussissent pas ?

8. — Une *religion* est un fait social.

La définition de ce terme est assez difficile. Dans l'infinie diversité des croyances se rencontrent les dogmes les plus contradictoires, et, ce qui est plus embarrassant encore, les plus hétérogènes. Mythes physiques, astronomiques, géographiques, historiques, ethnographiques; préceptes de morale, d'hygiène, d'agriculture; tout savoir, vrai ou faux; tout art, même le plus vulgaire, a pu présenter, ici ou là, à une époque ou à une autre, les caractères d'une croyance ou d'une prescription religieuse[1]; si bien que la religion paraît être essentiellement une forme. Il est impossible de la définir par le contenu infiniment divers et insaisissable du dogme.

L'idée d'un ou de plusieurs dieux n'est même pas un trait commun, car sous l'unité du nom se cachent les conceptions les plus disparates; il y a au moins une religion athée, et c'est l'une des plus parfaites, et l'on pourrait dire des plus religieuses, qui soient.

Mais les mythes sont peut-être la gangue dont les esprits rebelles à l'abstraction enveloppent nécessairement l'idée religieuse. Dans le polythéisme le plus grossier, comme dans le monothéisme le plus pur, dans le fétichisme enfantin des nègres, comme dans l'agnosticisme savant de quelques contemporains, il y a sans doute quelque chose de constant, l'idée et la vénération du *divin*. Selon le tempérament intellectuel et moral des peuples, le divin se matérialise, s'incarne et se disperse en des conceptions anthropomorphiques ou zoomorphiques, ou bien il se concentre, se dégage, se spiritualise jusqu'à se perdre dans l'abstraction et dans le néant. Avant qu'elle se précise en croyances définies et se formule, la religion existe déjà dans le cœur des hommes : c'est le sentiment craintif ou respectueux du mystère qui nous environne. En un mot, la religion, c'est la croyance au surnaturel.

Malheureusement, une telle définition ne convient qu'aux religions des peuples civilisés. Elle suppose l'idée de deux sortes de vérités, les unes relevant de l'expérience et de la raison, et accessibles aux méthodes scientifiques ; les autres, suprasensibles et suprarationnelles, nécessairement révélées, et relevant de l'autorité et du témoignage. Elle n'a de sens qu'avec la distinction du connaissable et de l'inconnaissable, d'une science et d'une foi. Le mystère n'est pas seulement l'inconnu. Il consiste en ce qu'entre ce qu'on sait et ce qu'on ignore, il y a place pour des choses qu'on ne sait pas, qu'on n'ignore pas non plus, mais que l'on croit. De telles idées ne sont pas bien vieilles : on en trouve l'origine et l'évolution dans l'histoire de l'apologétique chrétienne.

La plupart des religions sont des conceptions de la nature, et non de ce qui dépasse ou surpasse la nature. Les mythes des Papous ou des Fidjiens sont l'œuvre de leur raison, tout aussi

(1) Le carré de l'hypoténuse a été, pour les Egyptiens et pour les Chinois, une vérité révélée, un dogme religieux.

bien qu'un système de métaphysique est l'œuvre de la raison d'un Démocrite ou d'un Spinoza; seulement ils sont les fruits d'une raison inculte et naïve. Quand les Maoris de la Nouvelle-Zélande disent que le Ciel et la Terre sont le père et la mère de tous les êtres, ils raisonnent à leur manière[1]. Il leur semble que le Ciel et la Terre sont les seuls êtres assez vastes pour embrasser dans leur sein tout ce qui est; ce sont les deux termes au delà desquels ni leur expérience, ni leur imagination, ni leur raisonnement n'a pu remonter. Et comme ils conçoivent toute origine comme une naissance, et toute naissance comme une génération, ils ont, par une logique assez naturelle, fait de l'un un mâle et de l'autre une femelle. C'est encore la logique qui les conduit à penser que les deux générateurs universels ont dû être antérieurement unis, que le Ciel touchait la Terre de toutes parts, et qu'il n'y avait entre eux aucun intervalle où l'on pût vivre. Il fallut donc que les enfants de la Terre et du Ciel, étouffés dans l'embrassement de leur père et de leur mère, se fissent leur place en les séparant, soit que le Ciel fût repoussé en haut par les cimes grandissantes des forêts, soit que les animaux et les hommes se révoltassent en quelque combat gigantesque. Ce mythe est le produit d'une raison inexpérimentée, et fut admis parce qu'il sembla sans doute impossible que les choses se fussent passées autrement. Entre une mythologie et un système philosophique, il n'y a souvent que la différence d'une raison enfantine à une raison plus exigeante et mieux disciplinée. Le dogme peut être contraint de se réfugier dans le domaine du mystère; il ne s'y établit pas d'emblée. Une religion ne peut se définir la croyance au surnaturel, que quand il existe, dans la même société, une science ou une philosophie rationaliste, qui se pose en face d'elle et entre en conflit avec elle; elle se retranche dans l'au-delà et dans l'inconnaissable, quand elle a été, par la science, délogée du connaissable et de la nature.

C'est donc bien dans la forme et non dans le contenu du dogme qu'il faut chercher une définition générale de la religion; mais c'est tomber dans un autre excès que d'omettre complètement les croyances, pour ne considérer que les pratiques et l'organisation. Quelques sociologues ont surtout insisté sur le sacerdoce et le culte. Ils ont montré l'importance du *cérémonial*, et la vive lumière qu'il jette parfois sur l'ori-

(1) Taylor. *New-Zealand*, p. 119 et suiv.

gine et les transformations du droit, de la morale, des institutions familiales et politiques. Il est vrai que, dans l'infinie diversité des religions, trois phénomènes se rencontrent à peu près constamment : le prêtre, le temple, la liturgie. Le prêtre n'est pas toujours exclusivement chargé de fonctions religieuses; il est souvent, en même temps, père et chef de famille, roi ou juge ; mais il y a presque toujours un homme revêtu d'un caractère spécial, et dont le culte ne peut guère se passer. Le temple n'est pas toujours un édifice ; mais il y a presque toujours un lieu désigné où les fidèles se rassemblent, où les sacrifices s'accomplissent, d'où l'on adresse les prières, le sommet des montagnes, les sources, les clairières des bois. La liturgie n'est pas toujours un livre sacré ; mais il y a presque toujours des formules de prière ou d'incantation, et des symboles de la foi.

Cela est vrai ; mais tout cela n'est pas primitif. Une religion naissante n'a, en général, ni prêtres, ni temples, ni liturgie. Les rites sont des formes traditionnelles ; avant qu'elles fussent obligatoires, avant même qu'elles fussent usuelles, la religion existait déjà. Le culte des juifs consiste tout entier en des commémorations d'événements historiques ; il ne saurait donc être considéré comme primitif et essentiel. Ce n'est pas le livre sacré qui fait la religion ; c'est la religion qui fait le livre. — Le temple est le lieu où se célèbre le culte ; il est donc né du culte et lui est postérieur. Souvent, c'est la demeure de la divinité ; chez les Grecs, il parait n'avoir été, à l'origine, que l'abri de la statue. Dans les religions qui n'enferment pas Dieu dans une enceinte, c'est l'assemblée des fidèles ; mais avant qu'il y ait une assemblée, il faut qu'il y ait des fidèles, et par conséquent une croyance. — Le sacerdoce n'est pas non plus essentiel. Le prêtre est le gardien du temple ; il est aussi chargé des sacrifices, c'est-à-dire des *actes sacrés ;* mais le sacrifice ne lui est pas toujours réservé ; chez les Grecs et les Romains, il fut d'abord un acte privé ; plus tard des hommes spéciaux durent être chargés de la besogne, difficile en elle-même, plus difficile encore parce qu'elle doit être conforme aux rites, de l'égorgement des victimes. Dans la première société chrétienne, il n'y a ni prêtres, ni laïcs : tous les chrétiens sont égaux ; ceux qui ont connu Jésus, surtout les apôtres qu'il a choisis, ne sont que les messagers de la Bonne Nouvelle. Bientôt, dans l'assemblée des fidèles, quelqu'un parle au nom de tous, prononce à haute voix les prières auxquelles chacun s'associe dans son cœur ; puis, quand s'élèvent les premiers dissentiments, on invoque l'autorité des témoins les plus directs. Ainsi naissent, par une inévitable division du travail, le sacerdoce et l'autorité ecclésiastique. Au XVIe siècle, diverses églises protestantes, pour revenir à la simplicité primitive, voulurent supprimer la hiérarchie et même le prêtre; mais ce qui s'était passé dans l'Église naissante se passa encore dans l'Église réformée : le travail se divisa de nouveau. Quelqu'un fut chargé d'enseigner la Parole, de prononcer au nom de tous les oraisons; l'assemblée des fidèles doit s'abriter sous un toit; quelqu'un dut avoir le soin du temple, d'en faire ouvrir et fermer les portes, de fixer les heures du culte. Aux besoins spirituels se mêlent toujours des intérêts matériels ; ils suffisent à déterminer une spécialisation fonctionnelle. Le prêtre est, d'une part, le ministre du culte, d'autre part, le dépositaire de la tradition : il n'apparaît donc que quand le culte commence à s'organiser, quand la tradition menace de s'altérer. Or, avant qu'il y ait un culte et une tradition, il y a déjà une croyance, et par suite une religion.

Nous définirons la religion l'*union dans une même croyance*, la *communion des fidèles*.

Il peut sans doute arriver que les fidèles d'une même religion n'aient pas de croyance commune, ni même de croyance. La religion romaine a subsisté longtemps après que personne n'y croyait plus; elle ne s'en est pas défendue moins énergiquement contre la foi chrétienne. C'est que toute la vie publique et privée s'était si étroitement liée à ses cérémonies que la patrie, la famille, tout l'ordre social semblaient atteints avec elle et l'étaient en effet. La foi commune, après avoir créé des mœurs, des habitudes et des institutions, avait disparu des consciences, mais le lien social qu'elle avait établi lui survivait. Une croyance commune est peut-être une chose impossible. Nous ne pouvons jamais être sûrs de penser exactement de même : l'unité de foi est une chimère. Il y a peu de ressemblance entre la foi de Bossuet ou de Lacordaire et celle d'un marin breton. Mais il suffit que les consciences individuelles aient l'illusion de l'unité de foi, qu'elles jugent leur foi conforme à la foi commune, et la foi commune conforme à la tradition. Le dogme a beau se modifier à travers les âges, se diversifier en se distribuant aux consciences individuelles, il n'en est pas moins une communion et une solidarité.

Une religion est donc, avant tout, un système d'idées qui unit les hommes en une foi commune, quitte à s'altérer plus ou moins dans le for intérieur de chacun. A cette communion peuvent se joindre des pratiques, un culte, un cérémonial, un sacerdoce ; puis d'autres fonctions, juridiques, morales, politiques, économiques, etc., peuvent s'organiser autour de ce noyau, comme autour de la famille ; non qu'elles s'y rattachent par synthèse, et comme par une sorte de coalescence, mais le plus souvent elles se développent en elle et par elle, par différenciation fonctionnelle et organique.

La science des religions n'a guère été jusqu'ici que l'histoire des religions; comme dans presque toutes les autres branches de la sociologie, la science spéculative ne s'est pas encore dégagée de la science historique. On commence pourtant à *classer* les religions ; or les essais de classification sont en général les premiers pas qu'on fait dans la recherche des lois. La science spéculative des religions consisterait à chercher quelles sont les lois de la communication des croyances, à quelles conditions une croyance peut franchir les limites de la conscience individuelle, devenir un fait social ; à quels besoins généraux de l'esprit et du cœur elle doit répondre pour avoir prise sur les âmes ; pourquoi certains systèmes d'idées semblent doués d'une vitalité ou d'une puissance de propagation que les autres n'ont pas ; pourquoi l'islamisme, par exemple, est si envahissant, et la tradition juive si étrangement résistante ; — comment enfin la conscience collective, une fois constituée, absorbe la conscience individuelle, ou exerce sur elle une contrainte si énergique, que des croyances parfois absurdes, parfois révoltantes, se rient du témoignage des sens, étouffent le cri de la raison, et triomphent des instincts les plus essentiels à la nature humaine.

9. — La *science* est un phénomène social, et, par conséquent, la logique est une branche de la sociologie.

Ceci paraîtra sans doute un paradoxe. Que l'on songe pourtant que la limite est souvent difficile à fixer entre la science et les philosophies, entre les philosophies et les religions ; que religions, philosophies et science sont souvent en conflit ; qu'elles sont, au même titre, des manifestations de la civilisation, et que, si l'on reconnaît aux religions le caractère de faits sociaux, il est bien difficile de le refuser aux philosophies et à la science.

La définition que nous avons donnée de la religion convient également à la science ; elle est aussi un accord et une communion des esprits. Pourquoi la science ne serait-elle pas une religion parmi toutes les autres ? Le fondateur d'une religion, — à moins qu'il ne soit un mystificateur et un faux prophète comme Joe Smith, — ne s'est jamais proposé de fonder une religion nouvelle ; son entreprise est, à l'origine, aussi laïque que peut l'être la science moderne ; il ne croit pas remplacer un dogme par un autre ; il croit substituer aux fables et aux superstitions la vérité saisissable, évidente, fondée sur la raison, sur la conscience, sur des témoignages irrécusables. L'acte de foi est primitivement un acte de bon sens et de bonne foi. L'idée d'une adhésion aveugle à des idées que la raison ne peut ni ne doit contrôler, est un raffinement de théologiens et d'apologistes, plutôt rare dans l'histoire des religions. C'est l'*Apologie de Raymond Sebond* transformée par la dialectique subtile et pénétrante de Montaigne, puis par l'esprit entier et absolu de Pascal.

La science n'est pas seulement un fait se produisant au sein des sociétés, ayant une influence sur leur développement, et intéressant à ce titre l'historien et le sociologue. C'est un fait essentiellement social, impossible à considérer dans l'individu isolé, et consistant en une relation des individus entre eux.

Comme une religion, la science est un système de croyances communes. — Mais c'est avant tout, direz-vous, un système de croyances vraies et démontrées. — Sans doute, mais une croyance vraie et démontrée est-elle autre chose qu'une croyance commune ?

La vérité, disent les traités classiques, c'est l'*accord de la pensée avec son objet*. Mais le mot objet est équivoque. En un sens, l'objet s'oppose au sujet, l'un et l'autre étant les éléments de la pensée elle-même. On distingue, dans toute pensée, le sujet qui connaît, l'objet qui est connu ; le sujet est le terme commun à tous les faits intellectuels d'une même conscience, l'objet en est le terme variable. En ce sens, la définition de la vérité ne peut se comprendre : comment concevoir que la pensée puisse être conforme ou non conforme à l'objet qui est une partie d'elle-même ?

En un autre sens, l'objet est en dehors de la pensée, c'est *ce qui est*, la réalité. Mais alors l'objet est inconnu par définition. Comment pouvons-nous savoir si la pensée est conforme à son objet ? Nous n'avons jamais qu'un des deux termes à comparer. Nous ne saisissons les choses que dans notre pensée ; si la vérité est l'accord de la pensée et des choses, elle est inaccessible.

Avec une telle définition de la vérité, le scepticisme a gain de cause. C'est pour échapper aux arguments de Montaigne que Descartes a recours à la véracité divine. Comme nous ne pouvons sortir de nous-mêmes, la seule garantie possible de la vérité de nos idées est la perfection de Celui de qui nous les tenons. Toute la métaphysique de Descartes a pour but de démontrer la possibilité de la science ; elle tend tout entière à cette unique conclusion : nous pouvons avoir confiance en notre raison, parce qu'elle vient de Dieu.

La doctrine de la véracité divine se transforme chez les successeurs de Descartes, mais en conservant la même signification essentielle. Notre raison, selon Malebranche, n'est autre que la raison divine, et, tout ce qu'elle nous fait connaître, nous le voyons en Dieu ; en tant que raisonnables, toutes nos idées sont les idées de Dieu lui-même, les modèles d'après lesquels il a créé les choses, les lois d'après lesquelles il produit les événements. Pour Spinoza, c'est l'unité de la Substance, entraînant l'exacte correspondance des modes de l'étendue et des modes de la pensée, qui est la garantie de la vérité des idées. Dans le système de Leibniz, l'ordre dans lequel se déroulent les perceptions de chaque monade est d'accord avec tout l'univers qu'elle représente ; cet accord, nous ne pouvons le constater, la monade n'ayant ni portes ni fenêtres, mais nous pouvons le conclure de l'unité et de la perfection de Dieu, créateur de toutes les monades. Dans de telles doctrines, ce n'est pas la possibilité de la vérité qui est un problème, c'est celle de l'erreur.

Remarquons qu'elles rapprochent singulièrement la science de la religion. Elles font de la science une sorte de révélation sans miracle ; mais on trouve dans diverses religions, et notamment dans certaines confessions chrétiennes, des exemples de cette révélation intérieure et permanente. Pour être sans miracle, cette révélation n'en est pas moins surnaturelle, car les lois de la nature ne sauraient en rendre compte ; seulement l'acte surnaturel, au lieu de s'insérer dans la série des événements de l'histoire, comme la venue d'un prophète, l'incarnation ou l'apparition d'un être divin, domine ou précède la série des événements : c'est l'acte initial ou l'acte éternel du Principe des choses.

Si l'on appelle vérité la conformité de la pensée aux choses, la science ne peut se fonder que sur une théologie. « Que les meilleurs esprits y étudient tant qu'il leur plaira, dit Descartes, je ne crois pas qu'ils puissent donner aucune raison qui soit suffisante pour ôter ce doute, s'ils ne présupposent l'existence de Dieu [1]. » Et, comme la raison même est en cause, la science ne peut, sans cercle vicieux, se fonder sur une théologie rationnelle. La science serait donc non seulement analogue à la religion, mais encore dépendante de la religion ; elle en serait une sorte d'extension et de prolongement.

Mais, depuis la *Critique de la raison pure*, il faut définir autrement la vérité. Un jugement est vrai quand la liaison de l'attribut au sujet est nécessaire. La vérité, c'est l'accord de la pensée avec elle-même ; bien entendu, l'expérience est une partie de la pensée. La vérité, c'est la cohérence ; l'erreur, c'est la contradiction. On réfute une proposition en montrant un fait qui la contredit ou une conséquence incompatible. Il y a erreur quand l'intelligence est conduite, par la suite de ses raisonnements ou par son expérience ultérieure, à nier ce qu'elle avait d'abord affirmé. Les opérations de l'esprit sont correctes quand elles sont réussies, fautives quand elles sont manquées ; or elles sont réussies quand on n'aura jamais besoin de les réformer, manquées quand on sera contraint de les refaire. Elles peuvent aussi être plus ou moins suspectes et hasardeuses, quand on court le risque d'être contraint, par des conséquences auxquelles on n'a pas encore songé, par des faits que nous réserve l'expérience ultérieure, de faire les opérations contraires, et de détruire son propre ouvrage.

Il suit de là que la certitude négative est bien plus solide que la certitude positive. Il est assuré qu'une loi prétendue est fausse, dès qu'il se rencontre un seul fait qui la contredit, tandis qu'un nombre considérable et une grande variété de cas favorables ne sauraient avoir la valeur d'une preuve absolument rigoureuse. Une loi peut être confirmée de façons si diverses que l'hypothèse d'un fait contradictoire devienne tout à fait improbable, mais il n'est jamais rigoureusement impossible qu'un fait nouveau ne vienne l'infirmer. Quand la méthode expérimentale est appliquée en toute rigueur, elle fournit des conclusions parfaitement certaines, pourvu toutefois que l'on présuppose le principe du déterminisme ; mais le déterminisme est un postulat ; il ne se démontre que par ses conséquences, par l'existence même de la science qui se fonde sur lui. Il s'impose à notre créance parce que le mettre en

(1) *Méth.* IV.

doute serait renoncer à tout ce que nous savons de la nature, n'être plus certain que la terre tourne et que le soleil se lèvera demain. Le déterminisme n'en est pas moins une hypothèse. Chaque nouvelle vérité découverte, chaque fait conforme à une vérité connue, le confirme davantage. Sa probabilité toujours croissante peut équivaloir pratiquement à la certitude absolue, en être indiscernable pour la plus rigoureuse et la plus exigeante des intelligences humaines ; la part de doute qui, théoriquement, doit subsister, peut être si petite qu'elle échappe à toute appréciation. Mais la certitude de ce postulat est une *limite*. Aussi sa valeur n'est pas égale dans les divers domaines scientifiques : le déterminisme — avec les lois naturelles qui le supposent — n'est pas sensiblement douteux dans les sciences très avancées comme la cosmologie ; il est fort probable en biologie ; mais on le discute encore en psychologie, quand il s'agit de l'activité volontaire de l'homme.

Ceci s'applique aux raisonnements inductifs, qui établissent la *généralité* d'une relation ; leurs conclusions ne sont que probables, et d'ailleurs, on l'a vu plus haut, provisoires. Le raisonnement déductif, qui établit la *nécessité* d'une relation, fournit une certitude rigoureuse, mais cette certitude est négative. Car montrer qu'une relation entre deux termes est nécessaire, c'est montrer que cette relation est seule possible, que toute relation différente est inadmissible. La démonstration par l'absurde est l'essence même du raisonnement déductif. Quand les hypothèses possibles sont classées dichotomiquement, elles sont contradictoires deux à deux; si la fausseté de l'une peut être démontrée, par l'absurdité d'une conséquence, ou par un fait qui l'infirme, la vérité de l'autre se trouve du même coup établie. La théorie de la démonstration pourrait être refaite sur ce principe de la classification dichotomique des hypothèses [1].

L'esprit humain construit. Une partie des édifices qu'il met debout se tient et dure, c'est ce qu'on appelle vérité; une partie s'écroule; souvent même il est contraint de les ruiner lui-même; c'est ce qu'on nomme erreur. Le vrai, c'est la solidité, le faux, c'est la fragilité des idées.

Pour qu'une proposition soit vraie, il ne suffit pas que l'esprit qui l'affirme ne soit jamais conduit à affirmer la proposi-

(1) On se rappelle qu'il ne faut pas confondre *déduction* et *syllogisme* ni la logique déductive avec la logique formelle.

tion contradictoire. Il faut qu'elle s'impose de même à tout autre esprit. La vérité n'est pas la certitude individuelle, c'est la certitude impersonnelle, indépendante des caractères individuels et des limites de chaque intelligence. C'est ce qui a cours sans exception et sans contrainte sur le marché des idées. Sans doute la science n'est pas universelle en fait ; elle n'est connue que d'une minorité, elle n'est jamais tout entière dans un seul esprit ; mais elle est valable pour tous les esprits. La vérité, c'est l'assertion à laquelle tout esprit humain est contraint dès qu'il la conçoit avec sa preuve. Ceux qui l'ignorent ne manqueraient pas d'y acquiescer, s'ils la connaissaient ; ceux qui la contestent, l'ignorent réellement, et « la diversité de nos opinions vient de ce que nous ne considérons pas les mêmes choses ». La science est, comme la religion, l'union des esprits dans une croyance commune ; mais elle se distingue de la religion en ce qu'elle réalise l'universalité à laquelle les religions prétendent vainement.

Le problème logique est donc de chercher à quelles conditions une proposition peut s'imposer à toutes les intelligences. Tandis que la religion s'appuie sur une autorité, séduit les âmes en frappant les imaginations et en touchant les cœurs, la science ne se fonde que sur ce qui est commun à tous les esprits. De là vient qu'elle n'admet d'autre autorité que celle de la raison. La règle fondamentale de Descartes, *ne se rendre qu'à l'évidence*, n'est pas vraiment première. Descartes a mis en lumière ce point important : il ne faut accepter que ce dont on reconnaît personnellement l'évidence ; il ne faut point invoquer l'autorité d'Aristote ni aucune autre. Mais ceci n'est point un principe ; c'est une conséquence. Il peut y avoir une fausse évidence ; l'erreur peut satisfaire l'esprit. La vérité, c'est ce qui satisfait tout esprit ; la science n'est pas l'évidence personnellement reconnue, mais l'évidence universellement reconnue. De cette conception de la science, on peut déduire la règle de Descartes [1]. Il ne faut se rendre qu'à l'évidence, par ce que, — sinon toute évidence, — du moins l'évidence seule peut être universellement reconnue ; il faut rejeter toute autorité, parce que l'autorité est toujours discutable. La science, pour être universelle, ne doit s'appuyer que sur ce qui est commun à tous les esprits. Tandis que la religion se propage par les séductions de la poésie et de l'art, les entraînements de l'élo-

(1) Descartes. *Méth.* I.

quence, la contagion des exemples, par la crainte, le respect, le besoin de consolation et d'espérance, la science se dégage de toute la partie affective, individuelle et variable de la nature humaine, et se communique seulement par la démonstration. De là vient aussi que la science est un système de vérités générales, et qu'il n'y a point de science du particulier, car seule une vérité générale est indéfiniment vérifiable. De là vient encore qu'elle exclut le surnaturel, rebelle à la démonstration. Elle ne peut se passer de l'autorité, mais elle soumet les témoignages à la critique [1]. Elle est prudente en ses affirmations, et tandis que les religions font appel à la foi, elle fait du doute une méthode ; c'est que cela seul est établi sur quoi le doute n'a point de prise. Elle admet, elle provoque la discussion, parce qu'elle ne doit enregistrer que ce qui a subi l'épreuve de la critique, et en a définitivement triomphé. En un mot tous ses caractères dérivent de ce caractère fondamental, la recherche de l'universalité, de la communion de toutes les intelligences. La logique est donc une branche de la sociologie.

(1) On a tort de considérer, dans les Traités de Logique, la critique des témoignages comme la méthode de l'Histoire. Toutes les sciences de faits doivent recourir au témoignage ; un même homme ne peut faire par lui-même toutes les observations et toutes les expériences.

CHAPITRE IX

LA SOCIOLOGIE (*Suite*). — L'ESTHÉTIQUE

L'*Esthétique* est encore une science sociale.

Les doctrines sur la nature du beau peuvent se ranger en deux classes. Les unes sont objectives, et font consister le beau en quelque caractère intrinsèque de l'œuvre ; les autres sont subjectives et ne séparent pas la beauté du plaisir qu'elle procure. La plupart des esthéticiens s'accordent aujourd'hui sur l'insuffisance des doctrines objectives. Aucune chose n'est belle absolument et en soi ; une chose est belle pour moi si elle me plaît, de ce plaisir spécial qu'on appelle esthétique. Le problème se ramène donc à chercher quelles sont la nature et les conditions du plaisir esthétique ; de là l'idée généralement acceptée que c'est un problème psychologique.

Il est exact que toute théorie du beau et de l'art repose sur une théorie psychologique du plaisir et de la douleur ; mais, d'une façon générale, il n'y a pas de sociologie sans psychologie préalable, pas de théorie du langage, par exemple, sans théorie de l'association des idées ; l'étude des sociétés humaines s'appuie sur la connaissance de la nature humaine. Qu'est-ce donc que l'art, sinon un langage? que l'œuvre d'art, sinon un signe? Par elle l'artiste nous parle, nous communique ce qu'il pense et ce qu'il sent, et met quelque chose de lui en dehors de lui.

L'art est une action exercée par l'homme sur l'homme, donc un phénomène social ; il est un élément important de ce qu'on nomme civilisation. Il intéresse la sociologie non seulement par son influence, par son rôle dans la vie commune, mais par son essence même. Le sociologue seul peut définir la beauté.

La difficulté du problème esthétique est de caractériser le plaisir du beau parmi tous les plaisirs. La doctrine du jeu est, à cet égard, l'une des meilleures solutions proposées. Mais après avoir assimilé l'art au jeu, il est assez épineux de l'en distinguer. L'art n'est-il qu'un jeu d'un caractère plus élevé, le jeu d'une intelligence adulte et cultivée? ou plutôt la supériorité du jeu artistique sur le jeu enfantin ne réside-t-elle pas justement dans son caractère esthétique?

L'insuffisance de la doctrine du jeu est due à ce qu'elle est exclusivement psychologique : l'esthétique est une branche de la sociologie[1] : ce n'est pas seulement l'art, c'est le beau qui est un phénomène social. Car le beau, c'est l'*expressif*. Le plaisir esthétique, c'est le plaisir de sortir de l'isolement individuel, d'échapper à la prison du moi ; l'artiste nous plaît en nous enrichissant d'idées, de sensations, de sentiments nouveaux pour nous ; il ajoute son âme à la nôtre ; notre vie intérieure devient par lui plus intense ou plus nuancée. Peu importe d'ailleurs ce qu'il exprime, pourvu qu'il fasse surgir en nous quelque chose qui n'y était pas, ou qui y sommeillait. Toute doctrine esthétique qui imposerait à l'art d'autres conditions, qui prétendrait limiter son domaine ou régler ses moyens, se verra ridiculement démentie par quelque production originale, belle en dépit des règles. Les règles sont toujours tirées de l'étude des œuvres déjà produites ; en les appliquant, on ne peut guère que refaire ce qui a été déjà fait. Tout art poétique est le manifeste d'une école, et toutes les écoles sont trop étroites ; dès qu'une école a produit les grandes œuvres qu'elle pouvait produire, elle doit mourir, comme ces plantes qui ne fleurissent et ne fructifient qu'une fois ; et si elle s'obstine à vivre, elle a tort, et c'est l'école rivale, l'école naissante qui a raison, justement parce qu'elle est nouvelle. Accroître l'étendue ou l'intensité de notre vie intérieure, l'artiste n'a pas d'autre obligation ni d'autre fin. L'art n'est pas la révélation d'une chose belle ; une chose est belle parce qu'elle est une révélation.

Quelques auteurs pensent, il est vrai, que l'expression n'est pas un caractère constant de la beauté. Assurément toute œuvre belle n'est pas passionnée, ni même émue ; le mot expression fait d'abord songer soit aux plus violents mouvements de l'âme, soit surtout aux épanchements les plus tendres du cœur. Par expressif, il faut entendre en général tout ce qui rend une nuance quelconque de la sensibilité. Mais c'est encore

(1) Voir le beau livre de Guyau : « *L'Art au point de vue sociologique*. » 1889. F. Alcan.

trop limiter le domaine de l'art que de le restreindre à l'expression du sentiment. Il est des beautés calmes et sans émotion. Il n'y a rien de pathétique dans la divine sérénité du Parthénon ; ni dans les quatre prosateurs que Montesquieu appelle « quatre grands poètes : Platon, Montaigne, Malebranche et Shaftesbury ». Les sons de l'orgue, qui sont uniformes, les voix d'enfants, qui ne sont pas vibrantes et n'ont pas d'accents du cœur, conviennent, précisément pour cela, à la musique religieuse, et semblent s'élever au-dessus des passions humaines. Mais ce qui n'est pas ému peut être émouvant ; ce qui n'est ni ému ni émouvant peut encore être expressif, ou, si l'on aime mieux, significatif. Pour qu'une œuvre soit belle, il faut qu'elle nous fasse vivre davantage, non pas nécessairement par la sensibilité, mais aussi par une façon plus puissante ou plus libre de penser, et même d'agir et de vouloir.

Ainsi entendu, l'art ne va-t-il point s'étendre jusqu'à envelopper la science elle-même ? Peut-être. Qui nierait que la science ne procure de véritables plaisirs esthétiques ? C'est une joie d'artiste que cause la soudaine révélation de l'évidence. Sans parler des péripéties, des alternatives d'espérance et de déceptions qui dramatisent la recherche de la vérité, la science tout entière est la plus grande et la plus belle des poésies. La science est un triple service rendu à l'homme par l'homme ; elle intéresse le sociologue à trois points de vue : elle est *utile*, parce qu'elle a des applications précieuses, c'est sa valeur économique ; elle est *vraie*, parce qu'elle satisfait l'esprit, et lui procure la certitude, c'est sa valeur logique ; elle est *belle* par le plaisir qui résulte de cette certitude même, parce que notre pensée franchit par elle les bornes de notre nature individuelle et devient humaine. Bien qu'ils surgissent de la même source, ces trois services sont distincts. La science ne se confond pas avec les applications de la science ; la consistance d'une doctrine ne se confond pas avec le plaisir de la raison satisfaite, ni le fait que tous les esprits s'accordent sur une vérité, avec les joies de la communion intellectuelle. Ces trois services peuvent même être séparés. La poursuite intéressée des applications de la science peut nous ôter le loisir d'en goûter la beauté ; c'est d'ailleurs ce qui arrive pour toute œuvre d'art quand il s'y mêle des fins étrangères. Le beau n'a pas besoin d'être inutile, mais nous avons besoin, nous, pour en être touchés, de n'être pas complètement absorbés par la préoccupation de l'utile, de nous arrêter, de nous recueillir, pour sentir en nous-mêmes ce que notre être intime y a gagné. De là ces formules célèbres : « L'art pour l'art » — « Le beau est une finalité sans fin, » et la doctrine, en apparence contradictoire, du « plaisir désintéressé ». La valeur logique et la valeur esthétique de la science sont plus étroitement unies; cependant deux démonstrations également concluantes peuvent être d'*élégance* inégale. Même, la perception de la vérité et celle de la beauté ne se font pas tout à fait au même moment. L'application nécessaire pour apprendre ou pour comprendre fait évanouir momentanément la jouissance esthétique. Quand toute notre attention s'emploie à suivre l'exposé des faits et le développement des raisons, nous sommes trop hors de nous-mêmes pour ressentir aucun plaisir; mais dès que, l'étude achevée, nous jetons un coup d'œil en arrière sur le chemin parcouru, c'est alors que nous sommes ravis de la netteté nouvelle de nos conceptions, de la solidité des preuves, de la voie simple et sûre qui nous a conduits des ténèbres à la lumière, de la majestueuse nécessité des lois apparues; et ce ravissement a bien le caractère d'un plaisir esthétique, puisqu'il est le sentiment de l'accroissement de nos richesses intérieures par participation à celles d'autrui.

Au surplus, pour être calme, la beauté des vérités et des raisons n'est pas pour cela froide. Notre cœur n'y est pas indifférent. Quand nous nous efforçons de soustraire nos raisonnements à toute influence des sentiments pour leur donner l'impersonnalité de la logique pure, nous sommes des amis ardents, passionnés, de la logique pure, sympathisant avec d'autres amis de la logique pure. Ce que nous admirons dans une suite de théorèmes d'algèbre, ce n'est pas, dit Guyau, « une intelligence dépouillée et nue, mais une intelligence suivant une direction, se proposant un but, faisant un effort pour y arriver, écartant les obstacles, une volonté enfin, et, qui plus est, une volonté humaine, avec laquelle nous sympathisons, dont nous aimons la lutte, les efforts, le triomphe. Il y a quelque chose de passionné et de passionnant dans une suite de raisonnements aboutissant à une vérité découverte, et c'est par ce côté qu'elle est esthétique... Comme la volonté et la sensibilité, l'imagination même est intéressée dans le raisonnement le plus abstrait, et la preuve, c'est que nous figurons toujours le raisonnement : c'est une véritable construction que nous voyons s'élever devant nous, tantôt une échelle dont nous montons et descendons les degrés, tantôt un savant arrangement de lignes concentriques de circonvolution. Raisonner, c'est marcher, c'est monter, c'est conquérir[1] ».

Si l'on veut bien accorder que tout ce qui est beau est expressif, que rien de ce qui nous est indifférent, de ce qui ne nous touche pas, ne saurait être beau, on contestera peut-être que la beauté réside tout entière dans l'expression. M. Sully Prudhomme distingue dans le plaisir esthétique deux éléments : 1° un plaisir sensuel : toute œuvre d'art se compose de sensations agréables et de combinaisons agréables de sensations ; 2° un plaisir moral, dû à l'expression.

« Le caractère le plus manifeste, sinon le plus éminent [de l'artiste], c'est d'abord une supériorité indépendante de l'intelligence et du cœur, à savoir la justesse et la finesse d'un sens qui prédomine en lui, la vue, par exemple, ou l'ouïe. Le sens est ici très distinct de son organe ; l'un peut être excellent, l'autre imparfait chez le même homme. Ce contraste est fréquent : on peut être, en effet, bon musicien avec l'oreille dure, pourvu qu'on l'ait juste ; on peut, fût-on myope, être peintre, pourvu qu'on ait le goût et le don de la couleur. Un homme n'est pas un artiste, si, chez lui, aucun sens n'est particulièrement délicat, si certaines couleurs, certaines lignes, certains sons ne l'affectent pas comme des caresses ou des blessures ; si, pour lui, les impressions n'ont point de nuances ; en un mot, s'il n'est sensuel à quelque degré[2]. »

« Toutes les perceptions sensibles créées par l'artiste doivent être agréables, quand même les sentiments exprimés sont douloureux. Par exemple, en musique, le désespoir doit être exprimé par des combinaisons harmonieuses de notes ; en peinture, un Christ, bien qu'il doive exciter la compassion au plus haut degré, doit néanmoins flatter le sens de la vue par la qualité agréable des tons ; en sculpture, les lignes du Laocoon souffrant doivent former des composés harmonieux... Supposons que nous entendions chanter une actrice dans un opéra où elle joue le rôle d'une mère au désespoir ; il est incontestable que nous cherchons une jouissance dans le timbre et toutes les autres qualités musicales de la voix, jouissance sensuelle, car si les notes n'étaient pas agréablement combinées, nous serions entièrement déçus ; c'est évidemment du plaisir que nous attendons, cependant c'est de la douleur qui nous est

(1) Guyau, *L'art au point de vue sociol.*, p. 14.

(2) *L'expression dans les beaux-arts*, p. 4.

exprimée... Les imprécations de Camille, les plaintes d'Orphée pleurant Eurydice, doivent être une fête pour l'oreille, tout en remplissant le cœur d'effroi et de tristesse... Comment se fait-il que le plaisir physique concoure à l'expression de la douleur morale ?[1] »

M. Sully Prudhomme voit là « une sorte d'antinomie », et il la résout en remarquant que c'est encore un plaisir que nous cherchons dans la sympathie. « L'effroi et la tristesse même, éprouvés par sympathie, peuvent devenir aussi pour le cœur une jouissance. » Nous demandons à l'artiste de nous charmer de toutes les manières, par la caresse sensuelle des sons ou des couleurs, et, en outre, par les émotions suggérées. « Ce n'est pas par le plaisir, ce n'est pas par l'agréable, que les perceptions de l'ouïe expriment la douleur, c'est plutôt malgré l'agréable, qui en accompagne, mais n'en constitue pas l'expression. Une phrase musicale est expressive de la joie par l'agréable, mais elle peut, en demeurant agréable, devenir expressive de la douleur par d'autres propriétés que son charme tout sensuel. »

Ce charme des sensations et combinaisons de sensations est-il bien *tout sensuel ?* N'a-t-il pas déjà sa source dans l'expression ? Même pour exprimer la douleur, le peintre, le sculpteur, le musicien, le poète, ne doivent employer que de belles couleurs et de belles lignes, de beaux sons et de beaux rythmes. Mais qu'est-ce qu'une belle couleur, une belle ligne, un beau son, un beau rythme ?

Une couleur isolée peut être plus ou moins agréable, mais elle n'est par elle-même ni belle, ni laide. Aucune couleur, aucune nuance n'est interdite au peintre ; il a le droit de les employer toutes, il ne s'agit que de les mettre où il faut. Des couleurs peuvent se faire valoir ou se nuire par leur rapprochement, et former des combinaisons agréables ou désagréables, mais le peintre n'est nullement tenu d'employer les premières à l'exclusion des secondes ; les combinaisons agréables peuvent n'être pas belles, si elles ne signifient rien ; les combinaisons désagréables pourront être belles si elles contribuent à l'effet voulu. Il n'y a pas non plus de lignes ni de formes défendues ; l'artiste n'est point obligé d'exclure de ses compositions certains angles, certaines courbes, certaines surfaces. Il en est de même des timbres des sons ; le musicien peut les

(1) *Ibid.*, p. 167-168.

employer tous. L'*art* de l'orchestration consiste à les choisir, la *technique* de l'orchestration ne vise qu'à les varier. Saint-Saëns, dans la *Danse macabre*, Berlioz, dans le final de la *Symphonie fantastique* ont obtenu des effets saisissants en faisant jouer les violons avec le dos de l'archet. Le son du violoncelle doit sa qualité à ce qu'il a beaucoup d'harmoniques ; la voix humaine en a plus encore ; et l'on obtient les timbres les plus riches possibles par les masses chorales, où chaque chanteur apporte à l'ensemble les harmoniques de sa voix individuelle. Mais à côté des timbres *riches*, le compositeur utilise les timbres *purs* : le principal mérite du son de la flûte est d'avoir peu d'harmoniques. On peut donc penser que ce n'est pas du tout une obligation pour l'artiste, de n'employer que des sensations agréables. Toutes les couleurs, toutes les formes, tous les timbres, même désagréables en eux-mêmes, lui sont permis, pourvu qu'ils prennent une signification dans son langage. Le caractère émotif de la sensation peut, même s'il est une peine, contribuer au plaisir esthétique, s'il contribue à l'expression.

Cependant, qu'est-ce qu'une belle voix, sinon une voix dont le timbre est beau par lui-même ? — Ne nous y trompons pas. Une belle voix, c'est d'abord une voix souple, maniable, que le chanteur conduira sans effort à travers les méandres des mélodies ; c'est ensuite une voix homogène, c'est-à-dire qu'elle ne changera pas de timbre en passant du grave à l'aigu ; c'est enfin une voix « bien timbrée », c'est-à-dire qu'elle a son caractère, qu'elle se distingue parmi les autres, et peut, sans perdre sa personnalité, produire les sonorités variées qui sont nécessaires à l'expression. L'alliance de ces trois qualités est très rare. Il y a des voix souples et homogènes, dont le timbre est quelconque ; il y a des voix caractérisées, mais impropres à l'expression, car leur timbre propre ne se plie pas à la variété des sentiments à exprimer : telles sont les voix nasillardes, les voix de gorge, les voix blanches, etc. En somme, une belle voix, c'est une voix douée des ressources nécessaires à l'expression musicale.

Ceci ne s'applique pas seulement aux chanteurs, mais aussi aux acteurs, aux orateurs : leur organe est beau quand il les sert bien, quand il est éminemment apte aux fonctions qu'ils lui demandent. Il arrive qu'on aime à causer avec une personne rien que pour entendre la musique de ses paroles ; le charme des voix riches, à beaucoup d'harmoniques, c'est qu'elles sont fort expressives, et n'ont besoin, pour intéresser et pour émouvoir, de faire varier que fort peu la hauteur ou l'intensité de leurs intonations. Nous aimons aussi les voix pures; mais elles ne nous plaisent que chez les enfants et les jeunes filles, dont elles expriment la candeur. Rien n'est ridicule comme une voix de cristal chez un homme mûr, ou même chez une femme, si elle a passé la quarantaine; jointe à des paroles sérieuses ou passionnées, cette pureté excessive de timbre peut paraître une véritable difformité.

C'est pour des raisons toutes semblables que nous trouvons parfois quelque chose de déplaisant à certains accents de terroir. Ces parlers spéciaux ne font guère le plus souvent que choquer nos habitudes; ils peuvent être désagréables sans être laids; mais aussi parfois, il sont disgracieux; c'est que les habitants de quelques provinces emploient par coutume, sans signification et sans but, des particularités phonétiques qui sont par elles-mêmes expressives; voyelles trop élargies ou trop resserrées, syllabes trop longues ou trop brèves, articulation trop saccadée ou trop traînante. Leur débit est, pour ceux qui n'y sont pas habitués, une perpétuelle déconvenue, car l'accentuation des mots et des phrases ne veut pas dire ce qu'elle paraît vouloir dire.

Ainsi les couleurs, les formes, le timbre des sons, les inflexions de la voix peuvent être doux ou rudes, agréables ou désagréables, mais ne sont ni beaux ni laids isolément et sans relations. Leur caractère émotif est distinct de leur caractère esthétique; le premier ne les fait pas exclure des œuvres d'art; le second est dû à leur puissance d'expression : ils sont indifférents quand ils n'expriment rien, beaux quand ils expriment bien ce qu'il s'agissait d'exprimer, laids quand ils l'expriment mal ou quand ils expriment autre chose.

Il n'en est pas de même, semble-t-il d'abord, de la hauteur du son. Le musicien ne compose ses harmonies et ses mélodies qu'avec un nombre limité de sons, dont l'ensemble est la gamme; il ne passe que dans des conditions déterminées de la gamme fondamentale aux autres gammes. Tandis que le peintre peut employer toutes les nuances infiniment voisines comprises entre deux raies du spectre, le musicien ne dispose d'aucun des sons intermédiaires, par exemple, entre le *mi* et le *fa*. Il n'a pas le droit, sous prétexte d'exprimer la douleur, d'infliger à notre oreille cette sorte de douleur qui s'appelle une note fausse. Faut-il donc penser qu'il y a de beaux sons, ceux des diverses gammes, et des sons laids, les sons intermédiaires ?

Remarquons d'abord que ce qui intéresse le musicien, ce n'est pas la hauteur absolue des sons, mais leurs intervalles. Il est permis d'employer tous les sons possibles comme moyens d'expression : l'acteur, l'orateur, le poète ne s'en interdisent aucun. Aux effets de timbre, d'intensité et de durée, la musique ajoute la puissance expressive des intervalles.

Pourquoi donc n'admet-elle pas tous les intervalles? On fera sans doute quelque jour la théorie rationnelle de l'harmonie et de la mélodie ; on découvrira la raison démonstrative des règles tout empiriques auxquelles se réduit encore l'enseignement musical. L'expérience nous apprend, sans que nous puissions dire précisément pourquoi, que dès qu'on a pris le parti de produire des sons régulièrement échelonnés comme ceux de la gamme, il est impossible d'en faire entendre d'étrangers à cette gamme ou aux gammes voisines, et de les enchaîner autrement que d'après certaines règles. Ce qui importe à notre sujet, c'est que les sons irrégulièrement introduits sont impraticables *parce qu'on ne pourrait rien exprimer par leur moyen.*

D'abord, il est une note de la gamme, et une seule, la tonique, il est un accord, et un seul, l'accord parfait de la tonique, qui peut donner l'impression du repos, d'un sens achevé. Toute œuvre musicale devra donc se terminer par cette note ou par cet accord. Mais ne pourrait-on s'arrêter sur une autre note ou sur un autre accord pour exprimer justement une suspension, une interruption ? — On le peut en effet, et les exemples abondent[1]. Ainsi se traduisent l'attente, l'interrogation, la surprise, les brusques secousses de la douleur. On peut marquer un temps d'arrêt après les accords les plus dissonants, ceux qui exigent le plus impérieusement une suite. Ces effets sont pareils aux phrases inachevées de la littérature, au « Quos ego... » de Virgile, au « Qui depuis... » de Racine. Mais ces temps d'arrêt ne peuvent jamais être des conclusions définitives, sans quoi ils ne signifieraient rien, sinon que l'œuvre est interrompue, et que l'auteur ou l'exécutant est resté court.

Les accords consonants qui ont une autre basse que la tonique exigent une suite, mais cette suite est indéterminée ;

(1) Voir, entre autres exemples, l'antépénultième mesure du 4e Prélude de Chopin.

les accords dissonants veulent être suivis d'un certain autre accord, ou l'une au moins de leurs notes appelle dans l'accord suivant une certaine autre note, qui en est la *résolution*. S'il est nécessaire de résoudre les dissonnances, ce n'est pas parce qu'elles produiraient sans cela une sensation pénible ; elles la produisent toujours. Résolue ou non, toute dissonance blesse plus ou moins l'oreille[1] ; ce n'est pas une raison pour s'en abstenir ; les plus dures, les plus déchirantes peuvent être pratiquées, en observant les règles ; on peut faire entendre simultanément toutes les notes de la gamme, et d'autres encore. D'ailleurs, comment la résolution pourrait-elle empêcher la dissonance d'être douloureuse, puisqu'elle se fait entendre après elle ? La vérité, c'est qu'une dissonance n'a de *signification* qu'à la condition d'être résolue. Les harmonistes disent que dans un accord dissonant, il y a des « notes qui ont une *tendance* » ; toute la puissance expressive de ces accords est dans le *mouvement* des notes, c'est-à-dire dans le passage de la dissonance à la résolution.

Les principes de l'harmonie ne sont donc pas fondés sur le caractère agréable ou désagréable des sensations auditives, mais sur leur signification. S'il en était autrement, les combinaisons d'intervalles se rangeraient en série depuis les plus douces jusqu'aux plus rudes, et le compositeur choisirait de préférence les premières. Il en est tout autrement : une harmonie trop consonante est plate et vide ; les dissonances sont la vie de la musique ; les plus audacieuses, employées à propos, sont excellentes. Blessez, déchirez mon oreille, je dirai que votre bruit est harmonieux, s'il signifie quelque chose et m'intéresse. Or il faut pour cela que vos dissonances soient résolues; si elles ne l'étaient pas, elles n'auraient pas de sens, et l'auditeur n'y pourrait rien comprendre, sinon que l'auteur ou l'exécutant s'est trompé. Une dissonance est un engagement qui doit être tenu ; autrement c'est une parole vaine, une puérilité ridicule.

L'expression est encore l'unique raison des règles du rythme. Le rythme n'existe que par la régularité ; or il n'est jamais obligatoire, il peut être changé, abandonné, repris. Par lui-même d'ailleurs, il ne saurait causer aucun plaisir, et, s'il n'est

(1) Cependant les accords de quinte et de septième diminuées, qui sont dissonants, sont très doux à l'oreille; ils n'en doivent pas moins être résolus, ce qui prouve bien que la résolution n'a pas pour but d'effacer, de compenser en quelque sorte la peine causée par la dissonance.

pas suffisamment justifié par sa puissance expressive, il est fatigant.

La métrique des poètes, il est vrai, n'est pas exempte de règles conventionnelles, dont l'observation est inutile à l'expression. Dans les littératures primitives, les poètes ne cherchent qu'à faire de la musique. Pour plier les mots aux exigences de la prosodie, Homère allonge les syllabes ou les abrège sans scrupule. Aux époques plus raffinées, les versificateurs semblent tenir au mérite de la difficulté vaincue ; des vers bien faits ont le prix des choses rares. Pourquoi la prosodie française proscrit-elle l'hiatus? Il n'est pas toujours blessant pour l'oreille ; *tu es*, *tu as* ne sont pas plus durs que *sanctuaire*, *situation ;* on sait d'ailleurs combien des vers corrects peuvent être dépourvus d'harmonie. Au commencement du XVIIe siècle, les règles de notre versification ont été formulées avec une sévérité plus systématique que rationnelle, et d'illustres exemples les ont rendues pour longtemps obligatoires. Nous avons vu récemment de jeunes écoles tenter hardiment d'affranchir notre prosodie de ce qu'elle a de trop factice, de nous faire accepter des alexandrins sans césure, des rimes sans orthographe, et pour que la tentative réussit, il ne faudrait assurément qu'un grand poète.

Il faut donc rejeter comme illusoire la distinction de deux plaisirs superposés, dont l'union serait le plaisir esthétique, un plaisir sensuel, inhérent aux couleurs, aux formes, aux sons, et à leurs combinaisons, un plaisir de l'esprit et du cœur, naissant de la puissance expressive des sensations. L'artiste n'est pas tenu de n'employer que des sensations agréables ; mais il est tenu d'exprimer quelque chose par les sensations qu'il emploie. Et quand nous disons de belles couleurs, de belles formes, de beaux sons, nous voulons toujours dire des couleurs, des formes, des sons expressifs. Les couleurs d'un Christ au tombeau, les lignes du Laocoon souffrant, les sonorités du vers cornélien dans les imprécations de Camille, les harmonies qui accompagnent les plaintes d'Orphée, ne sont pas des sensations agréables par elles-mêmes, et ne réjouissent la vue, ne sont « une fête pour l'oreille », que parce qu'elles remplissent le cœur de pitié, de tristesse ou d'effroi.

C'est apparemment pour cette raison que les arts ne se servent guère que des sensations les moins affectives et les plus représentatives. Les odeurs et les saveurs sont peu propres à former un langage ; elles ne nous disent presque rien ni des hommes ni des choses; un habile cuisinier sait graduer et combiner adroitement les saveurs, en ménager les transitions et les contrastes, accompagner chaque mets du vin qui lui convient; un repas bien préparé est *bon*, parce qu'il est agréable, il n'est pas *beau*, parce qu'il n'est pas expressif. Le chien, dont l'odorat est beaucoup plus fin que le nôtre, ne semble pas rechercher les parfums, ni fuir les exhalaisons fétides; les odeurs l'affectent moins que nous, et le renseignent davantage; l'odorat est pour lui un sens éminemment social, et peut-être un sens esthétique. Les plaisirs inhérents aux sensations ne doivent pas être trop vifs, les douleurs qui les accompagnent doivent être supportables, pour nous laisser goûter le charme qui résulte de leur signification.

La présente doctrine n'est pas tout à fait semblable à celle de Guyau. Pour lui le beau est bien un phénomène social, mais en ce sens que le plaisir esthétique naît du sentiment de la solidarité. La sensation esthétique individuelle s'explique par ce fait que notre individu n'est pas simple, que notre conscience « malgré son unité apparente, est elle-même une société, une harmonie entre des phénomènes, entre des états de conscience élémentaires, peut-être entre des consciences ». « L'agréable devient beau à mesure qu'il enveloppe plus de solidarité et de sociabilité. » Un plaisir « *très complexe* et *très conscient*, renfermant par conséquent une variété unifiée » a toujours un caractère plus ou moins esthétique. On le voit, Guyau conserve l'ancienne définition du beau : l'*unité dans la variété*, mais pour lui l'unité et la variété ne sont point objectives, mais subjectives; ce n'est pas la variété des éléments unis en une même œuvre et concourant à une fin unique, c'est la variété des états intérieurs s'harmonisant dans l'unité du moi, c'est la multitude des consciences cellulaires s'unissant en une conscience commune, en une *cœnesthésie*.

La solidarité et la sympathie des diverses parties du moi constitue le premier degré de l'émotion esthétique; la solidarité sociale et la sympathie universelle sont le principe de l'émotion esthétique la plus complexe et la plus élevée. Le but de l'art est de « réaliser dans l'individu et dans la société les conditions de la vie la plus sociale et la plus universelle ». Il nous fait sentir que nous ne sommes que les parties d'un grand corps qui n'est pas seulement la société humaine, mais qui comprend tout ce qui vit, tout ce qui sent, tout ce que notre imagination anime, et même les êtres fictifs qu'elle enfante pour leur prêter notre vie et notre cœur. Le terme idéal du plaisir esthétique serait la conscience du moi universel.

L'esthétique de Guyau est donc éminemment humanitaire, et plus encore. C'est ce qui fait que ces belles pages sont si attachantes ; elles sont toutes pénétrées de générosité, toutes palpitantes d'amour des hommes et de la nature ; l'art s'y confond presque avec la charité.

Malheureusement, cette conception ne semble pas avoir toute la précision désirable. Ce sentiment de la vie collective y est tantôt donné comme l'essence même du beau, tantôt comme la fin la plus élevée de l'art, et comme un élargissement de son domaine. Guyau semble s'être proposé moins d'observer le présent et le passé que de préparer l'avenir, moins de définir l'art et le beau que leur ouvrir une voie nouvelle. Aussi sa doctrine souffre-t-elle quelques difficultés ; elle s'accorde mal, semble-t-il, avec cet égoïsme, parfois féroce, qu'on rencontre si souvent, non pas, il est vrai, chez l'artiste qui crée, mais chez le dilettante qui contemple. On n'est pas un homme de goût parce qu'on est un homme de cœur, et on peut être un homme de goût sans être un homme de cœur. On peut être sensible aux émotions de l'art, et réfractaire ou volontairement étranger à celles de la vie. Le lettré s'isole dans sa bibliothèque, l'amateur d'art au milieu de ses collections. Indifférent aux affaires publiques, libre des charges de la famille, le dilettante se fait une retraite d'épicurien, *sapientum templa serena*, d'où il contemple dédaigneusement, sans s'y mêler, l'agitation de la vie sociale.

Il n'est pas nécessaire qu'une œuvre d'art intéresse la vie collective de tout un peuple. Un phénomène social peut être une relation entre deux individus seulement ; il y a une œuvre d'art dès qu'un homme a produit un signe expressif, susceptible d'être compris par un autre homme. La beauté ne croît pas en raison du nombre des personnes qu'elle intéresse, mais elle croît avec la puissance expressive des œuvres.

L'art n'est pas universel comme la science ; il relève de la diversité, naturelle ou acquise, des tempéraments et des caractères. Comme une langue, il ne relie qu'un nombre limité de personnes, assez semblables pour se comprendre et pour sympathiser, assez différentes pour pouvoir se faire des emprunts mutuels. Le plaisir esthétique dépend donc de deux conditions principales.

La première est l'existence même et l'intelligence du signe ;

il faut avant tout que l'artiste ait su s'exprimer, faire sortir de lui et passer dans son œuvre, ce qu'il a pensé et ce qu'il a senti. Il faut aussi que le signe ait la même valeur pour l'auteur et pour le témoin. Si les formes et les couleurs ne vous suggèrent que le souvenir des objets représentés, les arts du dessin vous sont fermés ; une peinture ne vous dit rien de celui qui l'a faite, sinon qu'il était habile, ni de ce qu'elle figure, sinon que c'est telle chose ou telle personne ; elle n'a d'autre valeur pour vous que ces planches explicatives des ouvrages scientifiques, qui sont instructives, mais non pas belles. Tel qui aime et comprend la peinture, et par conséquent n'est point inaccessible aux impressions d'art, peut être affligé de ce qu'on a justement nommé *surdité musicale*. Ses nerfs n'étant pas diversement impressionnés par les sonorités douces ou dures, claires ou sombres, froides ou chaudes des divers accords, par le contour ondoyant ou brisé, masculin ou féminin d'un dessin mélodique, est indifférent à la musique. Les harmonies n'ont pas de prise sur qui ne sent pas la mollesse d'une septième diminuée, la verdeur d'une septième de sensible, sur qui n'attend pas avec une sorte d'inquiétude la résolution d'une dissonnance. Celui-là, l'âme d'un Beethoven ou d'un Schumann le ravirait peut-être, s'il pouvait la pénétrer, mais il faudrait pour cela qu'elle se révélât à lui en une autre langue que les sons.

La seconde condition du plaisir esthétique, c'est que l'auteur nous communique quelque chose que nous ne trouvions pas en nous-mêmes. Tel livre, tel tableau, tel opéra, qui font la joie de l'un, semblent à l'autre fastidieux, bien qu'il les comprenne parfaitement ; c'est qu'il ne gagne rien à les comprendre, il n'en reçoit aucun accroissement de son être intérieur. Combien d'œuvres qui ont ravi notre enfance, nous semblent maintenant plates et vides. Elles avaient beaucoup à dire à notre âme plus neuve ; aujourd'hui nous les avons dépassées. Quel wagnérien de trente ans n'a pas aimé le *Trouvère* à douze ans ? Mais les œuvres géniales sont celles qu'on ne dépasse point. C'est pour cela que l'originalité est un élément nécessaire de la beauté. L'artiste, qui ne fait naître en moi aucune idée, aucun sentiment que je ne puisse aisément me procurer sans son secours, m'ennuie, me fatigue, et, à la longue, m'exaspère, si je suis obligé de le subir.

Ainsi, le plaisir artistique suppose une analogie et une différence suffisantes entre la nature intellectuelle et morale du témoin et celle de l'auteur. Il ne faut pas qu'ils soient trop semblables, car l'un n'aurait rien à recevoir de l'autre. Il ne faut pas non plus qu'ils soient trop différents, car ils resteraient irrémédiablement étrangers. Dans cette homogénéité, qui précède la division du travail, et que M. Durkheim a représentée comme l'état de la société primitive, il n'y a pas d'art, parce que les hommes sont tous semblables. Quand la société est parvenue à un haut degré de différenciation, l'art tend à se morceler et à se spécialiser; il y a la littérature populaire et la littérature de cour, des formes d'art différentes pour des classes différentes, pour des éducations et des traditions différentes. L'artiste s'adresse à ceux qui ont avec lui une sorte de fraternité intérieure. Les barbares qui ont détruit les chefs-d'œuvre de l'art grec n'étaient sans doute pas insensibles à tout ce que peuvent exprimer des formes visibles, mais ces statues, ces monuments aux lignes pures et sereines exprimaient des sentiments que leur nature ne comportait pas, ou des idées supérieures à leur intelligence.

Ceci permet de résoudre sans peine le fameux problème : Y a-t-il un bon et un mauvais goût? Si la diversité de nos jugements esthétiques ne venait que de la diversité des natures individuelles, tous les goûts seraient également légitimes. Chacun a le droit d'avoir le sien. Vous prononcez que ce tableau est mauvais; mais il me plaît à moi. Voulez-vous que je me contraigne? que je lutte contre mon plaisir par respect pour votre sentence? La différence de nos jugements prouve seulement que nous ne sommes pas faits de même.

Mais avec cet individualisme excessif, il n'y aurait même pas d'art. Car l'œuvre d'art est destinée à produire une impression déterminée, et elle est mal faite si elle en produit une autre. Une comédie qui ne déride personne, un drame pathétique qui fait rire, sont des pièces manquées; une caricature peut être une fort belle chose, mais une caricature involontaire n'a ni mérite ni intérêt. Un compositeur de musique qui, voulant être délicat, est mesquin, qui, s'étudiant à être distingué, est prétentieux, qui, se travaillant pour être grandiose, est déclamatoire, est un compositeur sans talent. Toute œuvre réussie est une impression cherchée et obtenue. Si tous les hommes n'avaient pas une sensibilité commune; si, sous la variété infinie des tempéraments et des caractères, il n'y avait pas un fonds invariable, si nous n'étions pas tous, ou presque tous, remués de la même manière par les mêmes images et les mêmes idées, la physionomie des hommes et des choses n'existerait pas, ni par suite la puissance d'expression des arts, ni les arts. Il n'y aurait pas de ces œuvres éternellement belles, éternellement jeunes, les poèmes d'Homère, le Parthénon.

La diversité des jugements esthétiques a bien sa source dans la *diversité* des tempéraments, mais cette diversité n'est bien souvent que l'*inégalité* des esprits et des cœurs. Il y a des jugements esthétiques faux, à savoir ceux qui louent des œuvres faibles, appréciées et goûtées en raison même de leur faiblesse, et ceux qui condamnent des œuvres fortes, méconnues en raison même de leur supériorité. Une œuvre banale est mauvaise, en dépit de ceux qui l'aiment, parce qu'il faut avoir l'esprit puéril et l'âme peu délicate pour s'en contenter ; une œuvre élevée est bonne, en dépit de ceux qui ne la comprennent pas, parce qu'elle ne leur est pas destinée.

Nous avons surtout parlé de la beauté dans les œuvres de l'homme ; mais comment expliquer la beauté dans la nature ?

C'est encore un phénomène social. La nature est belle parce qu'elle est expressive : sa beauté, c'est l'accueil ou l'hostilité d'un paysage, c'est le sourire ou la tristesse d'un ciel, c'est la paix des arbres ou la colère de la mer. Pour que la nature soit belle, il faut qu'elle s'anime et qu'elle nous parle, que nous sympathisions et fassions société avec elle :

> There is *society*, where none intrudes,
> By the deep sea, and music in its roar [1].

« Pour goûter un paysage, dit Guyau, il faut s'harmoniser avec lui ; pour comprendre le rayon de soleil, il faut vibrer avec lui ; il faut aussi, avec le rayon de lune, trembler dans l'ombre du soir ; il faut scintiller avec les étoiles bleues ou dorées ; il faut, pour comprendre la nuit, sentir passer sur nous le frisson des espaces obscurs, de l'immensité vague et inconnue. Pour sentir le printemps, il faut avoir au cœur un peu de la légèreté de l'aile des papillons [2]... »

La tâche de l'esthétique est donc considérable et singulièrement difficile. Elle doit être la connaissance la plus délicate, la plus intime, la plus minutieuse de la nature humaine. Pour en pénétrer le mystère, il faudrait découvrir par quels subtils mécanismes les signes, sensations ou images, suggèrent, en

(1) C'est une *société*, où il n'y a pas d'intrus, que celle de la mer profonde, et son grondement est une musique. (Byron. *Childe Harold*, vers la fin.)

(2) *L'art au point de vue soc.*, p. 13.

dehors de toute convention, toutes les nuances de la pensée et des émotions, et les mêmes nuances en diverses personnes, pourquoi certaines couleurs, certaines formes, certains sons nous attristent, certains autres nous égaient. Nos idées, nos sensations provoquent mille sensations accessoires, à peine perceptibles, mais très puissantes, modifient la circulation, la respiration, la température, font courir des frissons sur la peau, excitent ou paralysent diverses régions du système nerveux. Le sens musculaire, à peine soupçonné encore, paraît jouer ici un rôle capital. « Tant que les connaissances humaines, dit M. Sully Prudhomme, ne seront pas venues converger à leur commun sommet, à partir de leur commune base, le dernier mot ne pourra pas être dit sur l'esthétique ; on n'aura ni complètement expliqué le jeu de l'expression, ni dégagé complètement la formule des essences exprimées. L'esthétique ne pourrait s'achever qu'avec la synthèse des connaissances qui sans doute ne s'accomplira jamais : elle est donc vouée à une inexactitude irrémédiable. Les savants en ont si bien le sentiment qu'ils ne songent même pas à l'aborder encore ; ils l'abandonnent à l'impatiente curiosité des métaphysiciens et des rêveurs ; c'est une science ajournée[1]. » C'est pourtant une science commencée, et dans laquelle quelques-uns semblent être entrés par la bonne porte, Helmholtz par exemple, et M. Sully Prudhomme lui-même.

(1) *Expr. dans les Beaux-Arts*, p. 215.

CHAPITRE X

LA SOCIOLOGIE (*Suite*). — LA MORALE

La position systématique de la morale est difficile à déterminer, ou plutôt ne peut pas être déterminée, tant qu'on est dans le doute sur les principes d'où il faut déduire les préceptes moraux. La morale présente, en effet, ce caractère unique qu'on s'entend beaucoup mieux sur les conséquences que sur les principes. « Il est facile, dit Schopenhauer, de prêcher la morale, difficile d'en établir les fondements. » Sauf les cas compliqués et difficiles, où l'on peut se perdre dans la déduction des conséquences, ou se méprendre dans la prévision des résultats, des moralistes qui tiennent pour les doctrines les plus opposées, par exemple un kantien et un utilitaire, s'accordent à louer et à réprouver les mêmes actes; ils les louent et les réprouvent pour des raisons différentes. Or la place de la morale dans l'ensemble des connaissances humaines ne dépend pas du détail des préceptes, mais des principes d'où on les tire.

A proprement parler, la morale ne saurait avoir aucune place parmi les sciences théoriques; tandis que celles-ci sont purement contemplatives et n'ont d'autre objet que le vrai, la morale est éminemment pratique, et a pour objet le bien. Mais la réalisation du bien n'a-t-elle pas pour principe des vérités d'un ordre spécial? Précisément parce que le caractère pratique lui appartient *éminemment*, il ne convient peut-être pas de la rejeter, sans autre examen, parmi les technologies, et de la perdre, pour ainsi dire, dans la foule des autres sciences pratiques. Chaque art a pour fin une certaine espèce de bien; la morale a pour fin le bien; un art est la connaissance de moyens propres à réaliser une fin donnée; la morale doit déterminer quelle fin il convient de réaliser. Généralement un seul art met à profit des connaissances empruntées aux sciences les plus diverses, et il en est ainsi de la morale : il n'est pas une des connaissances humaines qui ne puisse servir à améliorer la vie, et, plus généralement, la nature. Mais il y a en outre un problème théorique spécial qui est d'assigner à l'activité de l'homme sa fin. Toutes les connaissances peuvent lui fournir des moyens de réaliser le bien; il y a, en outre, des connaissances d'où il résulte qu'il y a un bien à réaliser.

Le problème spéculatif est celui-ci : Comment des manières d'agir prennent-elles le caractère de règles de conduite? A quel titre et en vertu de quoi s'imposent-elles à notre choix?

Toutes les solutions proposées jusqu'ici, et même toutes les solutions possibles, peuvent se ramener aux deux suivantes :

1° Le devoir est un impératif catégorique ;

2° Le devoir est un impératif hypothétique.

Il n'y a pas de troisième hypothèse. La division kantienne des impératifs en hypothétiques et catégoriques est rigoureusement dichotomique; c'est une alternative. Il y a bien aussi des impératifs *disjonctifs*, mais ils sont hypothétiques. *Fais ceci ou cela*, équivaut à : *Fais ceci, si tu ne veux pas faire cela.* Une *loi*, s'adressant à tout agent raisonnable; une *maxime* réglant, pour tous les cas semblables, la conduite d'un seul agent; un ordre, un avis, un conseil, concernant un seul cas et un seul individu, ne peuvent être que conditionnels ou inconditionnels. Une bonne action ou une bonne volonté ne peut être que fin ou moyen, ne peut avoir qu'une valeur intrinsèque ou une valeur extrinsèque. Il n'y a pas de milieu.

Mais le bien est-il nécessairement l'objet d'un impératif? Ne peut-on pas concevoir une morale sans ce caractère autoritaire que Kant lui a donnée, en exclure la notion de devoir, qui, d'après Schopenhauer, serait due à l'influence biblique? Chez les anciens, la morale n'avait jamais pu s'affranchir de la dialectique socratique et platonicienne : l'idée d'une classification hiérarchique des biens leur a fait constamment chercher un *summum bonum*, une *finis bonorum*, un bien unique, qui comprît tous les biens, et en dehors duquel il n'y eût que le mal ou l'indifférent. Pareillement la morale des modernes est dominée par l'idée judéo-chrétienne du devoir, qui, selon Schopenhauer, n'est que le *Du sollst* du décalogue[1]. Ne peut-on se dégager enfin de l'influence chrétienne comme de l'influence antique, et trouver, par exemple dans les doctrines plus neuves

(1) Le *Fondement de la morale*.

de la biologie et de la sociologie, les principes d'une morale sans impératif ?

Non. Quelle que soit cette nouvelle doctrine, ses préceptes seront des impératifs hypothétiques. Le mot *impératif*, emprunté au langage des grammairiens, signifie toute proposition dont le verbe est à l'impératif, ou qui contient une formule équivalente : *il faut, il est juste, il est utile, il est convenable*, et, en général, *il est bon* d'agir ainsi. N'oublions pas qu'un impératif peut être aussi peu *impérieux* qu'un simple *conseil*. Une doctrine composée d'indicatifs (des hommes individuellement, ou les hommes communément agissent ainsi) n'est pas une morale. Il s'agit toujours de faire connaître quels actes sont commandés — ou recommandés — au choix d'êtres intelligents dans des circonstances définies ; or tel est précisément le rôle grammatical du mode impératif et des formes équivalentes.

Les diverses manières de concevoir la doctrine morale peuvent donc se ramener aux deux suivantes :

D'une part, on peut faire de la morale une science vraiment théorique, — la science de la pratique plutôt qu'une science pratique, — mais une science à part, ayant vis-à-vis des autres une position exceptionnelle. Le libre arbitre met l'être libre en dehors ou au-dessus de la nature ; l'ordre moral n'est pas l'ordre naturel, mais un ordre idéal à réaliser ; la morale, science de l'Idéal et de la liberté, s'opposerait donc aux sciences de la Nature et de la nécessité. Bien plus, certaines philosophies voient dans cette opposition, non seulement une dualité, mais une subordination : il y aurait « primauté » de la raison pratique sur la raison théorique. La morale dominerait et tiendrait sous sa juridiction toutes les autres sciences, atteindrait les réalités qui leur sont inaccessibles, et leur dispenserait la certitude.

On peut, au contraire, concevoir la morale comme une science toute pratique, l'art de bien vivre, reposant sur des connaissances théoriques qui appartiennent à la science positive. Par exemple, si par le bien on entend le bonheur, la morale sera la *technologie du bonheur* ; il appartient aux sciences de la nature de définir le bonheur et d'en déterminer les conditions. Si l'on définit le bien par le progrès social, ou le progrès de l'espèce humaine, ou le progrès de la nature en général, la morale sera la *technologie du progrès*. Il appartient aux sciences de la nature de dire en quoi consiste le progrès, et de quoi il dépend.

En un mot, la morale peut être transcendantale ou naturaliste. Dans les deux cas, nous avons à déterminer la place des connaissances théoriques qui lui servent de fondement.

I

Examinons d'abord la doctrine de l'impératif catégorique. La bonne conduite est celle d'une volonté qui ne se détermine par aucun autre motif que le respect de la loi. Bien agir, c'est obéir à la loi parce que c'est la loi. Tout autre *motif* en fait un impératif hypothétique. Pour se déterminer librement, la volonté ne devra obéir à aucun *mobile*, pas plus altruiste qu'égoïste. La charité même, si l'on entend par là une impulsion affective, ôte au devoir son caractère en lui donnant une fin extrinsèque. Les malheureux, en excitant ma pitié, agissent sur moi, et me déterminent à les secourir; ce n'est donc pas moi qui me détermine par un acte personnel. L'amour *moral* du prochain n'est pas un sentiment, c'est un vouloir pur, éclairé par une raison. Cela ne veut pas dire qu'une action soit sans valeur morale dès que le cœur est touché, et qu'il faille regretter les bons sentiments qui nous portent au bien spontanément et sans effort, s'en repentir, en avoir presque des remords ; cela ne veut pas dire que le mérite et la moralité soient interdits à ceux que la nature a faits droits, sincères, généreux, compatissants, et réservés à ceux qui ont des instincts pervers pour les combattre et en triompher, si bien que les premiers seraient les vrais réprouvés, et que les seconds seraient seuls, sinon élus, du moins appelés[1]. Une telle conséquence est contredite par les principes mêmes de la morale de Kant. Qui veut le bien se réjouit de tout ce qui l'aide à l'accomplir. Se repentir de ses bons sentiments, ce serait vouloir, non le bien, mais le mérite, considérer la vertu comme un moyen, et non comme une fin, et obéir à la loi, non pour la loi, mais pour la récompense. L'action morale n'est pas l'action qu'aucun bon sentiment n'accompagne ; elle n'est pas non plus nécessairement la lutte contre un sentiment mauvais. Il faut seulement retenir que l'action inspirée par un bon sentiment n'a de caractère moral que s'il est vrai qu'elle serait encore accomplie si ce sentiment n'existait pas.

(1) Voir Paul Janet, *La morale*. Le sentiment moral.

On peut se demander si la nature humaine comporte de telles déterminations, si le libre arbitre peut être autre chose que l'indéterminisme. Entre la nécessité mécanique et la contingence, il n'y a pas d'autre moyen terme que l'auto-déterminisme, c'est-à-dire le déterminisme psychologique ou idéo-moteur de M. Fouillée ; un être qui pense et qui sent n'est point une machine, car il veut ; mais il veut parce qu'il pense et parce qu'il sent. Un vouloir pur est une abstraction qui ne peut prendre place dans la réalité. Kant lui-même s'est demandé si un seul acte vraiment moral, tel qu'il l'a défini, a jamais été accompli, et il a répondu par une négation implicite, en excluant la liberté de la série des phénomènes, et en la plaçant en dehors et au-dessus de la nature. En fait, l'homme de chair qui, de propos délibéré, se dégage de toute influence affective pour n'écouter que la raison impersonnelle, n'y est-il pas encore déterminé par quelque mobile? Quand la volonté triomphe d'un sentiment, n'est-ce pas un sentiment supérieur qui triomphe de sentiments inférieurs? Larochefoucauld n'a-t-il pas raison de voir dans l'abnégation même, la plus subtile et la plus admirable victoire de l'amour-propre? Celui qui fait son devoir jusqu'au plus pur sacrifice, le ferait-il encore, s'il n'y était pas poussé par un souci de dignité personnelle, par ce noble orgueil qui nous fait placer haut notre idéal, par le besoin de s'estimer soi-même et de ne pas déchoir à ses propres yeux?

La morale de Kant, magistralement déduite d'une hypothèse abstraite, se déroule loin du réel, dans un domaine tout idéal : c'est la morale d'êtres qui ne seraient que des volontés raisonnables ou pourraient agir comme tels. Elle pourra néanmoins prendre place dans la science, comme tout système abstrait logiquement construit et cohérent, quand la science, devenue entièrement déductive, n'aura plus pour objet que les possibles. Il est aussi légitime de faire abstraction de la sensibilité humaine que de faire abstraction des dimensions d'un corps; le concept d'un être réduit à une intelligence et à une volonté, d'une « autonomie » en un mot, peut entrer dans la science au même titre que celui d'un *point matériel*. Il importe seulement de ne pas oublier que c'est une abstraction.

Bien plus, c'est une abstraction indispensable. Tout porte à croire qu'on reviendra en partie à la morale de Kant ; les écoles qui la combattent avec le plus d'énergie y sont nécessairement ramenées par la suite naturelle de leurs raisonnements. Kant a pris l'idée du devoir telle qu'elle est dans l'esprit de l'homme civilisé ; il l'a analysée et en a déduit les conquences. Cette idée est un fait ; on ne peut l'éliminer ; la tâche de la morale naturaliste est d'en rendre compte. Il est trop simple de nier le devoir ou d'en faire un préjugé ; c'est au moins un préjugé nécessaire, qu'on ne peut faire disparaître de la société humaine qu'avec la société humaine elle-même. Il s'agit d'expliquer la croyance au devoir, et il s'agit de la justifier. Dans la doctrine de Kant, le devoir est un principe, et la bonne volonté un commencement absolu ; dans les autres, le devoir est une conséquence, et la bonne volonté un résultat. Mais, lorsqu'on est arrivé à cette conséquence, lorsqu'on a déterminé les conditions de ce résultat, on est contraint de suivre toutes les déductions de la morale kantienne ; on est arrivé au point dont il fait un point de départ, et désormais la route est commune.

Il y a dans la morale de Kant deux doctrines qu'il a lui-même distinguées, celle de la moralité et celle de la légalité.

Dans la doctrine de la *légalité*, bien agir, c'est agir en vertu d'une maxime qui puisse être érigée en une loi universelle. La mauvaise action veut être exceptionnelle ; elle ne peut être généralisée sans contradiction intrinsèque : le menteur veut la sincérité des autres, car le mensonge consiste à exploiter la confiance d'autrui, et la confiance repose sur la sincérité. La bonne action peut bien être exceptionnelle ; mais celui qui l'accomplit ne peut, sans contradiction, vouloir qu'elle le soit, car son but est d'autant mieux atteint qu'il est plus généralement visé : le philanthrope veut nécessairement qu'il y ait beaucoup d'autres philanthropes, car plus il y en aura, mieux les misères humaines seront secourues. En général, la bonne conduite est celle qu'on ne peut pas logiquement vouloir à titre d'exception. Cette vérité n'est pas propre à la morale de Kant, elle appartient à toutes les morales, c'est la notion même de justice.

Seulement Kant affirme que nous sommes réellement des agents *autonomes*, c'est-à-dire, des volontés pures, capables d'obéir à un impératif catégorique, tandis que la morale naturaliste se borne à dire : bien agir, c'est agir *comme si* nous obéissions à un impératif catégorique. Ainsi le juge est un homme concret, qui a ses intérêts et ses préférences personnelles ; l'impartialité professionnelle consiste pour lui à juger *comme* s'il était un être abstrait, une pure intelligence. Et, en général, la bonne conduite est celle qui aurait les sympathies d'un spectateur impartial. L'homme juste est celui qui conçoit une impartialité absolue et qui la réalise. D'après la morale transcendante, il la réalise parce qu'il est réellement une volonté pure, capable d'agir sans y être poussée par des mobiles, et sans autre motif que la loi, une volonté qui se détermine et n'est pas déterminée. D'après la morale naturaliste, le juste a des motifs d'être juste, et y est déterminé par des mobiles. Kant n'a pas cherché si, entre le déterminisme mécanique, qui exclut la moralité, et la liberté qui nous entraîne au delà de la nature, et partant au delà du champ de la moralité, il n'y a pas une troisième hypothèse. Or, il y en a une, c'est le déterminisme psychologique ou l'auto-déterminisme, si puissamment soutenu par M. Fouillée. Il n'a pas cherché si entre les motifs et les mobiles intéressés, qui excluent le devoir, et la loi abstraite qui exclut tout mobile, il n'y a pas un terme intermédiaire ; or il y en a un. On peut concevoir qu'il y ait un intérêt personnel à agir d'une manière désintéressée, d'après une loi impersonnelle. Le juge peut juger impartialement pour sa propre satisfaction, et s'il arrive qu'il soit juge de sa propre cause, il peut trouver avantage à ne pas s'avantager, et estimer qu'il a raison de se donner tort. L'homme probe s'aime mieux juste que riche ; l'homme modeste est plus fier d'être à sa place que d'usurper celle d'autrui ; l'homme sincère attache plus de prix à la vérité qu'aux fruits du mensonge. Descartes « ne fait point profession de mépriser la gloire en cynique, mais il fait fort peu d'état de celle qu'il n'espère point pouvoir acquérir qu'à faux titres ». Ainsi l'homme de bien est déterminé par des motifs et des mobiles ; il obéit donc à un impératif hypothétique ; mais cet impératif se formule ainsi : Si tu veux être homme de bien, agis *comme si* tu étais une volonté pure soumise à un impératif catégorique.

La doctrine de la *moralité* est l'analyse de l'idée de responsabilité, comme la précédente est l'analyse de l'idée de justice. Sont méritoires les actes auxquels la volonté se détermine sans autre motif que la loi elle-même ; sont coupables les actes auxquels la volonté se laisse déterminer en dépit de la loi. Une action peut être légale sans être morale, si l'agent, ayant reconnu que son devoir est conforme à son intérêt ou à son désir, fait le bien parce que c'est son bien. Une action peut être morale sans être légale, si l'agent se trompe de bonne foi sur son devoir, et fait, par respect pour la loi, ce qui, en vérité, est contraire à la loi (Ravaillac, Charlotte Corday).

En un mot, la moralité est tout entière dans l'intention.

On a résisté à cette doctrine, faute de la bien comprendre. Qu'est-ce qu'une moralité faite de bonnes intentions? a-t-on dit ; l'intention sans les œuvres est insuffisante, comme la foi sans les œuvres. Mais on peut répondre aussi : L'intention qui n'agit point est-elle une intention sincère? L'intention de faire le bien demain est méritoire : mais si demain vous ne le voulez plus, votre intention bonne a été, avant l'exécution, annulée par une intention contraire. Il ne faut pas non plus tomber dans l'excès des casuistes que Pascal a fustigés. La *direction d'intention* consiste en une intention factice et mensongère qui dissimule l'intention réelle. Il doit être entendu que l'intention n'est ni le projet, ni le prétexte.

Dans la morale naturaliste, il n'y a plus de responsabilité, de mérite, de démérite, en un mot de moralité au sens transcendental et kantien de ces mots, car cette signification est liée à celle d'autonomie. L'appréciation morale des personnes reste pourtant distincte et indépendante de l'appréciation de leurs actes ; une même bonne œuvre a deux prix différents, suivant que l'on considère la valeur au service rendu, ou celle du sentiment qui l'a inspiré. Notre appréciation morale des personnes dépend du degré d'élévation de leurs mobiles. Un bienfait perd de son prix, si l'on y a démêlé un calcul d'intérêt ; il en a davantage s'il est inspiré par un sentiment de sympathie. La générosité, quand elle se ramènerait à l'amour de soi, n'en serait point rabaissée, car elle s'y ramènerait par un calcul dont les âmes vulgaires sont incapables; le dévouement, le sacrifice sont des actes qui élèvent l'individu au-dessus de la moyenne de l'espèce; et cette sublimité a quelque chose de tragique, parce qu'une personne exceptionnelle s'y révèle infiniment précieuse, précisément dans l'acte par lequel elle se supprime.

La valeur morale des personnes est donc d'autant plus grande que leurs mobiles sont moins étroits, que leurs fins sont plus générales, qu'elles identifient davantage leur bien individuel avec le bien universel, qu'elles se sont plus rapprochées de l'idéal de la raison impersonnelle.

Ainsi Kant a décrit d'une manière définitive l'idéal suprême de la moralité et de la légalité. Ses formules sont propres à déduire tous les devoirs, à résoudre tous les cas de conscience, à juger subjectivement et objectivement toutes les personnes et tous les actes. A ce point de vue, cette doctrine doit être incorporée, comme une partie essentielle, dans les doctrines de ses adversaires. Tout système de morale, pourvu qu'il soit un système et que la conduite humaine y soit soumise à des règles uniformes, consiste à trouver la justification des formules de Kant. Mais par cela seul qu'on les justifie, qu'on les dérive de quelque autre chose, il n'y a plus d'impératif catégorique.

L'originalité de la doctrine de Kant, sa partie irréductible, c'est l'affirmation de cet impératif catégorique et de la liberté qui en est inséparable.

Je ne répéterai pas les critiques si profondes que M. Fouillée a faites du criticisme et du néo-criticisme[1]. Remarquons seulement que la nouvelle métaphysique n'est pas à l'abri du reproche que Kant lui-même a fait à l'ancienne.

Il a montré que tous les arguments de la métaphysique dogmatique se ramènent à l'argument ontologique : l'existence est contenue dans l'idée de la perfection, si bien qu'une perfection qui n'existerait pas serait une perfection imparfaite. Donc la perfection existe. Pareillement l'impératif catégorique ne serait pas catégorique, s'il était une conséquence ; donc il est un principe absolu. Certes, s'il y a un impératif catégorique, il ne peut être une conséquence ; mais y a-t-il un impératif catégorique ? Certes, la volonté qui a une valeur par elle-même, c'est la volonté qui n'est pas déterminée ; mais y a-t-il une volonté qui ait une valeur par elle-même ? Une volonté pure sous l'empire d'un impératif catégorique, est une abstraction réalisée. Or cette abstraction n'a de valeur scientifique que si on se garde de la réaliser ; il faut lui laisser son caractère d'abstraction ; c'est un idéal, l'*Idéal de la Raison pratique*. On pourrait opposer à la *Critique de la Raison pratique*, comme au *Proslogium* de saint Anselme, un *liber pro insipiente*. L'obéissance à la loi par respect pour la loi, la personne humaine fin en soi, l'autonomie d'une volonté purement raisonnable, ce sont les *îles fortunées* de la morale.

L'impératif catégorique ne peut donc être que l'objet d'un acte de foi. Il faut accepter son autorité sans la contrôler, sans lui demander ses titres ; il ne peut les donner sans se détruire lui-même. M. Fouillée dit avec raison qu'il « tombe des nues » ; il ressemble à ces tables que Moïse rapporte de la montagne sainte, environnée de nuages, d'éclairs et de tonnerre. C'est

(1) Dans presque tous ses ouvrages, et en particulier dans sa *Critique des systèmes de morale contemporains* (1889). Voyez aussi les admirables articles sur l'*Inconnaissable*, Revue philosophique.

une voix qui résonne au-dessus de nos têtes, « l'immortelle et céleste voix » dont parle J.-J. Rousseau. Prosternez-vous! C'est déjà lui désobéir, que de relever la tête pour voir de quelle bouche d'ombre elle tombe. C'est un mystère qu'il est à la fois impossible et défendu de pénétrer! Une doctrine qui a un tel principe n'a point de place dans le système des sciences ; car elle est métaphysique, c'est-à-dire extrascientifique, et même mystique, c'est-à-dire antiscientifique.

On a essayé de légitimer cet acte de foi en le rendant inévitable, en en faisant le fondement de la science spéculative elle-même. Vaine tentative? La science ne peut se fonder que sur une vérité plus irrécusable qu'elle. La science est essentiellement impersonnelle, tandis que l'acte de foi est essentiellement personnel. L'impératif catégorique n'est pas une loi qui s'impose, mais une loi que l'on s'impose. Invoquer un tel principe, ce n'est pas fonder la science, c'est l'ébranler. Eh bien! on ne reculera pas devant cette conséquence, et l'on introduira dans la science la contingence et l'arbitraire ; on imitera pour sauver la foi morale, l'apologétique désespérée par laquelle Pascal pensa sauver la foi religieuse. On humiliera la raison pure; on montrera la science suspendue dans le vide ; on perdra l'esprit humain dans un abîme, afin que, pris de vertige, il se rattache éperdûment à la croyance morale, qui peut seule légitimer la certitude logique. On prétend, en effet, qu'un acte de foi, qui serait pratiquement obligatoire, est nécessaire pour fonder la valeur objective de la science ; on attribue à la loi morale le rôle qu'a l'existence de Dieu dans la philosophie de Descartes ; elle serait nécessaire pour passer du subjectif à l'objectif, de l'idée à l'être.

Nous répondrons qu'il est chimérique de fonder la valeur objective, c'est-à-dire la valeur métaphysique de la science. Car la science n'a pas et ne doit pas avoir une telle valeur. Il n'y a pas de passage de l'idée à l'être. La science a pour objet le vrai, non le réel ; elle est et demeure purement idéale et indépendante de la réalité de son objet, et sous sa forme définitive, elle est l'expression du possible et non du réel. La science est expérimentale et inductive d'abord, rationnelle et déductive ensuite ; elle n'est jamais ontologique ni transcendantale. Sa valeur objective se résout, nous l'avons vu, dans sa valeur sociale : le Vrai, ce n'est pas ce qui est conforme à la réalité en soi, c'est ce qui s'imposé uniformément à tous les esprits.

II

Pour toutes les écoles naturalistes, la morale est une technologie ; elle est l'application de connaissances théoriques, mais ces connaissances sont tantôt biologiques, tantôt psychologiques, tantôt sociologiques, et ne forment pas une science distincte et originale.

Ces écoles, bien qu'assez hostiles les unes aux autres, ne sont point inconciliables ; c'est surtout grâce à l'imprécision de doctrines bien éloignées encore de la rigueur scientifique, qu'elles peuvent se combattre. Quand des adversaires luttent longtemps sans qu'il y ait jamais ni vainqueur ni vaincu, c'est que, très probablement, ils ne se rencontrent pas, et portent leurs coups dans le vide.

L'hédonisme des Cyrénaïques, l'eudémonisme des Epicuriens, l'utilitarisme du XVIIIe siècle sont des doctrines incomplètes, mais incontestablement légitimes. Le plaisir et le bonheur sont des fins qu'on peut se proposer : il y a donc un art de les réaliser, un art d'être heureux, comme il y a un art de se bien porter. La morale, entendue de cette manière, est une extension de l'hygiène, comme l'hygiène est une partie de la morale. Cette *technologie de la jouissance et du bonheur* suppose un savoir théorique dont elle serait l'application : d'abord une théorie psychologique ou psycho-physiologique du plaisir et du bonheur ; de plus, la connaissance des lois physiologiques, qu'on ne saurait méconnaître impunément et, au même titre, celle des lois psychologiques ; enfin, l'intelligence de la vie sociale, puisque c'est au milieu de la société que nous avons à vivre.

La morale utilitaire repose sur ce principe, que la jouissance est la fin unique de l'activité humaine, que non seulement nous ne devons pas, mais qu'en fait nous ne pouvons pas nous en proposer une autre. Ce principe est évidemment faux, quand on l'entend d'une manière trop étroite ; mais il est susceptible de s'élargir presque indéfiniment, à mesure qu'on pénètre plus avant dans la connaissance de la nature humaine. L'altruisme n'est pas proscrit, mais il est subordonné à l'égoïsme. Aimer autrui, c'est s'aimer dans autrui ; on peut vouloir le bien d'autrui, mais seulement comme moyen ; le bien de l'individu est la seule fin possible de ses désirs.

Mais alors, que signifient ces notions dont se compose la conscience commune, droit et devoir, et leur dérivés, justice, charité, vertu, mérite, responsabilité? Quelques sociologues contemporains se sont efforcés d'en rendre compte, en les prenant comme des faits, et en les soumettant à l'analyse. Bien qu'elles résident dans les consciences individuelles, ces notions sont des faits sociaux ; les règles de la morale s'imposent du dehors à l'individu, et sont des manifestations de ce qu'on a pu nommer la conscience collective (1); elles ne sont pas des vérités de l'ordre contemplatif, mais des forces très puissantes et souvent irrésistibles ; elles sont l'action coactive et coercitive de la communauté sur l'individu. La société s'assure mes services, se défend contre mes entreprises nocives par mille moyens. Outre les peines infligées juridiquement, elle agit sur ma volonté par l'éloge et le blâme, par l'honneur et le déshonneur ; par la coutume, la mode, les mœurs ; par la pitié, la charité et toutes les formes de la sympathie ; par le patriotisme, l'esprit de corps ou de caste, la camaraderie, etc., sentiments qui sont en moi, et, comme tels, sont des faits psychologiques, mais qui sont des modes de l'influence du milieu social sur moi, et, comme tels, sont des faits sociaux.

On ne saurait méconnaître ce que ces vues ont de vrai et de profond. Il suffit de songer, par exemple, à la toute-puissance de la mode, à l'impossibilité presque absolue où l'on se trouve parfois de ne pas *faire comme les autres*, pour comprendre combien l'individu est étroitement dominé par la communauté. C'est une étude extrêmement intéressante que d'analyser le mécanisme obscur et complexe d'une action si irrésistible.

Mais le devoir ainsi entendu n'est pas une obligation : c'est une contrainte ou tout au moins une influence. On aurait donc le droit de s'y soustraire, sans remords ni scrupule, toutes les fois qu'on peut le faire impunément. Son autorité est tout entière dans sa sanction. Cette doctrine n'est donc qu'un complément de la morale utilitaire et ne saurait lui être opposée. C'est même un utilitarisme assez analogue à celui de Hobbes : la société y est l'ennemie de l'individu, qui ne la sert que par force et parce qu'il a besoin d'elle. L'homme est un loup pour l'homme, et il faut hurler avec les loups. J'ai peine à croire que ce soit là toute la vérité morale. S'il en était ainsi, le devoir serait d'imiter et d'obéir, or il est souvent d'innover et de

(1) Voir Durkheim. *Les règles de la méthode sociologique.*

réagir. La bonne conduite est tantôt la conduite traditionnelle, tantôt celle qui rompt avec la tradition, pour commencer une tradition meilleure ; le devoir est souvent conservateur, mais il est quelquefois révolutionnaire. Je ne vois point de place, dans cette doctrine, pour les âmes héroïques qui opposent leur personnalité puissante à la force collective, et qui consentent à être combattues et méconnues, plutôt que de plier la justice éternelle devant la pratique et l'opinion reçues.

La philosophie évolutionniste apporte un autre complément à la morale utilitaire. L'hédonisme antique, l'utilitarisme borné du XVIIIe siècle rejetaient simplement le devoir au rang des préjugés. Cette solution était trop simple. Ces notions de devoir et de droit, que les écoles criticistes et spiritualistes tenaient pour originales et irréductibles, l'évolutionnisme en explique la genèse, et, du même coup, en fait comprendre la nécessité ; ainsi réintégrées, elles reprennent une part de leur valeur. La vie serait impossible sans elles ; elles sont en nous parce qu'il faut qu'elles y soient ; et si l'espèce humaine s'en affranchissait, elle périrait avec elles. Les notions et les croyances morales sont d'ailleurs plus ou moins temporaires ; elles se transforment, et leurs transformations sont constamment liées aux autres transformations de l'espèce et des sociétés. Mais à chaque phase de l'évolution de l'homme, les croyances morales correspondantes s'imposent à lui, parce qu'il lui est impossible de vivre selon une autre nature que la sienne, et de vivre dans le présent selon une autre nature que sa nature présente ; et comme l'avenir doit naître du présent, il est impossible que nous vivions sans préparer l'avenir. Tout acte immoral constitue, pour le coupable, une infériorité dans la lutte pour la vie : il aura donc inévitablement pour sanction l'élimination du coupable, ou bien dans un avenir plus ou moins éloigné, celle de la descendance à qui il aura transmis la tare héréditaire. Bien vivre, c'est être fort et vaillant dans cette bataille qu'est la vie universelle, c'est prendre possession du présent, et s'assurer l'avenir ; vivre mal, c'est s'affaiblir et lâcher pied, c'est déchoir et tendre à se supprimer.

On peut se demander si, avec l'évolutionnisme, nous restons fidèles au principe fondamental de la morale utilitaire. Cette philosophie nous propose une conception grandiose du devoir : collaborer à l'évolution universelle ; elle apporte une définition du bien, qui, pour être empirique, n'en est pas moins sublime ; le bien, c'est le progrès, c'est-à-dire l'adaptation toujours plus parfaite de chaque être à son milieu, et, pour l'ensemble de la nature, la réalisation d'une vie toujours plus puissante et plus riche. Mais pourquoi ce bien universel s'imposerait-il à la volonté de l'individu? Le méchant sera éliminé, mais qu'importe, s'il l'est après avoir joui du fruit de son crime? Il sera puni le plus souvent dans sa postérité. Mais qu'importe la postérité? *Après moi le déluge!* Quand il serait vrai que l'évolution universelle est un bien en elle-même, il resterait à prouver, pour satisfaire au principe de la morale utilitaire, qu'elle est un bien pour moi.

On peut trouver dans l'évolutionnisme même la solution de cette difficulté. Cette philosophie a encore rendu le grand service de mettre en une lumière toute nouvelle l'idée de la solidarité des hommes dans le présent et de la solidarité des générations successives. Nous ne pouvons pas vivre pour nous seuls. Notre vie est mêlée à celle des autres hommes, au point d'en être inséparable; nous ne pouvons nous isoler ni de nos contemporains, ni de nos devanciers, ni de nos successeurs. L'opposition du toi et du moi est superficielle ; au fond les existences s'entremêlent et se confondent. Plus nous pénétrons dans la connaissance de notre moi, plus nous en reculons les limites; l'égoïsme exclusif consiste à s'ignorer soi-même, ou plutôt à se méconnaître. Je ne puis vouloir exclusivement mon bien, parce qu'il est impossible de déterminer où commence et où finit le bien qui est proprement mien; parce qu'en vérité il ne commence pas et ne finit pas; les autres, c'est encore moi. *Nihil a me alienum!* Les idées morales communes sont l'aperception confuse, instinctive, de cette harmonie profonde; la science morale en est l'aperception claire.

La morale positiviste ne semble pas d'abord être un complément de la morale utilitaire, car elle en conteste le principe, à savoir que l'individu ne peut réellement désirer ou vouloir que son bien individuel. Elle voit dans l'*altruisme* une tendance aussi fondamentale, aussi irréductible que l'égoïsme. Pour trouver l'origine des phénomènes moraux, selon Littré, « il faut aller jusqu'à la trame de la substance vivante, en tant qu'elle s'entretient par la nutrition et se perpétue par la génération[1] ». Tout vivant a deux besoins également fondamentaux, celui de se nourrir, celui de se reproduire. Le premier est le principe de l'égoïsme; c'est le besoin de se conserver, de se renouveler

(1) *Revue de philosophie positive*, janvier 1870.

et de s'accroître aux dépens du milieu ; l'amour de soi, sous ses formes les plus élevées, dérive de l'instinct de conservation, qui n'est lui-même que l'épanouissement de l'instinct de nutrition. Le second est le principe de l'altruisme ; l'amitié, les affections de la famille, le patriotisme, l'amour de l'humanité ne sont en dernière analyse que des métamorphoses de l'instinct sexuel. La bienfaisance, l'ardeur de produire, de créer, par son travail et par son intelligence, le besoin d'activité et de *fécondité* qui est le mobile de toute vertu positive, sont les formes que prennent, chez un être très complexe et hautement différencié, le besoin fondamental de génération.

Sans nous arrêter à rechercher ce que cette doctrine, qui n'est pas sans grandeur, a de contestable, nous remarquerons qu'elle doit se ramener en somme à l'utilitarisme. Comment, en effet, ce besoin de génération deviendrait-il une obligation pour l'être intelligent? Sans doute, répondrait-il, je sens en moi des sentiments altruistes ; mais je les réprime. Mon intelligence prend contre eux le parti de mon égoïsme. Ce besoin de génération, d'amour, d'activité féconde est naturel, il est vrai ; mais c'est une duperie de la nature. C'était une des idées favorites de Renan. Il semble que la nature poursuive par moi quelque but inconnu ; elle se sert de l'individu, et le sacrifie à l'espèce ; le vivant inférieur, qui végète obscurément, prête sa collaboration inconsciente aux fins cachées de la nature. L'intelligence médiocre se laisse naïvement persuader ; mais l'intelligence éclairée se défend ; elle voit la duperie et la déjoue.

C'est qu'en effet, l'existence de sentiments altruistes explique bien qu'il y ait des actions désintéressées, mais ne prouve pas qu'il doive y en avoir. Il faut revenir à l'utilitarisme, et avec lui ramener l'altruisme à l'égoïsme. Non, dirons-nous à notre tour ; vous ne déjouerez pas le piège de la nature ; vous ne vous défendrez pas contre elle ; car elle est la plus forte. Il y a une relation nécessaire, entre le développement du moi et son expansion hors de soi, entre l'égoïsme et l'altruisme, et dès la plus lointaine origine, entre la nutrition et la génération. Cette activité féconde, qui sert les fins de la nature parce qu'elle est féconde, sert les vôtres parce qu'elle est activité. Être, c'est agir ; se conserver et se nourrir, ce n'est pas s'immobiliser, c'est se renouveler sans relâche, par une action incessante. Si vous prétendez vivre pour vous seul, vous vivrez moins. Vous ne voulez pas prodiguer votre bien, soit! Mais c'est l'épargne qui vous convient, et non l'avarice. L'avare *consomme* réellement son trésor en l'enfouissant, l'argent enterré n'est plus une richesse, car il n'en a plus la fonction : « mettez une pierre à la place, elle vous vaudra tout autant ». Épargner, au contraire, c'est *capitaliser* son bien, c'est-à-dire le faire produire. Vous êtes à vous-même votre propre trésor; l'enserrer jalousement dans un coffre, c'est l'anéantir; le seul moyen de le conserver, c'est de le rendre productif. Il y a deux égoïsmes : l'égoïsme étroit et aveugle se confine en soi-même et se construit une prison, semblable à ces organismes inférieurs qui, lorsque le milieu devient impropre à leur développement, *s'encapsulent* et demeurent en vie latente jusqu'à ce qu'ils se rencontrent à nouveau dans un milieu propice ; la vraie vie est pour eux la période d'activité, c'est-à-dire d'échanges, d'effort et de lutte. L'égoïste intelligent s'efforce de se réaliser lui-même de la manière la plus ample et la plus riche, c'est-à-dire de réaliser l'activité la plus intense et la plus féconde, et pour cela, il ne craint pas de se répandre et de se dépenser. Sympathiser avec ses semblables, c'est agrandir son moi jusqu'à contenir celui des autres; aimer sa patrie, c'est ajouter la vie nationale à sa vie individuelle; aimer les hommes, c'est vivre de la vie de l'humanité ; préparer l'avenir, et produire pour la postérité, c'est s'affranchir, autant qu'il est possible, du terme fatal de l'existence individuelle; c'est triompher du temps, et mettre de l'éternité dans sa vie.

On peut d'ailleurs chercher jusque dans les racines les plus profondes de la vie organique, les raisons de cette harmonie de l'égoïsme et de l'altruisme. La génération et la nutrition ne sont pas des fonctions antagonistes; au contraire, la génération dérive de la nutrition. L'acte propre de la nutrition, c'est l'assimilation, c'est-à-dire, après les échanges nécessaires entre la cellule et son milieu, le retour à la composition intime et à la forme cellulaire primitives. La génération sexuée est aussi un échange suivi d'assimilation : la cellule femelle rejette de son sein certains éléments; c'est l'*élimination des globules polaires ;* elle reçoit ensuite de la cellule mâle — c'est la *fécondation* — un élément, qui sans doute lui manquait, car elle ne peut continuer à vivre si elle ne le reçoit pas. Après quoi elle se reconstitue, par un véritable phénomène d'*assimilation*, et commence une vie nouvelle [1].

(1) Il en est de même de la reproduction par bipartition, bourgeonnement, caryocinèse ; d'ailleurs la génération asexuée ne semble pas pouvoir être indéfinie ; après un nombre plus ou moins grand de générations, les

Dans tous les cas, qu'il s'agisse de génération sexuée ou asexuée, de bipartition, de bourgeonnement, de caryocinèse, la génération est le terme inévitable de l'évolution organique. Une fois arrivée à son complet épanouissement, la cellule doit nécessairement se reproduire ou périr ; parvenue à son entier développement, elle se divise. Le vivant ne peut échapper à la nécessité d'engendrer qu'en cessant de s'accroître, en ralentissant son activité vitale. Et si l'on pouvait établir que l'altruisme a sa racine dans le fait de la génération, il en résulterait que l'altruisme est le prolongement naturel de l'amour de soi comme la génération est le terme naturel de la nutrition. S'enfermer en soi, c'est se diminuer, entrer en régression, renoncer à l'être. Ce n'est pas le dévouement qui est le vrai sacrifice de soi ; c'est celui qui prétend vivre pour soi seul, qui se sacrifie à son insu, par inintelligence de ce qui constitue véritablement son être et sa vie.

La technologie morale s'appuie ainsi sur des connaissances théoriques toujours plus profondes, et en même temps plus solides, à mesure qu'on pénètre plus avant dans l'intelligence de la nature de l'homme, et de la nature en général. On a déjà pu voir, au chapitre précédent, combien le beau est voisin du bien, l'art de la vertu, comment l'esthétique élargit et complète la morale utilitaire. Le progrès des sciences, surtout de la biologie, de la psychologie et de la sociologie, apportera sans doute encore de nouveaux compléments. La morale, qui est l'art de bien vivre, est l'application de toutes les connaissances humaines; elle ne doit s'achever qu'en l'achèvement de la science même.

Il résulte de tout ce qui précède que nous n'avons à assigner à la morale aucune place dans notre classification des sciences. Car si le devoir est un impératif catégorique, la doctrine théorique qui fonde la morale n'est pas scientifique, mais métaphysique; et si le devoir est un impératif hypothétique, les connaissances théoriques dont il est l'application ne sont pas une science, mais la science tout entière.

cellules vieillissent ; parfois, — peut-être toujours, — elles peuvent alors se rajeunir par un phénomène de *conjugaison* suivi d'échange, puis d'assimilation. Ce phénomène de rajeunissement est, à certains égards, comparable à la génération sexuée.

CHAPITRE XI

CONCLUSION SUR LA SOCIOLOGIE

La sociologie est la science des lois qui régissent les phénomèmes sociaux, comme la physiologie est la science des lois qui régissent les phénomènes vitaux. Pour que ces lois soient exprimées dans leur généralité, il faut que chaque phénomène y soit considéré partout où il se présente ; il n'y a donc pas de physiologie des espèces ni de physiologie des organes ; seulement, comme tout savant a le droit de limiter l'objet de son étude, il pourra y avoir des monographies physiologiques. Pareillement, il pourra y avoir des monographies sociologiques, monographies des races latines, des races slaves, etc., monographie de la famille, de l'État, de la religion, etc., mais il n'y aura pas de sociologie séparée des espèces, — aussi bien il n'y a pas d'espèces sociologiques proprement dites — ni de sociologie des organes. Ce que nous avons dit à cet égard de la physiologie peut être répété de la sociologie : il n'y a pas d'autre sociologie que la sociologie générale.

Or la société, c'est l'homme utile à l'homme, ou plus généralement, le vivant utile au vivant ; tous les faits sociaux sont des services ; en eux-mêmes les services sont des phénomènes cosmologiques, biologiques ou psychologiques ; ils ne sont sociologiques que par la manière dont un vivant les obtient d'un autre vivant. Nous avons vu qu'à ce point de vue, ils sont *échangés* ou *gratuits*, et que les services gratuits sont obtenus soit par la *contrainte*, soit par les divers modes d'*influence*. La contrainte, l'influence, l'échange, c'est-à-dire en un mot l'action de l'homme sur l'homme, et en général du vivant sur le vivant, tel est l'objet de la sociologie.

La science dont nous avons essayé de déterminer l'objet est-elle une science originale, séparable et autonome, ou bien n'est-elle qu'un prolongement et une partie de la science de la vie ?

La question a donné lieu à des discussions étendues, et parfois passionnées. Beaucoup se complaisent dans des comparaisons de l'organisme social à l'organisme vivant ; le corps social aurait sa structure, ses fonctions, ses maladies, ses difformités ; il y aurait une anatomie, une physiologie, une pathologie, une tératologie des sociétés. Auguste Comte avait conçu la sociologie comme distincte de la biologie, mais subordonnée à elle, en vertu du principe de la hiérarchie des sciences : « Aucun aperçu sociologique, même fondé sur de très sérieuses considérations historiques, ne saurait être admis s'il est contraire aux lois de la nature humaine[1]. » La science est un édifice à étages : l'étage sociologique est superposé à l'étage biologique et s'appuie sur lui. Mais, d'après des sociologues plus récents, il y aurait entre les deux sciences non seulement une dépendance, mais une analogie, et une analogie comparable à la similitude des géomètres, si bien que la sociologie pourrait être édifiée par une simple transposition des divisions et même des lois de la biologie. H. Spencer a donné l'exemple des comparaisons bio-sociologiques ; Schäffle les a amplement développées[2]. On a discuté si la cellule du tissu social est l'individu ou la famille. On a voulu retrouver dans le « superorganisme » une enveloppe protectrice analogue aux téguments des animaux, des organes internes assimilables aux viscères, etc.

Ces comparaisons, souvent fort ingénieuses, ne sont pas sans utilité; elles rendent les services qu'on peut attendre d'une comparaison. Elles fournissent d'abord un moyen d'exposition commode. Elles aident notamment à bien se pénétrer de cette vérité si importante, que les sociétés ne sont pas des machines artificielles, qu'elles ne s'inventent pas et ne se refont pas ; que l'agriculture, les industries, le commerce, les transports, que la distribution de la population sur le territoire, son agglomération en villages, bourgs, villes et capitales, que les institutions politiques, les lois, les mœurs, les religions, tout cela s'organise, fonctionne, évolue par l'effet d'une vie intérieure et spontanée ; ce ne sont pas des engins fabriqués qu'on puisse remanier, à coups de marteau, de ciseau, de scie, par le fer, par le feu, comme on remet une machine à la forge. Déjà les premiers économistes, Vauban, Boisguilbert, surtout les *Physiocrates* eurent le sentiment profond que les sociétés sont

(1) Voir 49e leçon.

(2) *Bau und Leben des socialen Körpers.*

vivantes, que notre action sur elles ressemble à l'hygiène et à la thérapeutique plutôt qu'aux arts mécaniques. Par *physiocratie*, Quesnay entendait la vie *naturelle* et *spontanée* des sociétés.

Les comparaisons bio-sociologiques peuvent encore rendre ce service de suggérer des hypothèses : en général, l'induction analogique en est l'origine ordinaire et comme la méthode. Mais il faut se garder de prendre des hypothèses pour des certitudes et des analogies pour des preuves. La symétrie donne l'illusion de l'ordre ; on est tenté de croire qu'une loi est démontrée en sociologie parce qu'une loi analogue est démontrée en biologie. Mais *comparaison n'est pas raison*.

De là bien des analogies forcées. G. de Greef compare quelque part la circulation de la monnaie à la circulation du sang. La monnaie circule et le sang circule ; mais il ne faut pas aller plus loin. Toute cellule a besoin d'oxygène. Dans un organisme composé de beaucoup de cellules agglomérées, les éléments intérieurs ne sont pas directement en relation avec l'air atmosphérique ; il faut pourtant que l'oxygène leur parvienne. Chez les insectes, l'air pénètre dans toutes les parties du corps par les trachées ; chez les animaux qui ont des branchies ou des poumons, il existe des cellules différenciées qui ont la propriété de fixer aisément l'oxygène de l'air et de le restituer aisément. Ces cellules circulent, vont dans des organes spéciaux se charger d'oxygène, et le charrient aux éléments fixes des tissus. Telle est la fonction du sang. Celle de la monnaie ne lui est nullement comparable.

Mais, si l'on est circonspect, et si l'on ne prend les comparaisons que pour des comparaisons, il n'y a pas lieu de s'interdire des aperçus intéressants et des moyens d'exposition commodes. On trouve dans une société de véritables organes : une assemblée délibérante, un tribunal, une armée, une flotte, un musée, une école, un théâtre, une bourse, une maison de banque, une monnaie, un effet de commerce, une langue, un système d'écriture, etc. Chaque organe naît le plus souvent, comme dans un vivant, par différenciation d'un organe antérieur. Chaque élément, dans la société comme dans l'individu, est adapté à la vie de l'ensemble, souffre, s'il est mal adapté, périt s'il ne réussit pas à s'adapter suffisamment. La société tout entière, comme le vivant, subit l'influence du milieu et varie avec lui, s'adapte au climat, à la nature du sol, à sa configuration, à ses produits. Dans le vivant, les tissus se régénèrent sans cesse, les éléments anatomiques vieillissent, meurent, sont éliminés et remplacés par des éléments jeunes, sans que la forme, la structure et les fonctions de l'organe subissent d'autre changement que leur évolution naturelle. De même les cités et les Etats, les institutions et les mœurs demeurent ou évoluent lentement, quand les individus passent. L'élimination des cellules mortes ressemble à celle des cadavres, et je ne vois pas quel inconvénient il y aurait à comparer l'administration des pompes funèbres à l'appareil urinaire et l'empoisonnement d'une ville par les émanations d'un cimetière à un accès de fièvre urémique.

Il y a des phénomènes de parasitisme et de symbiose en sociologie comme en biologie. Les Touaregs du Sahara sont nomades et pillards ; pour emmagasiner leurs réserves de vivres, leur laine, leur numéraire même, ils ont besoin d'un lieu sûr, à l'abri des razzias. Dans les oasis vit une population fixe, agricole, abritée dans des forteresses qu'on appelle des *ksours*. Les Touaregs font un pacte avec un ksour ; ils y ont leurs magasins et leurs trésors ; en échange ils le défendent. Il y a là, comme dans les faits de symbiose organique, une distribution du travail qui ne s'est pas faite par différenciation, mais par association. Les deux sociétés, qui ne peuvent se passer l'une de l'autre, sont différentes de race, de mœurs, d'institutions, et ne se mêlent pas.

Bichat a défini la vie l'*ensemble des forces qui résistent à la mort*, et cette définition est encore une des meilleures, pourvu qu'on s'abstienne d'y attacher une signification vitaliste. La plupart des agents extérieurs tendent à détruire l'organisme, mais les énergies internes ou fonctions, le défendent ou le réparent. Le froid et le chaud sont presque toujours funestes : nous ne nous accommodons que d'une température moyenne, comprise entre d'étroites limites ; mais une fonction importante maintient notre température sensiblement constante. Les agents chimiques sont en général dissolvants, et quand la vie a cessé, ils s'emparent de notre substance organisée et la ramènent graduellement aux formes plus simples de la nature minérale ; mais, pendant la vie, les fonctions de nutrition alimentaire et respiratoire la renouvellent constamment. La pesanteur elle-même est une cause destructive, une influence mortelle : l'homme jeune et sain y résiste, par la vigueur de ses muscles ; mais elle courbe le malade et le vieillard, alourdit et retarde leurs mouvements, comme si déjà ils se défendaient à peine contre la puissance fatale qui doit les coucher pour toujours.

De même une civilisation est l'ensemble des fonctions par lesquelles une société se défend contre l'action destructive des forces naturelles. Tant que l'organisme social est sain, il tire sa subsistance de son milieu, il s'en sert et s'en nourrit. Mais quand arrive la décadence, c'est-à-dire la sénilité sociale, les forces naturelles extérieures reprennent leur empire. C'est ainsi que des pays, autrefois habités et civilisés, sont rendus aujourd'hui aux végétations spontanées et aux animaux sauvages. La plaine de Syrie, aujourd'hui déserte, avait deux millions d'habitants au temps d'Auguste. Nous colonisons et remettons en valeur l'Algérie et la Tunisie : nous refaisons ce que les Phéniciens, puis les Romains avaient fait avant nous, comme l'attestent tant de ruines imposantes, entourées de régions stériles et désertes.

Les comparaisons bio-sociologiques sont vivement combattues par quelques auteurs. Leur principal argument, c'est qu'expliquer la sociologie par la biologie, c'est expliquer ce qui est manifeste par ce qui est obscur. « C'est, dit M. Tarde, chercher à éclaircir le connu par l'inconnu, transformer un système solaire en nébuleuse non résoluble pour le mieux comprendre. » En sociologie, nous sommes nous-mêmes les phénomènes ou les forces agissantes qui les produisent, nous les vivons et les pénétrons bien plus que nous ne pourrons jamais pénétrer un fait de la nature extérieure. « Les faits sociaux, dit M. W. Dilthey[1], sont intimement intelligibles pour nous, nous pouvons jusqu'à un certain point les reproduire en nous-mêmes, puisque nous avons notre part de la vie sociale... La nature est muette pour nous... La nature peut nous apparaître comme l'expression d'un majestueux repos. Cette expression disparaîtrait, si nous pouvions reconnaître, ou si nous étions forcés de reconnaître dans ces éléments, la vie si variable et si variée qui, à nos yeux, remplit la société. La nature nous est étrangère ; elle est pour nous l'extérieur, jamais l'intérieur. La société est notre monde, nous vivons de sa vie, participons de tout notre être à ses mouvements, en apercevant intimement les situations et les forces dans et par lesquelles elle se développe et s'établit[2]. »

(1) *Einleitung in die Geisteswissenschaften*, p. 45.

(2) Traduit et cité par M. Block, *Progr. de la sc. écon*, t. I, p. 48.

« En matière sociale, dit à son tour M. Tarde, on a sous la main, par un privilège exceptionnel, les causes véritables, les actes individuels dont les faits sont faits, ce qui est absolument soustrait à nos regards en toute autre matière. On est donc dispensé, ce semble, d'avoir recours, pour l'explication des phénomènes de la société, à ces causes générales que les physiciens et les naturalistes sont bien obligés de créer sous le nom de forces, d'énergies, de conditions d'existence, et autres palliatifs verbaux de leur ignorance du fond clair des choses. »

C'est là une grave erreur. Les faits sociaux ne sont pas plus manifestes que les faits physiologiques. Ils ont des racines profondes que la conscience ne révèle pas. Je suis très attaché à ma patrie, mais je serais fort embarrassé si j'avais à dire pourquoi. Il me faudrait réfléchir, analyser, discuter, découvrir après coup des motifs, qui probablement ne seraient pas les véritables. Quand il s'agit d'expliquer de tels faits, on trouve plus aisément les raisons qui les justifient que les causes qui les produisent. Les fonctions vitales ne sont pas non plus tout à fait obscures ; je sens les pulsations de mes artères, les contractions de mes muscles, l'air pénétrer dans mes poumons, une boisson fraîche descendre dans mon estomac ; presque toutes les fonctions sont senties dès qu'elles sont un peu gênées. Dire que les phénomènes sociaux sont manifestes, c'est exactement comme si on disait que la biologie peut se passer d'expériences, de dissections et de vivisections, parce que nous sentons notre corps, et que nous le voyons vivre et se mouvoir; c'est donner le fait à expliquer pour l'explication du fait, nier le mystère qu'il s'agit d'éclaircir ; ce sont là de ces erreurs qui ferment la route, bornent les horizons, voilent les perspectives de la science. Cela est assurément plus grave que de perdre son temps à des comparaisons bio-sociologiques.

Ces comparaisons peuvent pourtant nous égarer : c'est aussi une erreur grave que de considérer l'humanité comme divisée en espèces sociales analogues aux espèces biologiques. Il y a entre un animal et un peuple une différence capitale : l'organisme individuel se reproduit ; quand on fait l'anatomie d'un animal, on sait qu'on retrouvera, sauf les différences individuelles qui sont légères, et les anomalies qui sont exceptionnelles, la même structure dans tous les animaux de la même espèce. Tout organisme vivant se transforme sans cesse, depuis

(1) *L'Imitation*, p. 2.

la cellule embryonnaire jusqu'à la décrépitude sénile; mais chez tous les individus d'une même espèce, la transformation s'accomplit sensiblement de la même manière. Il en est autrement des sociétés. On peut prétendre — c'est une idée très digne de considération et féconde en aperçus intéressants, — que le développement de toutes les civilisations passe nécessairement par certaines phases identiques; toutefois l'histoire des différents peuples est loin de se répéter avec la même régularité que la succession des âges dans la vie des individus. Il faut un singulier esprit de système pour retrouver en sociologie l'analogue des phénomènes biologiques de reproduction et d'hérédité.

M. Durkheim a pourtant consacré un chapitre, et non le moins remarquable, de ses *Règles de la méthode sociologique*, à la « morphologie sociale ». Mais il a vu, et prudemment évité l'écueil où d'autres se sont heurtés. « Chez les animaux, dit-il, un facteur spécial vient donner aux caractères spécifiques une force de résistance que n'ont pas les organismes sociaux : c'est la génération...; seule, la colonisation pourrait être comparée à une génération par germination; encore, pour que l'assimilation soit exacte, faut-il que le groupe des colons n'aille pas se mêler à quelque société d'une autre espèce et d'une autre variété [1]; les attributs distinctifs de l'espèce ne reçoivent donc pas de l'hérédité un surcroît de force qui lui permette de résister aux variations individuelles. Il en résulte que le type spécifique, au delà des caractères les plus généraux et les plus simples, ne présente pas des contours aussi définis qu'en biologie. » La génération accumule dans l'individu les caractères de toute la lignée des ascendants; ces caractères, ainsi fortement enracinés dans l'organisme, se maintiennent avec une grande fixité relative, en dépit de la diversité des circonstances extérieures; au contraire une société se modifie et se nuance à l'infini sous l'action des circonstances. M. Durkheim avoue d'ailleurs qu'une espèce sociale peut ne compter qu'un individu. Cela n'empêche pas qu'il n'y ait des espèces. « Les sociétés, en effet, ne sont que des combinaisons différentes d'une seule et même société originelle. » Cette société est parfaitement homogène, et composée d'individus semblables;

(1) Même à cette condition, la colonisation n'est pas assimilable à la génération, car le jeune animal ou le jeune végétal reprend par le commencement l'évolution organique de ses générateurs, tandis que le groupe des colons continue l'évolution commencée dans la métropole.

elle est antérieure à la division du travail. En outre, elle est simple et à segment unique; c'est la horde. « On distinguera autant de types fondamentaux qu'il y a de manières pour la horde de se combiner avec elle-même en donnant naissance à des sociétés nouvelles et pour celles-ci de se combiner entre elles. » On rencontrerait ainsi des sociétés *polysegmentaires simples*, *polysegmentaires simplement composées*, *doublement composées*, etc. « Une société ne peut se composer avec elle-même, et les composés qui en résultent ne peuvent, à leur tour, se composer entre eux que suivant un nombre de modes limité. La gamme des combinaisons possibles est donc finie, et, par suite, la plupart d'entre elles, tout au moins, doivent se répéter. Il se trouve ainsi qu'il y a des espèces. »

M. Durkheim ne considère dans tout ceci qu'une des manifestations de la vie sociale, la formation du groupe. Si nous faisons consister la sociologie à savoir ce qu'il faut entendre par les mots peuple, nation, État, et autres semblables, nous pourrions bien en effet, parvenir à une classification qui embrasse tous les groupes possibles, les distingue les uns des autres, et parfois les assimile; il y a bien, en ce sens, des espèces; il n'est pas même nécessaire pour cela que les modes possibles de groupement soient en nombre limité. Mais ce sont là des espèces *politiques*, et non des espèces sociales en général. Une nation peut bien être considérée comme ayant une individualité et même une personnalité véritable, et deux nations peuvent être assez semblables pour qu'on les considère comme de même espèce; mais on n'entend par nations que des groupes politiques, et à un autre point de vue, il faudra un autre mode de groupement. Les limites d'une langue, celles d'une religion, ne coïncident pas avec celles d'une nation. Il faut assurément considérer les inclinations sympathiques comme des phénomènes sociaux; elles ont les limites les plus diverses, depuis l'amitié, l'amour, qui sont une sympathie entre deux personnes, jusqu'aux sentiments patriotiques, humanitaires. Au point de vue économique, la limite qui correspond aux frontières d'une nation, au territoire d'une langue, c'est la *limite du marché;* elle est variable, et infiniment multiple, puisqu'il y en a une différente pour chaque produit. Les Économistes ont insisté sur ce point que l'échange international ne diffère pas de l'échange intranational, qu'il n'y a pas, à proprement parler, d'échange international, mais seulement des échanges entre personnes de nationalités différentes; la nationalité n'a pas de rapport avec le fait de l'échange; tout au plus peut-elle accidentellement l'influencer, comme beaucoup d'autres circonstances.

Une société n'est pas un groupe organique séparable comme un individu vivant, distinct à tous les points de vue des groupes organiques voisins, ayant en son intérieur toutes ses fonctions, sa vie indépendante et complète. La société est formée par des liens de diverses natures, et les solidarités qui en résultent n'ont pas la même étendue. Il y a autant de sortes de limites qu'il y a de sortes de faits sociaux. A mesure que le travail est plus divisé, ces diverses sortes de limites deviennent plus indépendantes les unes des autres. Il n'y a donc pas à proprement parler d'espèces sociales; il y a des espèces politiques, des espèces linguistiques, des espèces économiques, etc.

Nous sommes maintenant en mesure de préciser la relation de la sociologie avec la biologie.

Il est impossible de considérer en une science une relation déterminée, sans l'envisager partout où elle se trouve. Or on a souvent remarqué que plusieurs lois sont communes à la biologie et à la sociologie, celles de la concurrence, de la division du travail, par exemple; les comparaisons bio-sociologiques ont fait ressortir que l'évolution sociale se fait d'après les mêmes lois que l'évolution organique : spécialisation et concentration des fonctions. Si ces deux sciences ont des lois communes, c'est qu'elles sont des subdivisions d'une seule et même science. La science étant le système des lois, il ne saurait y avoir deux sciences, là où il n'y a qu'un système de lois.

Un organisme est déjà une société de cellules; on parle couramment de *colonies animales*. On a montré que les animaux supérieurs sont des colonies très différenciées, parvenues à un haut degré de concentration. L'individualité d'un organisme n'est que la solidarité d'une collectivité : le problème sociologique se pose au sein de la biologie même.

L'idée qu'il y a une science des individus et une science des sociétés est donc inexacte : individus et société sont des termes corrélatifs. M. Durkheim a combattu avec raison cette erreur, que la société est faite avec les individus comme un mur avec des moellons. « M. Spencer compare quelque part[1] l'œuvre

(1) *Introd. à la sc. soc.*, ch. I.

du sociologue au calcul du mathématicien, qui, de la forme d'un certain nombre de boulets, déduit la manière dont ils doivent être combinés pour se tenir en équilibre. La comparaison est inexacte et ne s'applique pas aux faits sociaux. Ici, c'est bien plutôt la forme du tout qui détermine celle des parties. La société ne trouve pas toutes faites dans les consciences les bases sur lesquelles elle repose; elle se les fait à elle-même.[1] » « Chaque individu est beaucoup plus un produit de la société qu'il n'en est l'auteur. » Il n'y a d'individus que s'il y a société, et dès qu'il y a des individus, ils agissent les uns sur les autres, donc il y a société.

Une zooglée bactérienne est une société tout à fait rudimentaire, une simple multitude presque sans cohésion. Mais on y trouve déjà l'*agglomération;* elle semble pouvoir résulter de deux causes : 1° il y a eu multiplication sur place; c'est le cas des zooglées en forme de taches ou de flocons; 2° il y a inégalité dans le milieu, et les individus se rassemblent là où les conditions sont les plus favorables; telles sont les zooglées en forme de pellicules à la surface des bouillons de culture.

De l'agglomération naît la *concurrence*, et M. Durkheim a montré qu'elle est la cause déterminante de la division du travail. De la concurrence naît la *spécialité*. La spécialité est une propriété de l'individu; elle n'est explicable que par la société. L'individu même n'existe et ne naît que par spécialisation.

La reproduction est un phénomène social, tout autant que physiologique. Nul ne conteste que la relation de la mère et de l'enfant soit un phénomène social; à quel moment cette relation cesse-t-elle d'être physiologique pour devenir sociologique?

Il y a société dès qu'il y a individu. Dès qu'on fait de la biologie, on fait de la sociologie, car on considère des individus, par exemple des cellules, dans leur rapport avec d'autres individus ou avec une collectivité. Il ne s'agit pas d'absorber la sociologie dans la biologie, et de la nier en lui refusant un objet propre, comme le font ceux qui prétendent que les problèmes sociologiques peuvent se résoudre par la seule considération de l'individu. Mais il n'y a pas de fossé entre les deux ordres de connaissances, pas de notion nouvelle et irréductible à introduire en passant de l'une à l'autre. Une relation, une action d'un être sur un autre, sont des notions communes à

(1) *Div. du travail*, p. 391.

toutes les sciences. La biologie et la sociologie ne sont pas comme les figures semblables des géomètres, mais comme une seule figure très complexe. Elles ne sont pas *parallèles* l'une à l'autre, mais l'une est le *prolongement*, la suite naturelle de l'autre.

Biologie, psychologie, sociologie forment donc un seul système scientifique très complexe. Il n'est pas encore possible d'en désigner la notion fondamentale, analogue à la *quantité*, à l'*espace*, au *mouvement*. Nous n'apercevons même encore dans les diverses sciences de la vie organique, mentale, sociale, aucune conception d'ensemble comparable à l'atomisme. Mais nous avons rencontré, au seuil même de la biologie, un élément irréductible au mécanisme, l'élément psychique, seul capable d'établir une distinction entre la vie et la mort, élément essentiel et constitutif de l'irritabilité cellulaire. Il ne semble pas qu'aucun élément original nouveau doive être introduit en passant de la physiologie à la psychologie ou à la sociologie, ni qu'on puisse constituer des sciences séparées et indépendantes des organismes et des consciences, des individus et des sociétés.

CHAPITRE XII

CONCLUSIONS

Une science est un système de connaissances méthodiquement liées et se rapportant au même objet.

Des connaissances peuvent s'unir en corps de doctrine de diverses manières. Elles peuvent concourir toutes à une même fin : elles constituent alors un *art*, non une science. L'art de la navigation, par exemple, utilise des connaissances empruntées aux sciences les plus diverses, aux mathématiques, à la physique, à l'astronomie et même à la psychologie.

Les vérités d'une même science ont entre elles un lien plus profond que la communauté du but et des usages ; elles sont toutes la connaissance d'un même *objet;* elles ne pourraient pas former un système si leurs objets étaient hétérogènes. *Objet* ne veut pas dire *chose ;* dans la science pure, dans la science proprement dite, l'objet est abstrait : ce n'est ni un être, ni une espèce d'êtres, c'est un point de vue. L'ensemble des connaissances se rapportant à un même être ou à une même espèce d'êtres est une *monographie*, non une science. Ainsi l'anthropologie n'est pas une science. Elle participe de plusieurs sciences, car l'homme y est considéré aux points de vue les plus divers ; mais toutes ces sciences la dépassent, car d'autres êtres que l'homme peuvent être considérés à chacun de ces mêmes points de vue.

Il y a autant de sciences pures qu'il y a de points de vue d'où l'on peut considérer les êtres et les phénomènes, soit naturels, soit possibles, soit simplement concevables. Il semble donc que le nombre des sciences soit indéfini et arbitraire.

Il n'est pas indéfini ; car, parmi les objets abstraitement concevables, il n'y a d'intérêt à étudier que ceux qui sont réellement possibles, et parmi tous ceux qui sont réellement possibles, et propres à rendre intelligibles les mêmes données de l'expérience, on doit s'en tenir aux plus simples. Entre tous les espaces concevables, l'espace euclidien est le plus simple parmi tous ceux danslesquels peut se placer notre expérience, et le géomètre donne la préférence à la géométrie euclidienne entre toutes les autres, parce qu'elle est, selon l'heureuse expression de M. Poincaré, « la plus commode ».

Il n'est pas arbitraire, parce que les divisions qu'on peut faire sont subordonnées les unes aux autres. La physique est une science, l'optique est aussi une science, mais non pas une *autre* science ; en organisant systématiquement les connaissances humaines, on est conduit à des groupes réels, dont l'esprit ne dispose pas, dont la distinction est fondée à la fois dans la nature des choses et dans celle de la raison humaine.

Les propriétés d'un même objet sont toutes liées entre elles, car si elles se répartissaient en deux ou plusieurs groupes indépendants, elles formeraient autant d'objets hétérogènes.

Ceci est vrai d'abord si par objet on entend une chose, ou une espèce de choses ; la liaison des propriétés constitue alors le concret. Chaque liaison est une loi, mais une loi considérée dans son application à un cas individuel ou spécial. Dans un corps donné, ce morceau de craie, — dans une espèce minérale, la craie, — je ne vois, il est vrai, qu'une coïncidence entre ces deux propriétés dont j'ignore la liaison, la blancheur et la friabilité ; il y a liaison entre deux propriétés dont je connais la loi ; cette craie est insoluble dans l'eau, et elle fait effervescence sous l'action d'un acide ; c'est que tous les carbonates font effervescence sous l'action des acides, et tous sont insolubles, excepté les carbonates alcalins. L'ensemble des propriétés qui constitue un objet, être ou espèce, peut être considéré comme une chaîne, ou plutôt comme un réseau formé par une chaîne, qui se bifurque en de nombreux points, et qui est nouée et pelotonnée sur elle-même. En abordant l'étude d'un objet, nous saisissons d'abord des chaînons éloignés les uns des autres, puis leurs liaisons avec des chaînons voisins ; nous n'avons une connaissance adéquate de l'objet à connaître que quand le réseau est complètement débrouillé. On peut dire alors que chaque chaînon dépend de tous ceux qui précèdent, que tous ceux qui suivent dépendent de lui, que chaque propriété est déterminée par celles qui précèdent et détermine celles qui suivent. Connaître un objet, c'est saisir l'ordre de dépendance de toutes ses propriétés. Il y a un premier anneau de la chaîne, une propriété initiale qui commande toutes les autres.

Ceci est encore vrai si par objet on entend une propriété abstraite, la forme, le mouvement, la couleur, la vie, etc. Mais, dans ce cas, chaque liaison est abstraite ; c'est une loi considérée dans son universalité. Toutes les lois optiques, par exemple, doivent former un seul système, un réseau de déductions, susceptible de se résoudre en une chaîne linéaire, — non pas unilinéaire, mais fréquemment bifurquée ou *multi-furquée*, — dont toutes les mailles dépendent d'une maille initiale.

Il arrive d'ailleurs souvent qu'on soit conduit, au cours des recherches, à faire deux objets de ce qui avait d'abord paru un seul objet : ainsi les anciens, et chez les modernes tous les prédécesseurs de Lavoisier, en cherchant la nature du *feu*, faisaient un seul objet de ce que nous distinguons profondément aujourd'hui : la chaleur et la lumière, auxquelles ils joignaient souvent les principes de la vie, du sentiment et de la pensée. Ou bien, on fait un seul objet de ce qui d'abord en avait semblé plusieurs : ainsi, la différence entre la lumière, la chaleur, le son, etc., est renvoyée à la psycho-physiologie comme étant organoleptique ; l'étude propre du physicien, ce sont les ondulations transmises par les milieux élastiques, ou, plus généralement, la dynamique moléculaire.

Les recherches expérimentales conduisent à découvrir entre les propriétés d'un même objet des relations *constantes*. Mais les relations constantes sont les signes de relations *nécessaires*. L'esprit humain n'a pas terminé sa tâche tant qu'il n'est pas parvenu à apercevoir la nécessité des relations, c'est-à-dire à la démonstration déductive.

La science pure, une fois réalisée, est l'instrument au moyen duquel l'esprit rend compte des faits. Il y a donc, indépendamment des sciences *pratiques*, des sciences *appliquées*, qui ont pour objet la connaissance et l'explication de l'univers. Mais la *science théorique pure* n'est pas la connaissance de la réalité ; elle est la construction des systèmes des possibilités relatives. Dans toute l'étendue de son domaine, elle se propose d'établir comment certaines conséquences résultent nécessairement de certaines hypothèses. Parvenue à son achèvement, elle est entièrement *a priori*. C'est la théorie complètement développée de l'intelligibilité, le schéma détaillé de la raison humaine. Elle n'est en aucune façon le tableau de l'univers ; elle a pour objet les lois de l'esprit, non les lois des choses. Mais il est vrai que pour construire ce système rationnel, elle doit nécessairement et toujours partir de l'expérience et procéder par inductions, jusqu'à ce qu'elle ait découvert les notions fondamentales et les définitions essentielles. Il est encore vrai qu'après avoir trouvé son vrai commencement, au cours de ses déductions, elle ne doit jamais dédaigner, sous peine de s'égarer, le contrôle de l'expérience ; mais, dans cette seconde phase de son développement, l'expérience ne saurait être jamais une preuve suffisante ; elle n'est qu'une contre-épreuve nécessaire.

Toute science est donc déductive quand elle est constituée. Elle présente alors une structure dont on peut voir le modèle dans les mathématiques. C'est l'étude d'une série indéfinie de notions, dont chacune se définit par une propriété fondamentale, principe de toutes ses autres propriétés. Ces notions elles-mêmes se construisent au moyen d'une notion fondamentale unique, élémentaire et indéfinissable, qui est un vrai commencement. Il y a autant de sciences distinctes qu'il y a de notions irréductibles propres à fournir indéfiniment des notions spéciales définissables, et à servir de vrai commencement à des séries déductives.

Classer les sciences, c'est dégager ces notions élémentaires, montrer qu'elles sont irréductibles les unes aux autres, et que chacune d'elles est suffisante pour la science dont elle est l'objet. Ce problème, l'un des plus importants de la logique, ne peut être résolu *a priori*, mais seulement par l'observation et l'analyse des sciences considérées comme des faits logiques, et seulement pour les sciences assez avancées pour être *constituées*, ou pour qu'on puisse prévoir comment elles se constitueront.

La plus simple, la plus générale de toutes les sciences est celle de la Quantité pure ; c'est la première dans l'ordre méthodique, et, par suite, c'est toujours, historiquement, la plus avancée. Elle nous a présenté le modèle d'une science *constituée;* non pas achevée, car toutes les sciences sont apparemment capables d'un développement indéfini ; mais elle ne semble pas appelée à subir des remaniements profonds dans sa constitution intime.

La Géométrie vient après. Les figures présentent deux sortes de propriétés, *descriptives* et *métriques*. Les propriétés descriptives peuvent parfois se démontrer directement, mais les propriétés métriques ne peuvent être étudiées qu'à la lumière de la science de la quantité pure, et elles servent souvent à établir les propriétés descriptives. Mais si la géométrie est une science dépendante, elle n'en est pas moins une science distincte, car aucune propriété géométrique ne peut se tirer de la considération de propriétés purement quantitatives. Elle dérive tout entière d'un concept original et irréductible, l'étendue, avec ses trois sortes d'éléments : figures, grandeurs, situations.

Le troisième rang appartient à la mécanique. Son concept fondamental n'est pas celui de mouvement. Le mouvement, c'est le changement dans l'espace. Or, de même que la science de la quantité pure, après avoir étudié les relations entre les quantités fixes, étudie les relations entre les variations des quantités, de même la géométrie, après avoir étudié les relations entre des figures immobiles, étudie les relations entre les variations des éléments des figures. L'étude du mouvement est donc au moins commencée dans la géométrie. Ce qui marque l'entrée dans une science nouvelle, c'est l'apparition du concept de *vitesse*, c'est-à-dire de la notion du temps, ajoutée à celle de l'espace et la mesure de l'un par l'autre.

Et tel est nécessairement l'ordre de dépendance mutuelle de ces sciences, car l'espace est la seule chose directement mesurable, et toute chose mesurable se mesure par un espace, au moyen d'un équilibre ou d'un mouvement. Telle est la raison pour laquelle le mécanisme s'impose au physicien, non pas comme l'expression de la nature essentielle des phénomènes matériels, ce qu'aucune considération *a priori* ne saurait établir, mais comme l'unique forme sous laquelle les phénomènes matériels peuvent être intelligibles.

Contrairement à l'opinion commune, nous avons vu que les prétendus principes expérimentaux de la dynamique sont des conséquences immédiates de la définition de la force, en sorte que cette science est, dès maintenant, entièrement abstraite et déductive.

Les sciences qui suivent ne sont pas parvenues à leurs notions fondamentales et initiales ; elles se composent de lois éparses, non reliées toutes les unes aux autres par des chaînes continues de déductions, par conséquent expérimentales et inductives. Ce sont des relations que l'expérience révèle constantes, mais dont nous n'apercevons pas toujours la nécessité. Souvent des lois forment des groupes tels que les lois spéciales se déduisent des lois générales ; c'est ainsi que toute la théorie des mouvements du système solaire est dominée par la grande loi de la gravitation newtonienne ; cette forme déductive et mathématique, que présente l'astronomie, a pu faire illusion à Auguste Comte au point qu'il en ait méconnu le caractère expérimental. Mais la loi la plus générale du groupe est une loi empirique, dont nous ne connaissons pas la raison.

Il suit de là que les limites de ces sciences sont assez difficiles à tracer; on ne peut, dans l'état présent, noter que des tendances, et indiquer la direction dans laquelle leur progrès semble s'acheminer.

Pour chacune des sciences expérimentales, il est important de faire les distinctions suivantes :

1° Il ne faut pas perdre de vue la différence entre une science et un art, ou, si l'on veut, une science théorique et une science pratique. Un art est la réunion de toutes les connaissances se rapportant à un même ordre de fins. Ces connaissances sont fort diverses et sans liaison logique entre elles. En outre, ces connaissances sont toutes empruntées aux sciences théoriques. La classification des sciences théoriques est, à elle seule, le système, et est le système total, des connaissances humaines.

2° L'objet d'une science pure étant un point de vue abstrait d'où l'on considère tous les phénomènes qui peuvent être considérés de ce point de vue, faire la théorie d'un certain ordre de phénomènes, c'est briser l'ordre concret de la nature, le dissoudre, l'analyser. Dès lors, il devient nécessaire de revenir à la nature, telle qu'elle se présente à notre expérience, et d'en rendre compte à la lumière des lois connues ; de là, pour chaque ordre de phénomènes, deux sortes de sciences, qu'on peut appeler, en précisant un peu le sens usuel des mots, sciences théoriques *pures*, et sciences théoriques *appliquées*. *Sciences appliquées* n'est donc pas, pour nous, synonyme de *sciences pratiques*. L'ordre concret des phénomènes doit être envisagé dans l'espace et dans le temps ; les sciences appliquées se diviseront donc en sciences géographiques et sciences historiques. Il faut seulement remarquer que la géographie doit être étendue à tout l'univers, et qu'elle comprend ce qu'on a d'ailleurs coutume d'appeler la géographie du ciel.

Mais entre la science pure et les sciences géographique et historique, se place, plus abstraite que celles-ci, plus concrète que celle-là, la science des espèces, par exemple la chimie. Tandis que la science pure a pour but de présenter, dans l'ordre de leur enchainement logique, toutes les lois relatives à une même propriété, la science *spéciale* a pour but de présenter, dans l'ordre de leur enchaînement logique, toutes les propriétés d'une même espèce, en partant d'une propriété fondamentale qui sert à définir cette espèce. Mais l'enchaînement rationnel et déductif est le même dans les deux cas; la science spéciale n'est donc qu'une application de la science pure ou générale, et elle est nécessaire pour passer aux sciences géographique et historique.

Voici ces divisions résumées en un tableau, avec un exemple de chacune d'elles :

SCIENCES THÉORIQUES				SCIENCES PRATIQUES OU ARTS
PURES OU GÉNÉRALES	*Appliquées.*			
	Ordre systématique. (Sciences des espèces.)	Ordre dans l'espace.	Ordre dans le temps.	
Physique.	Chimie.	Géographie physique.	Géologie.	Arts mécaniques.

L'usage est de diviser et de ranger par ordre hiérarchique l'étude des phénomènes naturels de la manière suivante : cosmologie, biologie, psychologie, sociologie. Mais jusqu'à quel point ces divisions sont-elles profondes et définitives?

La cosmologie est primitivement l'étude du monde sensible. Mais la distinction s'est faite de plus en plus profonde entre les propriétés organoleptiques de la matière et ses propriétés physiques et chimiques. Celles-ci sont les causes de celles-là. La lumière, en tant que lumière, est une sensation; l'étude en appartient à la psychologie. Ce que le physicien étudie, c'est l'ondulation lumineuse, comment elle se produit, se propage, se réfléchit, se réfracte, est absorbée, se transforme, détermine des réactions chimiques. Mais si l'onde de l'éther vient agir sur une membrane rétinienne et se révéler dans une conscience, le physicien se déclare incompétent pour expliquer ce phénomène, et donne la parole au physiologiste et au psychologue.

Or il n'y a pas d'autres phénomènes que les phénomènes psychologiques; rien ne saurait être donné que dans et pour une conscience. Il en résulte que la physique n'a pas pour objet des phénomènes. Les phénomènes que le physicien observe dans son laboratoire ne sont que les signes visibles et tangibles du monde invisible et intangible qu'il s'efforce de découvrir. Ce monde, il ne peut le concevoir que sous la forme du mécanisme. La théorie de l'unité des forces physiques et celle des atomes, la réduction des phénomènes chimiques à la statique et à la dynamique moléculaires ont pour résultat de dégager la physique de la psychologie, avec laquelle elle est primitivement confondue ; et encore aujourd'hui c'est seulement dans la mesure où la théorie mécanique est construite et démontrée que le physicien peut distinguer l'objet de la physique des données psychologiques à travers lesquelles il le voit.

Avec le mécanisme, la cosmologie doit-elle s'absorber dans la mécanique, ou en rester distincte? C'est un problème qui ne peut guère être résolu, tant que les obscurités inhérentes à la notion d'atome n'auront pas été dissipées. Mais ce qu'il est important de remarquer, c'est que l'atomisme et le mécanisme ne peuvent être rien de plus qu'une conception de l'esprit, sans aucune signification ontologique. La conception atomo-mécanique n'a pas besoin, pour être vraie, d'être l'expression de la realité objective des choses. Le physicien n'a pas plus à se poser le problème ontologique que le géomètre n'a à se demander si l'espace euclidien est bien l'*espace réel*. Il suffit dans les deux cas : 1° que la conception soit de tout point cohérente en elle-même ; 2° qu'elle se prête dans tous les cas à rendre compte de l'expérience.

La cosmologie pure ou générale, c'est la *physique*. Elle est encore aujourd'hui divisée en Barologie (étude de la pesanteur, ou plus généralement de la gravité, c'est-à-dire de la loi de Newton, avec toutes ses conséquences) ; — Acoustique; — Optique; — Thermique ; — Electrologie ; — Magnétologie ; — science des Actions Moléculaires (à cette branche appartiennent les changements d'état, qu'un usage peu rationnel fait rattacher à la chaleur). Cette division, fondée surtout sur des propriétés organoleptiques, est destinée à disparaître, à mesure que la science perdra son caractère empirique, pour devenir déductive. Elles ne sont déjà plus de mise dans les traités de physique mathématique.

Les lois générales des transformations chimiques sont comprises parmi celles des actions moléculaires : le *Traité de mécanique chimique* de M. Berthelot est un ouvrage de physique. La chimie, ainsi que Chevreul l'a montré, est l'étude des diverses espèces de matière, et la détermination de toutes les propriétés, physiques, chimiques, organoleptiques de chacune d'elles. C'est la cosmologie spéciale ou systématique.

La distribution dans l'espace des phénomènes cosmologiques est l'objet de l'astronomie. Parmi les astres, il en est un dont nous pouvons acquérir une connaissance plus précise et plus détaillée, c'est le nôtre : la géographie physique est une branche de l'astronomie.

Mais comment, par quelle évolution le monde physique est-il parvenu à son état présent, c'est un problème auquel on ne saurait répondre que par des hypothèses plus ou moins probables comme celles de Kant et de Laplace. Nous sommes mieux renseignés sur l'histoire de l'astre que nous habitons, et la géologie nous en raconte les transformations, sans réussir pourtant à pénétrer bien avant dans son écorce, ni à remonter bien haut dans son passé.

Les arts mécaniques répondent aux sciences cosmologiques, et non à la mécanique, parce que, dès qu'il s'agit de choses réelles, on a affaire non à des mouvements et à des forces, mais à des mobiles et à des agents.

COSMOLOGIE

SCIENCES THÉORIQUES				SCIENCES PRATIQUES OU ARTS
PURE OU GÉNÉRALE	*Appliquées.*			
	Spéciale. Ordre systématique.	Géographique. Ordre dans l'espace.	Historique. Ordre dans le temps.	
Physique.	Chimie (et minéralogie).	Astronomie. Géographie physique.	Origine du système solaire. Géologie.	Arts mécaniques.

La biologie se divise, comme la cosmologie, en pure et appliquée. La biologie pure ou générale, c'est la physiologie, étude des fonctions, considérées chacune à part et dans tous les êtres qui la présentent. La biologie spéciale, ou systématique : botanique, zoologie, est l'étude des espèces vivantes. L'anatomie est contenue dans la physiologie, car la structure a dans la fonction sa raison d'être et son principe, sa cause efficiente aussi bien que sa cause finale. La géographie biologique ne se borne pas à déterminer l'aire de chaque espèce animale et végétale, elle s'efforce d'en rendre compte; en d'autres termes, après avoir constaté la limite qu'une espèce ne franchit pas, et la fréquence avec laquelle elle se rencontre dans les diverses régions de son territoire, elle détermine la nature de cette limite, l'obstacle que le sol, le climat, la concurrence des autres espèces, en un mot le milieu, opposent à l'extension de cette espèce. Comment la faune et la flore des terres, des airs et des mers sont-elles devenues ce qu'elles sont aujourd'hui? C'est le problème de la paléontologie. Parmi les arts ou sciences pratiques, ceux qui répondent le plus exactement à la biologie sont l'hygiène et la thérapeutique, végétales, animales, humaines : l'agriculture, l'élevage, l'acclimatation, l'art médical, etc.

La biologie est-elle radicalement distincte de la cosmologie? Non, disent les partisans du mécanisme vital; les phénomènes de la vie ne sont rien de plus que des phénomènes physico-chimiques. — Il est vrai que les lois physiques et chimiques trouvent leur application dans les êtres vivants : jusqu'à présent, presque tout ce qu'on a fait en physiologie se réduit à la physique biologique et à la chimie biologique, qui ne sont pas différentes de la physique et de la chimie en général. Cela signifie seulement que la véritable physiologie n'est pas encore, ou est à peine commencée. La fonction par excellence, la fonction dont toutes les autres dérivent par différenciation, c'est l'irritabilité. Or, si on étudie les phénomènes du dehors, on n'y trouvera certes rien autre chose que de la physique et de la chimie, c'est-à-dire du mécanisme, mais rien ne prouve qu'on réussisse jamais ainsi à les expliquer complètement. Il y a dans l'irritabilité un élément interne qui paraît bien être l'élément essentiel, seul et véritable objet de la physiologie. La sensibilité est la caractéristique de la vie, et là où elle est absente, c'est qu'elle a disparu : l'automatisme est de la sensibilité éteinte.

Si l'on s'en tient au mécanisme vital, il faut faire de la biologie un prolongement, sans solution de continuité, de la cosmologie. Mais le mécanisme vital conduit inévitablement au dualisme cartésien de la matière et de l'esprit, et aux difficultés inhérentes à cette doctrine. Il faut donc se rallier, comme à l'hypothèse la plus satisfaisante pour le présent, à l'identité de la physiologie et de la psychologie, non pas à la manière des matérialistes, qui absorbent la psychologie dans la physiologie, mais en élargissant la psychologie jusqu'à y comprendre la physiologie tout entière. Il y a non seulement une psychologie de l'animal, mais une psychologie du végétal, une psychologie de la cellule, peut-être même une psychologie de l'atome, une monadologie. Mais il faut bien se garder de confondre la sensibilité avec la conscience, l'être qui sent et qui l'ignore, avec l'être qui sent, et qui sent qu'il sent. La cosmologie c'est-à-dire le mécanisme, est la conception du monde tel qu'il se présente à l'expérience externe ; la physio-psychologie est la science du dedans de l'être.

La sociologie doit aussi être divisée en pure et appliquée. La sociologie pure est l'étude des lois qui régissent en général les faits sociaux ; leur distribution dans l'espace est l'objet de la géographie sociologique (géographie des langues, géographie économique, géographie des religions, des littératures, des sciences, des arts, etc., géographie politique) ; leur évolution dans le temps est l'objet de l'Histoire. Mais il n'y a pas de sociologie spéciale, parce qu'il n'y a pas d'espèces sociales. L'hygiène et la thérapeutique sociales, l'art du légiste, celui du soldat, celui du prince, celui du citoyen, celui de l'artiste, du poète, de l'orateur, celui du savant même (car la logique est une branche de la sociologie, et la vérité est un fait social), l'Art de l'artiste, enfin l'art au sens le plus général du mot, l'art de vivre, c'est-à-dire la morale, s'ils ne doivent pas être rangés parmi les sciences sociales, doivent être mis en regard des sciences sociales correspondantes. En sociologie, comme en général dans les sciences peu avancées, les préceptes pratiques sont mal distingués des vérités théoriques : les traités d'économique sont remplis de préceptes sur le gouvernement des peuples ; la distinction est fort imparfaite entre la morale théorique et la morale pratique, et tous les logiciens discutent, en tête de leurs traités si la logique est un art ou une science. Il y a une science des conditions de la vérité, et un art de conduire sa raison.

Mais quelle est la position de la sociologie à l'égard de la physio-psychologie ? L'analogie de certaines lois (lois de l'évolution, de la concurrence vitale, de la division du travail) a conduit les sociologues à chercher d'autres analogies et à établir une sorte de parallélisme entre la biologie et la sociologie. On a voulu trouver dans le groupe social, famille, tribu, nation, l'équivalent de l'organisme individuel, dans l'individu social celui de la cellule, dans la colonisation le mode de reproduction des sociétés. On a vu une sorte de progression entre ces trois termes : cohésion, organisation, solidarité. On a été conduit ainsi à faire de l'union des individus en un groupe social le fait social par excellence, et à absorber toute la sociologie dans la politique. Ces analogies peuvent parfois suggérer de bonnes idées : elles rendent service puisqu'elles font chercher ; néanmoins elles sont trompeuses, et plus propres à provoquer des constructions ingénieuses que des recherches méthodiquement conduites.

Pour comprendre dans une même définition non seulement les phénomènes de groupement politique, mais tous les phénomènes généralement considérés comme sociaux, il faut dire que toute relation entre des individus est, comme telle, un phénomène social. Cette relation a toujours le caractère d'un *service*, à moins qu'elle ne soit le contraire d'un service (vol, meurtre, mensonge). Elle est alors un phénomène antisocial ; mais les phénomènes antisociaux appartiennent à la même étude que les phénomènes sociaux. Les services peuvent être échangés ou gratuits, et ces caractères sont plus importants, au point de vue de l'expression des lois sociales, que les caractères relatifs à la nature même des services (langage, commerce, gouvernement, etc.).

La sociologie étant ainsi définie, il se trouve qu'elle est déjà commencée, et fort avancée, dans la physio-psychologie. Un organisme est déjà une société, une société d'organes et de cellules ; et là est la raison des analogies bio-sociologiques tant de fois signalées. Les fonctions d'une cellule prise isolément, ou d'un vivant unicellulaire, apparaissent déjà comme des phénomènes sociaux. On les divise ordinairement en fonction de relation et fonctions de nutrition. Les premières rentrent naturellement dans la définition des faits sociaux ; mais les secondes aussi : ne les appelle-t-on pas communément des *échanges* nutritifs et respiratoires? Quant aux fonctions de reproduction, quelques-uns les rattachent aux fonctions de nutrition, d'autres aux fonctions de relation, précisément à cause de leur caractère de faits sociaux, qui est évident.

Il y a donc continuité entre la biologie, la psychologie et la sociologie. Celle-ci n'est pas parallèle à la première, elle en est le prolongement. Le passage de l'une à l'autre est insensible. Que penserait-on d'un anatomiste qui voudrait faire la physiologie du cerveau sans avoir recours à la psychologie ? d'un psychologue qui dédaignerait l'étude du langage?

On comprend dès lors pourquoi il n'y a pas de sociologie spéciale ou systématique, pas plus d'ailleurs qu'il n'y a de psychologie spéciale ou systématique. C'est qu'il n'y a pas d'espèces en sociologie ni en psychologie ; du moins pas d'espèces *naturelles*. L'étude d'une espèce vivante embrasse toutes ses propriétés, toutes les manifestations de sa vie, physiologiques, psychologiques, sociologiques. D'ailleurs comment y aurait-il une science de l'individu et une science du groupe social? Ces deux termes, ainsi que M. Durkheim l'a si bien montré, sont corrélatifs et n'ont de sens que l'un par rapport à l'autre; l'individu n'existe et ne se conçoit pas plus sans le groupe que le groupe sans les individus.

Nous réunirons donc en un seul tableau la biologie, la psychologie et la sociologie :

BIO-PSYCHO-SOCIOLOGIE

SCIENCES THÉORIQUES				SCIENCES PRATIQUES OU ARTS
PURE OU GÉNÉRALE	*Appliquées.*			
	Spéciales. Ordre systématique.	Géographiques. Ordre dans l'espace.	Historiques. Ordre dans le temps.	
Physiologie. (Lois des fonctions organiques, psychologiques, sociales de tous les vivants.)	Biologie systématique. 1. Botanique. 2. Zoologie, qui comprend l'anthropologie. Propriétés organiques, psychologiques, sociales de chaque espèce.	Géographie biologique, linguistique, économique, politique, etc.	Paléontologie. Histoire.	Hygiène et thérapeutique, organiques, psychologiques et sociologiques des végétaux, des animaux et des hommes.

TABLE DES MATIÈRES

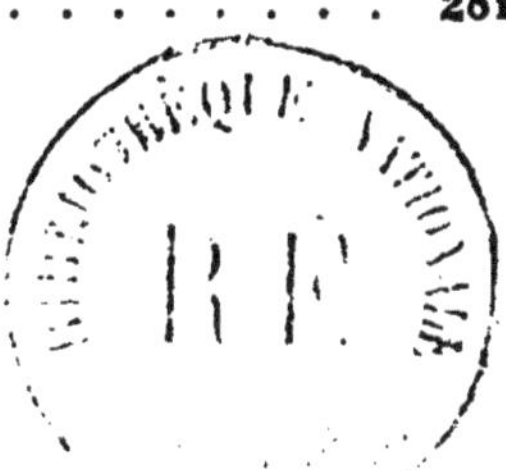

ÉVREUX, IMPRIMERIE DE CHARLES HÉRISSEY.

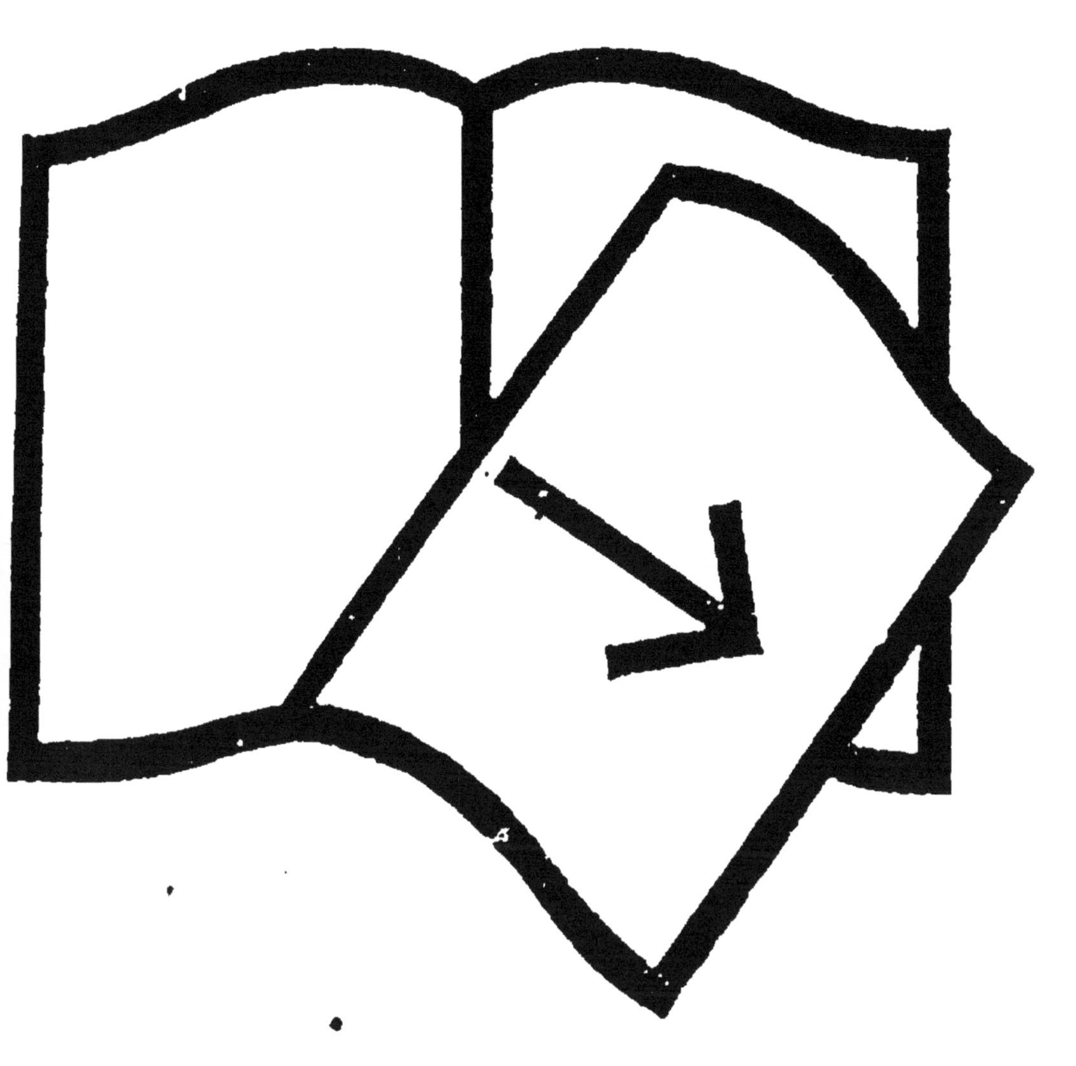

Documents manquants (pages, cahiers...)

NF Z 43-120-13

www.ingramcontent.com/pod-product-compliance
Ingram Content Group UK Ltd.
Pitfield, Milton Keynes, MK11 3LW, UK
UKHW012014240726
13965UKWH00002B/372

9 782013 451024